主持人节目驾驭艺术

张颂 主编

应用主持艺术系列丛书（修订本）

陈振 杨浩 编著

ZHUCHIREN JIEMU JIAYU YISHU

中国广播影视出版社

图书在版编目（CIP）数据

主持人节目驾驭艺术/陈振，杨浩编著．—修订本．—北京：中国广播影视出版社，2011.1（2019.5重印）
（应用主持艺术系列丛书/张颂主编）
ISBN 978-7-5043-4049-8

Ⅰ.①主… Ⅱ.①陈… ②杨… Ⅲ.①主持人—基本知识 Ⅳ.①G222.2

中国版本图书馆CIP数据核字(2010)第226325号

主持人节目驾驭艺术（修订本）
陈振 杨浩 编著

责任编辑 鞠晓辉
封面设计 丁 琳
责任校对 张 哲

出版发行 中国广播影视出版社
电　　话 010-86093580 010-86093583
社　　址 北京市西城区真武庙二条9号
邮　　编 100045
网　　址 www.crtp.com.cn
电子信箱 crtp8@sina.com

经　　销 全国各地新华书店
印　　刷 三河市人民印务有限公司

开　　本 787毫米×1092毫米 1/16
字　　数 285(千)字
印　　张 18
版　　次 2011年1月第2版 2019年5月第4次印刷
印　　数 5001-7000册

书　　号 ISBN 978-7-5043-4049-8
定　　价 34.00元

修订本说明

《应用主持艺术系列丛书》自2003年出版至今，已经有七个年头了。由于本系列丛书既注重应用主持基本知识的提供，又较密切地联系社会实际和主持人自身发展情况，因而在这七年里，得到了全国各地的许多教学机构和广大读者的热情支持和嘉许，在此向大家表示诚挚的感谢！

随着时代的步伐，社会在不断地前进。近年来，国内外的应用主持领域有了长足的发展。因此，《应用主持艺术系列丛书》也需要做一些更新和补充，以适应教学的需要，更切实际地为广大读者提供帮助。

本次修订的出发点，是想更加强化应用主持的实用性、可操作性，融知识性和实用性为一体，让广大读者在学会主持理论知识的同时，可以在主持工作的实践中灵活地运用这些知识，从而迅速提高自身的主持能力和素质。因此，在此修订后的丛书中，我们精炼了一些基础性的内容；在理论的阐述方面，力求言简意赅、通俗易懂，便于理解和实践应用；关于例证，力求在贴近现实、切合实际的同时与时俱进，充分反映当下的形势与特点。此外，我们还在丛书中，系统地增补了原来没有详尽阐述到的主持人相关内容，以保证丛书在应用主持领域知识的覆盖面更系统、更全面。我们相信，本套丛书丰富全面的知识内容，贴近实际、源自现实的经典案例，通俗、生动的语言表达，将会使广大读者更加方便地学习掌握应用主持知识，并且能够将这些知识更好地运用于实践当中。

希望这套修订本的丛书，能够得到各位专家学者和广大读者更加热情的支持和喜欢，谢谢！

编　者

2010年7月

主编的话

《应用主持艺术系列丛书》是一套具启蒙性、应用性、探索性、研究性的读物，适合于主持艺术爱好者、从业者、管理者、研究者了解、体味、借鉴、参考。

主持人是公众人物，在各自的岗位上默默耕耘，付出了心血，贡献了力量。那个中甘苦、成败得失，日益引起社会的关注。主持人肩负着传播先进文化的历史使命，他们加入了国际传播媒体的激烈竞争。中国的主持人一定会以“德才兼备、声形俱佳”自律，一定会积累更丰富、更深刻的经验，继承创新，凸显特色，走向世界。

主持人是一个很受人们关注的职业，很多年轻的朋友希望自己也能够成为一名主持人，电视台的不少栏目常常因为主持人的走红而家喻户晓。不少主持人随着广播电视节目走进了千家万户。随着广播电视媒体的发展，主持人已经成为一个十分引人注目的职业，主持人队伍也日渐扩大。

21 世纪我国的广播电视事业将会有一个更大的发展，主持人这个行业将更多受到人们的关注，主持人这个职业也需要更多的新人来加入。很多人想知道什么样的人才能成为一个主持人？主持人需要一些什么样的素养、能力、知识？成功的主持人是怎样主持节目的？主持人本身应该怎样提高自己的综合素质？

《应用主持艺术系列丛书》从主持人的口语表达艺术、主持人的节目策划艺术、主持人节目驾驭艺术、主持人场景应对技巧、主持人的形象塑造艺术、非节目主持艺术等方方面面进行了较全面的介绍。对于想走进主持人队伍的读者来说，这是一套启蒙读物，对于初踏进主持人行业的人来说是一套非常实用的教材，对于想了解主持人这个行业的人来说，读一读这套丛书，会使你对主持人这个行业有较全面的认识。

愿这套丛书受到大家的欢迎和喜爱。

北京广播学院播音主持艺术学院教授、博士生导师　张颂

2002 年 11 月 6 日于北京广播学院

前 言

如今，随着政治、经济和科学文化的迅速发展，我国传媒事业也进入一个超越以往的飞速发展时期。

21世纪以来，广播、电视、互联网等媒体，已不仅仅是一种信息的媒介，更是贴近人们生活的一种习惯、一种文化现象。而陪伴着这些媒体一同成长起来的节目主持人，也无法再依靠照本宣科的形式来掌控自己的节目了。

换言之，在文化事业非常繁荣、竞争日益激烈的今天，为了顺应大时代的要求，主持人已不仅仅是受众与节目的纽带和桥梁，而成为一种文化的标志。他们需要具有采、编、播、控等多种业务能力。在一个相对固定的节目，作为主持者和播出者，他们需要集编辑、记者、播音员于一身。其中，主持人对节目的驾驭能力是节目成功的重要因素之一。这种节目驾驭，是主持人节目主持艺术的集中体现。

说到“驾驭”这个颇有领导学色彩的词语，似乎鲜明地表达了节目主持人是“节目的主人”的意思。然而，把它系统地形成一个体系，我们做的只是一种肤浅的尝试：我们把节目驾驭艺术分成自我驾驭、观众驾驭、听众驾驭、嘉宾驾驭以及语言驾驭等五个领域（由于这套丛书中有专门论述主持人语言艺术的书，故本书我们省略语言驾驭的内容）；书中还具体探讨了较能体现驾驭艺术的六种节目形式，即新闻节目、谈话节目、综艺节目、热线直播节目、体育节目和少儿节目。

同时，要特别说明的是，本书是一种对前人成果的总结和继承，这突出地体现在某些章节上。第四章“嘉宾驾驭”，我们重点借鉴杨斌先生的《把脉嘉宾》一书，另外，在分类节目的驾驭艺术（第六章至第十章）中，我们还参照了李德付先生《节目语体主持》一书。

前人栽树，后人乘凉。对给予本书写作提供帮助和指点的诸位老师、同仁，我们致以深切的谢意。

编 者

2010年6月

目录
Contents

第一章
节目驾驭的意义及其对主持人的要求

第一节 驾驭的概念及其在主持人节目中的体现

驾驭，就是调度、控制，它是领导学的一个最基本的范畴。我们将它用在节目主持艺术中，主要是想表达这样一层意思：节目主持人是“节目的主人”，他要在节目的全过程中当家做主。他要对节目的每一环节都了如指掌，全面控制，成为广大受众审美心理的领导者；成为开始、展开、推进、结束整个节目流程的掌舵者；成为情绪、气氛、高潮等现场效果的制造者。只要担当起主持节目这份职责，节目主持人就必须调动自身的语言、体态、个性魅力等十八般武艺去出色地把握节目的走势，驾驭操纵节目的进程。

上海东方卫视著名节目主持人曹可凡在与王群合著的《节目主持人语言艺术》中指出：“主持就是对一项工作或事情的负责掌握或处理……那么在节目与受众见面的时刻，你无疑要用语言去出色地完成以下任务，显示出驾驭操纵节目的才华。”他们所指的“以下任务”包括四个方面：确定节目基调、推进节目程序、营造节目气氛、沟通节目关系。我们可以将它们理解为主持人驾驭节目的具体表现。下面就从节目驾驭的角度具体阐述。

一、把握整体基调

基调是一个音乐术语，它是指贯穿整个作品、表现某一情感的主要旋律。节目基调就是一台或一档节目要向受众传递的某一主要精神，表现一种基本情调。它是节目各个部分思想情感的总和，体现着节目的整体思想感情。节目主持人要责无旁贷地运用语言为节目确定基调，让它在整个节目过程中起到激发、引导、制约受众思想情感的作用。

确定节目的基调一般通过以下途径来实现：

（一）确立宗旨

每一台或一档节目，都有其目的和意图，或给受众某种思想上的启迪和教育，或给受众某种情感上的陶冶和满足，这也就是节目的宗旨。目的是行为的方向，是思想、情感的本源。如果看不清方向，找不准本源，那么一切语言行为、思想情感都会出现偏差，产生错误。因此，节目主持人要想用语言确定节目的基调，准确而完整地表现出节目思想情感的总和，就必须对节目的宗旨了如指掌。

例如，陈鲁豫努力在《鲁豫有约》中营造没有侵犯、平等尊重的氛围。她知道这是一档访谈类节目，而且访谈对象大多是社会知名人物，这些社会知名人物最痛恨的莫过于媒体对其隐私大加炒作。因此，她对这档节目的基调和宗旨把握得十分到位。一次，她采访美国华人政治活动家陈香梅，陈香梅当时神色凝重，脸上看不出一点表情，面对这个具有传奇色彩而且非常要强的女人，鲁豫表现得非常镇静，因为这样可以营造一个良好的访谈氛围。再比如采访璩美凤时，陈鲁豫说的第一句话是："光碟我没看过，这点你可以放心，因为我没看过，才能很直接地看你的眼睛。"她的话很感性，也很善解人意，这是她的风格，同时也很契合节目舒心、平等的谈心氛围。更重要的是，这样可以让嘉宾在心理上逐渐接受主持人，进而放松、自然地打开话匣，袒露内心。

（二）调动情感

节目的基调一档节目"思想情感的总和"。既然基调离不开情感，那么节目主持人的语言有无情感，必定直接影响着整个节目的基调。"感人心者，莫先乎情"，主持人确定节目基调的手段，没有比调动自己情感更重要的了。因此，节目主持人不仅要明确节目的宗旨，了解节目的目的和意图，而且要设法调动嘉宾等受众的情感，以自己情感的强弱、色彩去传达节目的主要精神和确定节目的基调。

以中央电视台《艺术人生》节目主持人为例。在与嘉宾交谈时，他总是用自己的成长经历、情感故事和人生感悟来调动嘉宾的情绪和思绪，用自己的真诚与质朴来打动嘉宾和观众的心，使嘉宾主动回忆人生，真诚与主持人交谈，说出自己的心里话。这种谈话类节目不需要激动人心，只需要真诚以待。也正是主持人质朴而富有感情的声音，让嘉宾有了亲切感，再加上他的"多愁善感"，现场的气氛往往感人至深。比如，当冯小刚的夫人徐帆上台，夫妻俩拥抱时，主持人便退到了台下一角；当北京大学的同学和孙道临同台演唱歌曲时，主持人悄然站在侧台，动情地看着这感人的一幕……主持人知道他的作用只是调动嘉宾与现场观众的情感，他做到了。

（三）把握语调

要想用语言确定节目的基调，仅仅是明确节目的宗旨，调动自己的情感还不够，节目主持人还必须通过一些外部手段，使受众切实感知到节目的某种主要精神和基本情调。语调是思想和情感的外现，运用语调的变化让受众感知到节目的基调也是节目主持人不可缺少的方法。比如，2008 年白岩松主持《感动中国》节目，在为汶川救灾现场“唐山十三兄弟”颁奖时，他首先用拉家常的语调，非常平缓，语速的快慢基本上没有明显的变化，就像是平时与朋友聊天那样自如，说道：“在 2008 年，我们认识了十三位这样的农民兄弟，十三位农民兄弟代表了十三亿中国人，这的确是一个美丽的巧合。”这样将观众拉入故事情境后，口气又变得认真严肃，同时也非常真诚：“但是还是有很多人固执地认为，这不是一种巧合，而是一种必然。”不难体会，肯定而真诚的语调将“十三兄弟”所代表的中华民族团结一致共渡难关的伟大精神巧妙地表达出来。此外，在为嘉宾宣读颁奖词之际，白岩松首先用富有力度的声音、缓慢地读出：“感动中国推选委员刘姝威：‘一方有难，八方支援，正是他们及其他无数个他们这样的人，在 2008 年撑起了中国的脊梁。’王振耀：‘在国家的巨大灾难面前，他们以无声而有力的行动，宣告了民间志愿救灾时代的来临。’”随后，他又运用渐进的节奏，满怀深情且充满敬意地读到：“感动中国组委会授予唐山十三农民兄弟的颁奖词：不是归途，是千里奔波，雪中送炭；不是邻里，是素不相识，出手相援。他们用纯朴、善良和倔强的行动，告诉了我们‘兄弟’的含义。”就是这样，白岩松将《感动中国》栏目震撼人心的力量运用语调的加强逐步表现出来。

（四）活用语体

同样，语体风格也会使受众感知到节目所传递出来的某种情感和思想的力量。

例如，中央电视台《乡约》节目主持人肖东坡，被许多农民观众亲切地称为“中国第一农民之友”。肖东坡在主持节目中的讲话，包括他与嘉宾促膝谈心时透出小幽默，就嘉宾独特人生经历所谈感悟等，都十分具有乡土气息。其语气语体与节目的风格相配甚好。

采访农民神捕朱守营时，肖东坡在节目开始就轻而易举地消除了嘉宾的紧张和陌生。之所以有这样的效果，是因为肖东坡一上来就操着一口地道的“农民话”，让采访对象感到自然亲切。

主持人：就是你抓完了之后，他还在这儿作案，他知道朱守营在这儿，一般你往集市一钻，这个猫咪来了，老鼠都吓跑了。

主持人：过去的那么多年里，我听说你几乎每天都上街去溜达？

朱守营：天天出去。

主持人：刮风下雨也不怕？

朱守营：雨很大了，就不行了。

主持人：雨很大了，贼也不出去了。早晨7点出去，几点回来呢？

朱守营：中午回来，吃了饭，趁中午再出去。

主持人：合着你一天别的什么也不干，专门出去溜达抓贼啊。

…………

主持人：从你刚开始抓贼那会儿到现在有多少年了？

朱守营：三十多年了。

主持人：三十来年就在咱这个章丘什么地方转悠啊。

朱守营：主要是在俺明水，那时候有集市，天天在这儿转悠。

主持人：一转悠就是三十多年，时间长了，这些贼不就认识你了？

朱守营：外地的他不认识。

主持人：平时你出去化装吗？

朱守营：不化装。

主持人：能看着那个熟悉的贼吧？

朱守营：少啊。

肖东坡在自己所主持的节目里，对待农民嘉宾形同兄弟。轻松幽默的氛围中，他的乡土气息在节目中几乎随处可见。这些朴实无华的语言，确定了节目轻松愉快、拉家常似的基调，使每一个参与者都沉浸在轻松朴实的氛围中。

（五）利用音色

确定节目基调的因素或者手段很多，情感、语调和语体都在其中，而音色也能对节目的基调产生作用。

所谓音色，是指人不同的说话声音。每个人都有不同于他人的音色，或低沉、或高亢、或空灵、或沙哑。在生活中，当你面对一个歌唱家或话剧演员时，他独特嗓音的音色往往会特别吸引你，给你留下很深的印象。作为节目主持人，嗓音的音色关键是要贴切，即要与节目主体形象贴切。因为与节目相贴切的音色，能够帮助确立节目的基调。

例如，作为央视著名主持人——任志宏才华出众，在音色上尤其鲜明——雄浑，深具磁性。无论是曾经主持的极具文化深度的《子午书简》，还是现在主持的具有强烈历史纪实感的《国宝档案》，任志宏的声音都极富感染力，仿佛能穿透五千年历史，带给观众以高层次的美的享受。

有声语言能为节目确定基调，无声语言也能。我们说无声语言指的是装束，主持一些较为庄重的节目，一般应穿着格调高雅的服装；而主持一些游戏节目，则应穿得宽松简明，显得随意自如；甚至可以穿上与节目内容一致的服装，如制服、古装、民族服装、运动衣等。让节目主持人的装束与节目的主要精神和谐相融，让受众一见到主持人的装束，就能进入节目的基调。总之，节目主持人应该调动一切有声言语和无声的手段，为确定节目的基调做出努力。

二、推进节目进程

推进节目进程是主持人驾驭节目能力的又一体现，一般在从以下几个方面着手：

（一）当好现场调度员

曾担任《东方直播室》的客座主持人、作家蒋丽萍，把主持人形象地比作"调度员"，这是非常贴切的。任何一台或一档节目，总有个要表现的主题，而且总是在限定的时间内，由节目内容的各个部分一步步来体现的。节目主持人必须把握好时间的多少、内容的先后，胸有成竹地用语言进行"调度"。

就拿中央电视台的《挑战主持人》栏目来说，创办之初，这个栏目包括四个相对独立并且风格不同的环节，即"挑战一百番"、"挑战二百番"、"点击名人"和"机智问答"。在前三个环节中，每进行一个环节都会将一名参加挑战的选手淘汰出局，直到在第四个环节剩下一名选手成为当期节目的最后优胜者。如何将这四个环节连在一起，使整个节目能够顺利而有序地进行，让人看起来舒服流畅？这就全得看主持人马东了。在接近一个小时的节目时间里，马东一会儿向观众一一介绍参加挑战的四位选手，一会儿宣布节目进入下一个环节，一会儿惋惜地送走被淘汰的选手，一会儿迎接嘉宾，一会儿采访现场观众，一会儿插入栏目的宣传语……在如此紧凑的安排里，主持人就是整个节目的灵魂，要善于穿针引线、把握大局。每个环节以什么方式、用多少时间进行，如何应对现场出现的各种问题等，都是主持人要考虑和“调度”的事情。

（二）积极引导，循循善诱

节目主持人要对整个节目心中有谱，既可以从节目内容出发，用语言推进节目程序，又可以利用时空的切割转换，用语言为受众指路引航。

例如，2009年中央电视台春节联欢晚会上的一段串联词：

主持人甲：观众朋友，您现在正在收看的是，中央电视台综合频道、中文国际频道、英语国际频道、西班牙语国际频道、法语国际频道和中央人民广播电台正在同步直播的2009年春节联欢晚会。

主持人乙：另外，今晚央视网联合中国台湾网、搜狐网、腾讯网、新浪网和全国其他百余家网站，向全球华人同步直播我们今天的春节联欢晚会。

主持人甲：除夕团圆夜，守岁亲情浓。其实每年到了这个时候啊，对于咱们中国人来说，最高兴的事情，莫过于一家老小其乐融融，围坐在一起吃个团圆饭，唠唠家常，说说这一年身边的变化。

主持人乙：要说起身边的变化，改革开放30年，年年都有新变化。而这些变化啊，咱老百姓都看得见，摸得着。因为咱们老百姓是实实在在地感受得到这些变化带给我们的实惠。那么说到细微之处，到底有些什么变化呢？让我们有请姜昆、戴志诚为大家合说相声——《我有点晕》。

这段串联词奠定了喜庆的基调，突出了春节过年的主题，又顺理成章地过渡到总结身边的变化，然后引出节目。一切都联系得那么精妙，积极引导受众进入欢乐的晚会节目。

（三）巧借台词

随着板块化节目的诞生，板块与板块之间，节目主持人常常以角色或非角色的身份出现，与嘉宾在“戏”中借“台词”推进节目的进程。

以少儿电视节目为例，主持人常常以扮演某种角色，进行适度表演来完成主持工作。主持人根据整个节目规定的情境、情节发展的需要，扮演具体节目中的角色。如中央电视台少儿频道《七巧板》节目中的“西瓜猪”和“胖胖虎”，每次都以发生在他们身边的事情为由头，通过台词的串联，引出接下来节目的内容。

（四）“闲聊”转换

闲聊就是通过有目的地谈论一些日常现象、家庭琐事等，沟通现场观众、活跃气氛，同时又在不知不觉中推进节目。

如2008年中央电视台春节联欢晚会上，李咏与周涛就有这么一段“闲聊”：

周　涛：歌如潮，花如海，红红火火过大年，煮饺子，贴春联，放鞭炮，打年糕……可以说，神州大地上，家家欢声笑语，户户张灯结彩，年味儿四处飘香。

李　咏：是啊，咱中国人过年，还有一套很讲究的老礼儿，周涛，你能说上几个？

周　涛：我试试……二十三，糖瓜粘；二十四，写大字；二十五，扫尘土；二十六，炖炖肉；二十七，宰公鸡；二十八……

李　咏：（接过）二十八，把面儿发；二十九，蒸馒头；三十儿晚上熬一宿。你知道为什么吗？

周　涛：这还用说吗？等着零点钟声呢，放鞭炮，拜早年……

李　咏：看来你对咱们中国的年俗很了解呀！

周　涛：那当然！李咏，我还告诉你，咱老百姓还图个一二三，一个字“乐”，两个字“祥和”，三个字……你来说。

李　咏：要我说，就是“节节高”。（问观众）大家说对不对？

【观众互动】

李　咏：谢谢观众捧场。下面我就送一个跟“节节高”有关系的节目给大家！

周　涛：芝麻开花呀？

李　咏：不，《激情爬杆》。掌声欢迎。

这一段节目主持人的对话，既不是对上一个节目的评点，也不是对下一个节目的介绍，纯属闲聊，但是就是在这样诙谐的闲聊中，引出了下一个节目，把整个晚会在轻松的气氛中向前推进了一程。

三、营造节目气氛

节目气氛的热与冷、浓与淡是衡量节目成功和失败的重要标志，节目主持人驾驭艺术的突出体现就是节目的气氛的营造。

那么如何运用语言营造节目气氛呢？

（一）抓住契机，调侃打趣

在节目进行过程中，往往会有些出乎节目主持人意料的事情，有经验的节目主持人常常能抓住机会，现场发挥，用语言营造节目的气氛，收到意想不到的效果。

中央电视台的著名主持人李咏，可谓是这方面的专家了。《非常6+1》中每个嘉宾上场之后，都会先和李咏有个面对面的简短交流。这个过程虽然短，但深受观众喜爱。主持人李咏总能充分利用自己的机智幽默，让嘉宾在轻松的氛围里展示给观众更多的信息。例如，在李静（处于孕妇状态）做嘉宾的一次节目中，他们的谈话就特别能反映以上特点。

李　咏（一本正经地）：你是几月要生孩子。

李　静：我是三月。

李咏（扳了扳手指头）：去年全国人民同仇敌忾跟"非典"作斗争的时候，你在干什么呀？

李　静（不好意思地笑，观众席上传来笑声）：今儿这观众都是从哪儿来的？怎么这么不怀好意呀?!（然后自笑）"非典"的时候我也忙活着呢！（众笑）

（二）瞅准时机，趁热打铁

有时节目现场的气氛已经很热烈，节目主持人在这时也可以瞄准"热点"，趁热打铁，用语言将节目的气氛推向更高潮。

在某期《艺术人生》中，主持人在对歌唱家阎维文的访谈中了解到，阎维文的妻子在1988年的时候就得了乳腺癌。这么多年，阎维文一直默默地照顾妻子，放弃了很多演出机会。关于这一点，阎维文只说了一句话："这是丈夫的责任。"当时阎维文眼里已经有了泪水，于是主持人追问："你爱她吗？"阎维文显然不太好意思，主持人又问："你对她说过那句话吗？"阎维文装糊涂，主持人就提示他："就是天下女人最爱听的那句话。"阎维文的脸红了，说："说什么呀？"主持人这时劝他当着大家的面说一次。结果，那天阎维文——一个羞涩的中年男人，对着镜头轻声地对自己的妻子说："卫星，我爱你！"场下，掌声一片，泪光闪闪。正是有了主持人的"趁热打铁"，才让观众看到了一个优秀歌唱家深情、内敛、默默奉献的一面，看到了一个可以依托永远的好丈夫形象。

（三）调动气氛，防止冷场

有经验的节目主持人不仅常常用语言"趁热打铁"，而且还善于在冷场的时候，用语言去调节场上气氛，煽动观众的情绪，使场上的气氛转冷为热。

董卿在主持某届 CCTV 电视青年歌手大奖赛时，一位来自藏族的歌手上台演唱后开始了综合知识问答，从他看题板时的茫然眼神，董卿意识到这位藏族同胞听不懂普通话，于是立即请现场评委藏族歌手宗庸卓玛翻译。这位歌手抽到的题目是成语接龙，宗庸卓玛尽力为这位歌手翻译题目。由于用藏语讲成语实在是很困难，虽然宗庸卓玛竭尽全力地翻译，但最后还是徒劳。当时，全场观众和评委都静了下来。这时，董卿举起话筒，说道："其实，他听不懂我们的话，正如我们听不懂他唱的藏歌一样，但是他今天为我们带来的是中国海拔最高地区的歌声，他的感情我们听得懂，他唱出了打动人心灵的歌声！此刻他听不懂我们在说什么，来到这座城市时他感到的是一种陌生，我们该给这样质朴的歌手更多的关怀，即使听不懂，但是歌声没有界限，情感没有界限，相信我们的关怀他一定听得懂!"话音刚落，全场掌声雷动。本来要冷掉的场面，被董卿这一番话激出了火花，现场立刻又活跃起来。

四、沟通受众，把握嘉宾

多数的广播电视节目是通过主持人这个桥梁"传输"到观众那里去的。中央电视台节目主持人倪萍说过："节目主持人不过是节目与观众进行交流的服务员。"一台或一档节目，是由许多方位、许多环节建构而成的多维整体，它包含着编导的精心构思，舞美工作者的苦心制作，演员们的用心表演。而台上台下，现场观众和电视机前的观众之间必然存在着很大的空间和心理距离。节目主持人无疑应该成为这一空间及心理距离之间的桥梁，连接受众与节目，这是节目主持人不可推卸的语言任务之一。主持人完成这项任务一般应遵循以下原则：

（一）当好向导，帮助了解

任何节目，演员及演出的内容都是受众的焦点，但不可避免受众对他们存在着一种陌生和神秘感。这种陌生和神秘感，既让受众对节目产生兴趣，又增添了受众与节目之间的心理距离。因此，节目主持人将演员或节目介绍给受众，帮助受众了解节目，无疑是沟通受众与节目关系的有效手段之一。

如在 2008 年的央视春晚上，白岩松站在嘉宾席旁，这样介绍身边的嘉宾：

白岩松：什么样的人，能称得上是我们这个时代的榜样，能作为百姓心目中社会主义道德的楷模？2007 年，由中央文明办等单位组织开展的全国道德模范评选表彰活动，给了我们一个完美的答案。经群众推荐，评委评选和投票评选，共有 53 位各界人士荣获"全国道德模范"称号。他们是胡锦涛同志关于树立社会主义荣辱观的重要讲话发表后产生的、广大公民践行社会主义荣辱观的杰出代表。今晚，我们有幸请来了其中的六位，他们分别是：全国助人为乐模范、来自河北衡水市枣强县王常乡南臣赞村村民林秀贞；全国见义勇为模范、来自天津工业大学硕士研究生徐伟；全国诚实守信模范、来自福建寿宁县凤阳乡基德村村民徐丽珍；全国敬业奉献模范、来自山东青岛港前湾集装箱码头有限责任公司高级固机经理许振超和来自四川阿坝的乡邮员王顺友；全国孝老爱亲模范、来自河南焦作煤业（集团）工人谢延信。掌声欢迎他们。

白岩松这样以设问的形式来介绍嘉宾，先把观众带进寻找答案的思考中，再把嘉宾放在观众面前，最后自己给出答案。这种形式让整个介绍过程生动流畅，又容易给人留下深刻的印象。试想，如果用“有请×××”之类的方式来把嘉宾介绍给观众，那效果肯定要逊色许多。

节目主持人还可以说一些身边发生的事，把受众引入那些内容本身就很熟悉的节目之中。

（二）活跃气氛，与“众”同乐

以传播理论来看，双向交流的传播才是效果最好的传播。当前的广播电视节目非常注重与受众的交流，特别是直接交流，即把他们请进直播室，做现场观众或直播嘉宾。此时主持人的驾驭任务就更重了。

安徽卫视的金牌娱乐访谈节目《非常静距离》的主持人李静，就非常注重“活跃气氛，与‘众’同乐”。这档节目是深夜访谈节目，每期力邀大牌明星，但李静与“明星”交谈时，总是采用朋友的语调，把嘉宾放入普通人的生活中去理解，无形中就拉近了嘉宾与观众的距离。她还经常会让台下观众与嘉宾互动，让观众能更加了解嘉宾。例如，2010年3月8日那期节目，请的嘉宾是黄磊夫妇。当谈到黄磊与孙莉结婚时的情景，李静得知他俩没有举办任何婚礼只是简单地领了个结婚证、拍了个DV，就趁机问道：“孙莉，你现在是一个孩子的妈妈嘛……如果你女儿的男朋友就这样向她求婚，你怎么想?”孙莉（点头）说：“对，我可能会有一点不爽，但不知道为什么发生在我自己身上，我就可以接受。要是发生在我女儿身上，我可能就……”李静看着黄磊说：“听到了吗?”黄磊笑着说：“发生在我女儿身上，我也不接受。”现场爆笑。接着，李静就转向观众席问道：“是吧，各位阿姨，如果你们的女儿，是用这样的形式被娶走，你们同意吗?”台下一致喊：“不同意。”李静笑着接过来：“这三八妇女节要出事。”

然后一观众就说："养这么大，不能白让你拉走了呀！"黄磊就笑着说："阿姨，您有一个词用得不对，不能说拉走了。"另一观众说："养这么大，不能白让你诱惑走了呀！"黄磊大笑："阿姨，是她诱惑的我。"就这样，观众与嘉宾开始直接融洽并略带调侃地对话，现场气氛热烈而又和悦。似乎，黄磊和孙莉不是明星，李静不是主持，观众不是观众，大家都是一起住了很多年的街坊邻居。

（三）"自贬身价"，平易近人

在受众心目中，节目主持人无疑已成为节目的一个组成部分，受众对节目主持人必定也存在着一种陌生感，这也会扩大受众与节目的距离。如果能让受众感觉到节目主持人的可亲可近、平常普通，那么就在沟通受众与节目的关系上迈出了可喜的一步。因此，我们时常看到节目主持人在受众面前自贬自嘲，表现得直率而坦诚，有效地缩短了受众与节目之间的距离。

有这样一位主持人。他虽然相貌不是格外出众，但非常平易近人、随和自然，有很强的亲和力。他说话幽默风趣，经常自嘲以取悦观众，让节目氛围和谐融洽，使主持人、嘉宾和观众之间都没有什么距离，整个节目现场"打成一片"。无论是《星光大道》《梦想中国》，还是《五一七天乐》《过年七天乐》等，主持人总是以"自己人"的身份出现在观众身边，一起玩、一起闹，从不见外。在《星光大道》的一期节目中，一名选手在"才艺大比拼"环节做了精彩的剑术表演后，走到主持人面前，将剑递过去，笑着说："请您给大家耍两下子，大家说好不好？"台下观众齐声喊："好！"只见主持人不慌不忙地把剑推挡回去，带着他一贯的"坏笑"回答道："我什么东西都能耍，就是不能耍剑，我耍剑，那不是自己耍自己吗？"话音刚落，现场观众都大笑起来，热烈的掌声经久不息。不得不承认，像他这样的机智幽默、平易近人，是每位优秀主持人，特别是娱乐节目的主持人，都需要拥有的能力和素质。

第二节　从领导学看节目驾驭

驾驭是领导学的重要范畴。主持人对节目的驾驭就像一个单位的"一把手"或一个组织的"掌门人"在实施统帅和控制。他们都是直接或间接地和人打交道，最终追求的都是对人们心理的"掌控"；都是主要通过语言手段，讲究各种驾驭的艺术和技巧。因此考察发展较成熟的领导驾驭理论对主持人节目驾驭艺术有一定的启迪和借鉴意义。

驾驭力是领导者必备的基本能力，它是领导者日常管理用人的基础，也是领导者用权的基础之一。在领导驾驭中，最明显的是专长驾驭、人际吸引和品德驾驭。驾驭既反映一个领导者的素质，又反映一个领导者的非权力性影响力。

一、领导者用权的基础

领导驾驭权结构具有两重性。驾驭权作为领导者的素质，着重表现出高尚的驾驭品质和灵活的驾驭艺术；驾驭权作为领导者的权力，突出表现在其影响他人的程度。作为领导者素质的驾驭权，具有可调整性，这种性质使我们有可能把作为权力的驾驭权内化为领导者的素质。故而，领导驾驭权结构具有两重性。

领导驾驭权的使用具有直接性。和领导职位权相比，驾驭权与领导者具有不可分离的特性，这种权力是领导者自己赋予自己的，不会随着职位的变化而显著升降。它在使用时具有直接性，无须经过批准手续。

领导驾驭权具有以下功能：

（一）影响功能

这种功能是指一个人在与他人交往中，影响和改变他人心理和行为的能力。它是领导驾驭权的一项重要属性，领导驾驭权大的人，一般都表现出对群体的活动和信念具有较大的影响作用。这项功能的发挥主要基于领导者的业务水平、组织领导能力和道德品质。它对被领导者产生的心理和行为的影响是心悦诚服的。主要表现在以下几个方面：下级对领导者的敬重——这是由领导者的品德、能力和阅历带来的；下级对领导者的敬爱——这是由领导者的民主作风带来的；下级对领导者的敬仰——这是由领导者的卓越才能带来的；下级对领导者的信赖——这是由领导者的知识和经验带来的；下级对领导者的亲近——这是由领导者平等待人，密切联系群众和热情关心下级疾苦带来的。

（二）协调功能

协调需要沟通，目的在于谋求上下级之间思想上的共同了解。驾驭权大的领导者，更有条件使组织中的全体成员对任务和问题获得共同的理解，使大家的思想认识趋于一致，使大家的合作更加顺利进行。

（三）激励功能

所谓激励就是调动积极性。一个领导者，其本身的知识和能力毕竟是有限的，他必须要把组织成员的积极性调动起来，才算完成领导工作。

二、领导者的驾驭心理

驾驭权是一个领导者最基本的素质和能力，由领导者主导的驾驭机制的动力性质首先取决于驾驭权心理的强弱。所以，有必要研究领导者对待驾驭权的态度和行使驾驭权时的心理动机与特征。

（一）驾驭权的需要心理

每一个领导者都想在群众中有一个积极的自我形象。这种需要是马斯洛需要理论中的高级需要，属于自我实现层次的需要。领导者的这种需要既取决于被领导者对其的看法，又取决于领导者对自己的能力和素质的自我感受。对于一般人来说，这种需要可以表现为多种形式，而表现为驾驭权需要则是领导者特别强烈的心理形式。一般情况下，领导者都通过正当的途径和努力，使自己的品德、特长和成绩受到群众的重视，从而形成驾驭力。

（二）驾驭权的追求心理

驾驭权既是领导者获得自尊和自我实现的一种途径，又是实现领导驾驭权，并进而实现领导的一种手段。因此，领导者对驾驭权的追求，也时时在领导活动中表露出来。领导者的这种驾驭权欲就是驾驭权的追求心理。对驾驭权的追求心理基于两种不同的目的：一是把驾驭权作为实现其他目的的手段来追求，在追求中，可能会把这种对权力的追求暂时目的化；二是以驾驭权为本身的目的，这些领导者一面通过追求活动，提高自己的驾驭权，同时，也在不断地使用驾驭权。

（三）驾驭权的竞争心理

在领导权的构造中，职位权是被规定了作用范围、大小和方向的，唯有驾驭权是由领导者自身决定的。领导者为了在这种比较过程中取得更多群众的拥护，就必须努力提高自己的素质，这就是驾驭权的竞争心理。这种竞争的主要内容是品德竞争、知识竞争、专长竞争，企图用其他省事的办法来谋求驾驭权是不现实的。只有通过刻苦学习，坚持群众路线，才能逐步提高自己的领导驾驭权。

（四）驾驭权的维护心理

对驾驭权的需要导致追求，对驾驭权的追求导致竞争，驾驭权的竞争导致对驾驭权的维护。在领导活动中，领导者要在上下级面前维护自己的领导形象，一方面自己身体力行，另一方面也不允许别人损害自己的权威。这两方面就是对驾驭权的维护和自卫行为。维护自己的驾驭权的有限办法是：领导者通过听取被领导者的意见和评价，来校正自己的某些不妥当行为或是通过必要的培育措施，调动积极因素。

（五）驾驭权的再追求心理

对驾驭权的维护和自卫，只能起“保健”作用，亦即不至于使其降下去。所以，对驾驭权仅仅进行维护和自卫是不够的，这是一种保守的方法，而且，驾驭权总是呈现出下降的趋势。在领导者中，应该树立“没有提高就等于下降”的驾驭权观念。领导驾驭权不像职位权，可以通过一次性任免而得失，它跟领导者平时的一言一行相关，同时，它是一种领导者与被领导者互动的结果，要通过不断的、经常性的互动才能存续和提高。这就决定了领导者对驾驭权要有再追求的心理。

三、不同的驾驭风格

如同一领导一种风格一样，领导者的驾驭风格也表现出因人而异的特征。从本质上分析，领导驾驭权是由领导者的个人影响力和专长权构成的。领导者的驾驭风格根据领导驾驭权的结构成分的结合情况划分若干类型。

（一）技能型

总的特征是力求在技术上强有力，并且要求获得成功，来证实自己各方面都能精通，以专长来掩盖其个人影响力的薄弱。因此，这种领导者会用尽自己的力量去排除对抗，而把自己的意志强加于人。当面临失败时，他归因于人，而把自己看做是成功的因素。其驾驭特点是：（1）具有在家长式组织气氛中的经历，曾取得过较好的业务实绩；（2）有非常强的业务排难能力，能解决其他人难以处理的技术问题；（3）按规范处理问题，高度重视按自己的方式办事，坚持自己的思想而不求创新；（4）知识面比较狭窄，但具有的见解较有深度，对与工作相关不大的事情没有兴趣；（5）业务交往上注意眼前利益，有十分严重的功利主义倾向。

（二）实际型

总的特征是善于处理各种人际关系，但在业务上缺乏权威性。不过，他能通过“用人”这一办法弥补自己的不足。其驾驭特点是：（1）多次被评为先进人物，但多半没有给人留下深刻的印象；（2）在业务上，提出问题但不解决问题，通常表示“我知道你会把它做好的”；（3）没有创新能力，也没有创新意愿，认为“枪打出头鸟”；（4）知识比较缺乏，且都比较肤浅，常常闹出笑话；（5）以人际交往的优势取代业务交往，效果还不错，但不够精明；（6）不强制使用职位的压力，用劝说的办法实施领导；（7）有聊天和串门的习惯，对任何事都有兴趣；（8）有耐心和与人为善的品质，善于做思想政治工作；（9）采用放任式的领导，害怕负责任；（10）走到任何地方都受欢迎，都使人感到愉快，会竭力造就一种温暖的气氛。

（三）一般型

总的特征是：比较圆滑，又显得能干，常常表现出令人愉快的行为，但为人不够坦率和诚恳，甚至对多数人都认为不难作出处置的问题也迟迟拿不定主意。其驾驭特征是：（1）一生中常常受到各种表扬和奖励，但都不是最好的，个人发展比较顺利，未经大的挫折；（2）有一定的工作能力，但从不以此显示自己，把解决了一两个难题作为自己的业务能力资本；（3）知识面较广，但比较肤浅，遇事只知其然而不知其所以然；（4）在业务交往中，常常不在乎什么是最佳的，而只考虑怎样做才保险。

（四）奉献型

总体特征是：一心扑在工作上，但也不忽视人际关系，是一个充满活力的领导者。其驾驭特点是：（1）由于工作实绩突出，有过较高的荣誉；（2）有很强的工作开展能力；（3）工作上踏踏实实，在提高工作效率方面有创新精神；（4）知识面比一般的下级要广；（5）业务交往能力虽然不突出，但是竭尽全力后，基本上能满足本单位的业务需要；（6）善于运用职位权；（7）有急于求成心理；（8）事事率先垂范；（9）采用民主协商的领导方法，下级参与协商，可以做些修正，但主意并不因为下级的参与而改变；（10）人们对他没有很强的依赖性，在各种选举和测评中居于中等。

（五）德才型

德才型是一种比较完美的领导类型。其总特征是：既关心人，又关心工作；在工作中既发挥自己的特长，又不强加于人；既注重下级的个人需要，又注意结合单位的目标；其团队不仅士气高，而且工作成效突出，能够把每一个人的力量都以相互依存的方式结合在一起。其驾驭特点是：（1）一生中的成就都是靠自己的努力取得的，因而既有曲折又有荣誉，而且还有着丰富的社会经验；（2）在充满不确定性、紧张和危机的情况下往往能做正确的事情，能排除各种棘手的问题；（3）不仅仅根据自己的信念来制定决策，而且听取并力求找出与自己不同的观念和意见，充分利用每个人的创造精神；（4）知识面宽而且深厚，遇事都是先讲清道理，用事实、数据和逻辑来确立自己的观点；（5）在业务交往中充分体现自主性和合作精神，坚持有理有利有节的原则，业务信用程度比较高；（6）以民主方法行使职位权，奖惩公平，激励有益行为，也不迁就不良行为；（7）一心扑在工作上，可以废寝忘食；（8）既坚持原则，又团结同志，为人坦率而严格。

（六）世故型

总的特征是：有一定特长，但缺乏感召力；虽然追随的人很少，但放在一定岗位上还是能做出一些成绩。其驾驭特点是：（1）受过一定的专业培训，但进入社会后自学不力，业务水平退化；（2）业务上只能凭经验解决问题，遇到新的问题、改革中的问题，就显得无能；（3）可以按部就班地办事，却不能创造性地工作；（4）知识老化，对新知识知之不多；（5）只能勉强维持业务的外表，没有在深层开拓业务的能力，不能在对等的关系上深化业务交往；（6）不善于运用权力来实施领导；（7）满足现状，安居中游；（8）比较随和，认为少说为佳，原则性不强，但也不敢有什么严重违纪行为；（9）采取放任的领导方式，以下级为中心，往往让下级牵着鼻子走，工作中很少加入自己的意见；（10）团队内部士气不高，没有凝聚力。

（七）指挥型

总的特征是：有一定业务专长，有很强的权力欲，喜欢支配和命令他人；只有感到自己有权时才满足。其驾驭特征是：（1）生活和工作一帆风顺，没有大的挫折；（2）业务进步快，适应性强；（3）思想活跃，点子多；（4）兴趣广泛，爱好探索；（5）业务交往非常广泛，在工作中左右逢源；（6）善于用各种办法行使职位权；（7）喜欢帮助别人，支配别人，但是过于自信，刚愎自用；（8）经常搞点小聪明，来支配上下级，把别人当工具，来达到自己的各种目的。

四、实施驾驭

领导者实施驾驭，必须对驾驭权运行的各环节有效利用。领导驾驭权是一个变量。很多领导者都致力于提高和放大自己的驾驭权。是在行使权力中实现的。

驾驭权的放大过程是分阶段的。这种阶段性与驾驭权心理相适应，分为：获得阶段——源于驾驭权的需要心理；扩大阶段——源于驾驭权的追求心理和竞争心理；巩固阶段——源于驾驭权的维护心理；放大阶段——源于驾驭权的再追求心理。在这一阶段以后，驾驭权又将周而复始地运行。其中，扩大和放大阶段是驾驭权的强化阶段，获得和巩固阶段是驾驭权可能弱化的阶段。

驾驭权的获得阶段。这是一个领导者进入权力的过程。驾驭权是否获得，主要取决于领导者的主体状况和群众基础的优劣。

驾驭权的扩大阶段。领导者为了作出更大的贡献，就要增强自己的驾驭权，扩大自己的统御范围并深化其程度。

驾驭权的巩固阶段。驾驭权的巩固是每一个领导者在获得并扩大权力后的必然行为。只有巩固了驾驭权，才能有深厚的影响力。

驾驭权的放大阶段。这是驾驭权在一个周期内的再扩大阶段。驾驭权在行使过程中，表现为影响他人的能力。这种影响随着领导活动的不断深化，其覆盖面越来越广，影响效果也越来越明显。

在以上四阶段中，驾驭权增减是通过以下形式实现的：

第一，身教。

即以领导者个人的言行及其表率作用赢得下级的信赖，从而影响下级。

第二，建议。

即领导者以平等的身份，以商讨的口吻将自己的意图传达给下级。这种方式不带强制性，容易调动下级的积极性。当然，这种方式并不是总能奏效的。

第三，说服。

这是一种通过做思想工作，使下级明白事理，从而响应领导者的方法。与“建议”所不同的是，说服方法中可带有一定的强制性。

第四，强制。

这种方式对于被强制者的驾驭是负面的，但是，对于不自觉的下级，关乎重大原则的问题，如果无原则地迁就或妥协，则会损害对整个团队中大多数人的驾驭。

领导者放大驾驭是通过一定的机理实现的，我们称之为驾驭权放大机理，包括如下几方面的内容：

第一，职位放大机理。

当驾驭权发生剩余以后，其多余部分就变成一种潜在的权力。当这种潜在权力积累到一定程度时，接近上一级职位的任职标准时，应该提升职位，为其积累的驾驭权转化为实绩创造条件。应该注意的是，这种驾驭权的放大应是个人影响力和专长的同步扩大，单项的放大无法构成职位上升的条件。

第二，负向放大机理。

当剩余的驾驭权积累超过一定程度时，领导者会产生迫切实现的愿望，若不能化解或转移这部分驾驭权，很可能产生消极作用，成为激发一个组织中其他不良因素的酵素，成为妨碍别人工作的阻力。其反作用通常表现为三种内耗形式：一是领导集体的群体效应被破坏；二是领导群体的互补效应受到影响；三是群体协调效应减弱，“班子”出现离散性。有三种办法可以克服这种负向放大：一是进入职位放大过程；二是加大责任，化解其剩余驾驭权；三是使工作丰富化并轮换，使其处于时时重建驾驭权的忙碌中。

第三，零放大机理。

驾驭权的增长导致剩余后，对有些领导者来说，不有意识地加以利用，并不会产生消极作用，也不会显著增长。这种情况属于零放大。因为驾驭权中的个人影响力和专长权需要刻意提高才能放大，安居中游，做好本职工作的领导者，并不会在这方面产生很大的突破。他们的驾驭权，只有在需要的时候，在外界的压力下，才能发挥出来。

第四，变压控制机理。

领导驾驭权的放大，跟用权动机的性质有关，这种性质就是以权谋“公”，还是以权谋“私”。如果用驾驭权为组织谋利益，则驾驭权会随着权力的运用和消费而增大；如果是为达到一些不正当的目的，则驾驭权会随着它的使用而迅速消失。这就是变压控制的机理。

驾驭权是领导权中最灵活的因素，它既丰富了领导活动，给领导者提供了施展领导艺术的机会，同时也给领导活动增加了难度。诸多的驾驭参数和其中复杂的心理机制致使它具有高度的权变性，这给本来就复杂的驾驭权又添上了一种模糊不清的变因。如何进一步发掘它的深刻内在，把握它的运行机制，是现代领导者不可轻视的重要课题，领导者要深入地去研究它的运行机制和发生规律，以有效发挥其放大功能，行使驾驭权。

第三节　从传播学看节目驾驭

一、传播及其特性

“传播”是一个常用词汇，《现代汉语词典》给它的解释是“广泛散布”。从词性来考察，“传播”首先是一个动词，作为名词用时，也是一个动作性的名词。作为动词，其后所接名词（即传播的内容）可以是物质性的，如传播花粉、传播病菌，也可以是意识性的，如传播消息、传播思想。

“传播”不是外来语，我国先秦时期就有这一词汇，但传播学意义上的“传播”译自英语“communication”一词。这是一个抽象名词，是英语国家的社会用语中出现频率最高的词语之一，其含义不下十几种，如：通信、会话、交流、交往、交通、参与等。有人分析 communication 来源于拉丁文 communicate 一词，本义是共同（to make common）或共享（to share）。美国社会学家库利称传播是“人类关系赖以存在和发展的机制，是一切智能的象征和通过空间传达它们的手段”。这一定义是从社会学的角度指出传播实质上是一种社会互动行为，人们通过传播保持着相互影响、相互作用的关系。“传播是社会得以形成的工具”。

20 世纪 80 年代传播学传入中国后，引起了中国的新闻学者的普遍关注，他们各有侧重地阐释了传播的概念：

郭庆光在《传播学教程》中说：“传播就是社会信息的传递和社会信息系统的运行。”

林之达称：“传播是人类社会的信息拥有者与信息承受者凭借某种媒介沟通或交流信息的过程。”

艾丰在接受《传播学在中国》一书作者的访谈中这样论述：“信息存在和运动的形式就是传播。传播是信息的生命，是信息价值实现的过程。”

我们认为，传播就是在一定范围内有意识地进行社会信息交流的行为过程和社会现象。

它具有以下特征：

扩散性：传受双方不是一对一的简单关系，传播路径也不是一来一回的封闭过程，它的传播模式可能是由“一个”对“多个”的树状结构，也可能是由“第一”到“第二”进而到“第三”的线性结构，更多情况下是树状与线性的共同渗透。两人之间的书信、电话、E-mail，也是一种交流，但它不是传播学意义上的传播。

目的性：传播是有意识的行为，对于传播者来说，它是影响、告知、教育或娱乐他人；对于受众来说，它是适应环境、求知、受教育和娱乐。无意识的传播现象（如金字塔默默地诉说着历史和文化）和无意识的传播行为（如一个无意识的哈欠告诉别人你困了）研究的理论意义不在传播学的范围。近年来美国学者在对传播学概念的讨论中，多肯定传播具有目的性。

互动性：传播是一种社会互动行为。这不仅表现在传者与受者之间的互动，它们通过信息的授予和反馈来互相影响；还表现在传播过程与社会环境的互动，传播是社会信息系统中的一环，是一个受社会环境制约同时又影响社会发展变化的复杂的“过程集合体”。前者提醒我们注重受众研究，后者提醒我们注重传播环境和传播障碍的研究，注重在社会信息系统中把握传播规律。

间接性：这是指在传播者和受众之间存在着一个媒介，或为语言、文字、音像，或为其他形式的符号。传受双方必须要有一个共通的意义空间，传播的内容才能被理解和接受。信息的传播是一个符号化和符号解读的过程。否则传播就不能成立，或传而不通，或导致误解。

二、传播与社会信息系统

（一）传播系统的分类

系统科学认为，世界上一切事物无不处于一定的系统之中。人类社会的传播，也具有系统性。所谓系统，“指的是由相互联系、相互制约的若干部分结合在一起并且具有特定功能的有机整体”。

传播学通常把社会传播区分为五种基本类型，即人内传播、人际传播、群体传播、组织传播和大众传播。这五种不同的类型实际上也是五种不同的传播系统。

人内传播是个人接受外部信息并在人体内部进行处理的活动。人内传播具有典型的系统性，这主要表现在人体本身就是一个完整的信息系统，它既有接收装置（感官系统），又有传递装置（神经系统）；既有处理装置（记忆、思维系统），又有输出装置（语言、动作、表情等）。在这个意义上，人体正是由相互联系、相互制约的各部分所构成，执行个人信息处理功能的有机整体。

如果我们把人体看做是个体信息系统，那么人际传播（个人与个人之间的信息传递）便是由两个或多个个体系统的相互联结所形成的新的信息系统。在这个系统里，人们通过信息的授受，保持着相互影响的关系。

群体传播（这里主要指自然发生的社会群体，如家庭、亲友、社交圈、阶层，等等）则是发生在更大的系统内，这里不仅存在着许多个体系统的活动，而且这些个体系统的有机结合还产生了新的输出物——群体规范和群体价值。群体信息系统的一个重要功能就是帮助个人实现社会化，不仅如此，在社会化过程基本完成之后，它依然对个人的社会态度和社会行为发挥着重要的制约作用。

与自然发生的群体相比，组织是一个结构秩序更为严密的社会集合体。组织的特点是具有明确的组织目标，其结构和分工都是为有效地实现这一目标而设置的，因此组织同样是一个执行特定功能的系统。以现代组织的典型形态——企业为例，企业的基本目标是从事生产，而生产是一种综合的活动，是人力、物力和财力的有机结合。企业活动需要进行管理，管理正是企业信息系统的功能，对内协调企业组织内部的分工与合作关系，对外则不断从市场和社会环境中收集信息和得到反馈，由此来调节企业的生产行为，以适应不断变化的外部环境——传播的系统性是显而易见的。

现代社会是一个以报刊、广播、电视、互联网为代表的大众传播事业高度发达的社会。大众传播（Mass Communication）是一种信息传播方式，是特定社会集团利用报纸、杂志、书籍、广播、电影、电视等大众媒介向社会大多数成员传递消息、知识的过程。大众传播具有一定的特殊性，因为它具有其他社会信息系统所不具有的特点，这主要体现在：（1）大众传播是专业传播机构从事的有组织的传播活动；（2）传播受众具有不知名和参差不一的特点，传播对象是广泛而分散的、不定量的多数一般社会成员；（3）采用现代化技术手段大量生产、复制和传播信息；（4）传播内容是公开的，有别于私下或内部传播活动；（5）大众传播也有反馈机制（如读者来信或热线电话等），但这种反馈是迟延的，受众对传播过程缺乏即时的干预能力。大众传播信息系统的这些特点，使它拥有广泛而巨大的社会影响力。在现代社会，大众传播是人们获得外界信息的主要来源，是社会上各利益集团争取和维护自身利益的工具，又是社会文化和娱乐的主要提供者。在这个意义上，大众传播既是社会互动系统，也是极其重要的社会管理和社会控制系统。

综上所述，任何传播活动都是在一定的信息系统中进行的，传播的系统性是普遍存在的。当下，大众传媒正以惊人的速度广泛介入社会各个领域并与其发生强烈互动。人类历史正在进入全球传播时代和大众传媒社会。

（二）社会信息系统分析

人类社会本身就是一个极为复杂的系统，社会学家将之称为社会系统。社会系统的功能，在于保证社会结构的整合性，通过与外部环境的交换（互动）来实现自我调节，以适应环境变化，维持社会的运行和发展。

一般社会系统理论的著名学者布克里指出，社会的环境适应过程需要五种要素：(1) 要有不断向社会系统内引进“复杂性”（多样性）的源泉；(2) 要有既保持系统内“紧张”状态又不断满足社会成员需求的机制；(3) 要有将社会系统的各组成部分适当联结的双向传播网络；(4) 要有面对外部环境和内部状况的变化而进行自主决策的系统；(5) 要有保存并普及意义、象征和价值体系的有效机制。不难看出，这五种要素或离开了社会信息系统都是不能得到满足的。因此我们说，社会信息系统是社会的一个基本系统。那么，社会信息系统具有什么特点呢？社会信息系统既有其他一般系统所具有的共性，又有一般系统所不具有的特殊性。其特点是：

第一，社会信息系统是一个开放性系统。我们知道，社会信息系统的主要功能是保持社会内部的联系与协调，收集、整理和传达系统内部和外部环境变化的信息，由此保证社会的正常运行和发展。因此，它必须对内形成有效的传播渠道，对外伸出普遍的触角。开放性是社会信息系统执行其功能的一个重要前提。

第二，社会信息系统是由各种子系统相互联结、相互交织而构成的整体。子系统如果根据信息类型加以分类，可分为经济信息系统、政治信息系统、文化信息系统等等。如果根据传播类型分类，则有个人信息系统、人际信息系统、群体信息系统、组织信息系统、大众信息系统，等等。每个子系统既具有相对独立的结构和功能，与其他子系统互为环境，又与其他子系统相互交织、相互作用，其总体运动形成了社会信息系统的运行。传播学奠基人之一——拉扎斯菲尔德发现，大众传播过程中存在着人际传播的影响，是人类的社会信息系统交织性的一个例证。

第三，社会信息系统是一个具有双重偶然性的系统。双重偶然性是德国社会传播学家鲁曼提出的概念，指的是传播的双方都存在着不确定性，因此，通过传播所作出的选择有遭到拒绝的可能性。双重偶然性是人类社会信息系统所特有的属性，这与它是以人为主体的活动有关。之所以这样说，是因为在自然界系统中，系统各部分、系统与系统间的联系和相互作用都是依据既定的条件进行的，满足了既定的物理、化学或生物的条件，便会引起预期的反应。而人类社会则不同，人类的活动不仅受到生物运动规律的制约，而且受到精神和心理的运动规律的制约，这样，影响社会信息系统运动及其结果的变量就更多、更复杂。例如，假设 A、B 两个人（或群体）构成传播的双方，他们之间存在着 ac、bd 两种选择的可能性，如果 A 选择 ac、B 选择 bd，那么 A 与 B 之间就潜藏着对立与矛盾。双重偶然性的存在说明，社会信息系统是一个多变量的系统，这些变量如果处理不当，便会引起传播障碍和传播隔阂。

第四，社会信息系统是一个自我创造、自我完善的系统。我国社会学家李强指出："社会系统是一个具有主动性、创造性和改造能力的活的机体。社会的主体——人，能够主动地发现社会自身以及社会与自然之间的不平衡，并主动地进行调整使之实现平衡。"作为社会系统组成部分的社会信息系统也具有相同的性质。日本学者太田敏诚认为，社会信息系统的运行是一种以人为主体的"不断生产、传达、加工和储存信息的活动……而人的认知、记忆、学习、传播、推理都是具有可塑性的"。有了这种可塑性和创造性，人类就能不断发现和克服社会信息系统的障碍因素和传播隔阂，使之不断走向完善。

社会发展是建立在整个系统正常运行的基础之上的。政治系统的障碍会给社会带来政治动荡，经济系统的失调会引起经济危机，文化系统的紊乱会造成社会成员的思想、价值、规范和行为准则的混乱，影响正常的社会秩序，这些都是妨碍社会发展的因素。社会信息系统与上述系统重合、交织在一起，它的运行除了受到其他系统的影响和制约之外，也对其他系统乃至整个社会造成重大的影响。

传播在维持社会信息系统的正常运行上起着至关重要的作用。社会信息系统是一个存在着众多可变因素的系统，参与系统活动的个体或群体是具有丰富的精神和心理活动的主体，这个特点决定社会信息系统比一般物理或生物信息系统更复杂，更具有不确定性，也更容易产生传播障碍和传播隔阂。传播障碍包括结构与功能障碍，如传播制度是否合理、传播渠道是否畅通、信息系统各部分的功能是否正常等等；传播隔阂则包括个人之间的隔阂，个人与群体的隔阂，成员与组织的隔阂，群体与群体、组织与组织、世代与世代、文化与文化之间的隔阂，等等。由于社会信息系统的参与者——无论是个人、群体还是组织——都是具有特定利益、价值、意识形态和文化背景的主体，这里的传播隔阂，既包括无意的误解，也包括有意的曲解。

三、节目主持人传播特点

（一）节目主持人传播活动是双向对等的传播

主持人主持节目总是以"听众朋友"、"观众朋友"称号来展开诉求。主持人与受众之间不是上下级的关系，而是朋友的关系。主持人采用的不是"一对众”，而是“一对一”的传播，对象感、交流感强；主持人采用的不是“宣读式”的播报，而是“谈话体”的主持，侃侃而谈，娓娓交流；主持人不采用“命令式”、“说教式”，而是用“以理服人，以情感人”的方式去影响受众，主持人对受众的不同意见不是压服，而是循循善诱、耐心说服和引导。这种平等的双向传播尊重人、理解人，对受众充满信任和理解，使人感到温暖，传播效果好。

（二）节目主持人传播是夹叙夹议、声情并茂的传播

夹叙夹议、娓娓而谈是主持人传播的特点和优势。叙事可使节目内容充实，避免空洞；评议则使受众明白事理，深受启发，可增加深度；抒情则易感染人、打动人，三者有机结合，能发挥最佳的整体传播优势。

主持人的说理有多种方式，其中以亲切谈心式居多。如何说理，使受众乐于接受是一门艺术，也是衡量主持人水平的重要一环。主持人要说“两面理”，一是表明传播者的真诚，可获得受众的尊重；二是体现对受众的信任、尊重，使其充分考虑。

为使传播取得更好的效果，大众传播学认为要使传者在听众心目中是他所讲主题的专家，或者不是借演讲来替自己宣传或图利，便会比非专家、又不客观的传者更能引发传通（传播）效果。如果传者既有权威性又值得信任，其传播便能得到更大的效果。

（三）节目主持人传播是注重情感交流和心灵沟通的深层传播

主持人直接面向观众，以“我”或“我们”的自我称谓与听观众进行语言交流。这个“我”是有血有肉的、有个性有情感的，充满着浓郁的人情味。这种传播真实、坦诚、感染力强，容易唤起传者与受众之间的情感交流和心灵撞击。节目主持人尤其是热线电话主持人的传播就颇能说明问题。主持人通过电话及时得到反馈，彼此畅所欲言，互相沟通，主持人节目传播和接收的过程，实际上是一个不断地进行心理反馈的流程，是一个传者和受众互相沟通交流、产生共鸣的过程。威尔伯·施拉姆在《传播学概论——媒介·信息与人》一书中说得好：“研究传播学其实就是研究人，研究人与人，研究人与他的团体、组织和社会的关系；研究人怎样受影响，怎样互相影响；研究人怎样报告消息，怎样接受新闻与智慧，怎样受教于人，怎样消遣与娱乐。要懂得传播学，应首先了解怎样与人建立关系。”

（四）主持人传播是大众传播与人际传播的最佳结合，可以充分发挥两大传播优势

主持人既是媒体的象征与代表，又是一个真实的有个性的人，是受众的朋友，与受众之间构成一个人际交流情境，产生“自己人”的情感效应，在亲切、平和的气氛中达到劝服的目的。主持人以自身形象博取受众的好感，以形成长期的收看（听）定势，让受众接收既是因为节目内容的吸引，又是因为主持人人格的感召力。

特邀嘉宾与嘉宾主持则是展现在受众面前的一种真实的人际交流，受众可以把嘉宾作为自己群体中的一员，从而起到增强传播效果的作用。

主持人传播融大众传播与人际传播于一体，打破了传播者与接受者的界限，消除了彼此之间的隔阂，使信息较容易被对方接受。

第四节　主持人节目驾驭能力的基本要求

节目驾驭表现为对节目的整体把握，对节目流程的了然于胸，对嘉宾的沟通技巧，对突发事件的临场反应等。因此，要驾驭好一档节目，主持人必须具备多方面的能力和要求。

一、文化知识素质

主持人要驾驭好节目，必须具备深厚的知识功底。

主持人的文化知识素质是完成节目主持任务的基础。特别是随着现代科学技术的飞速发展，人类知识的日新月异，对主持人文化知识素质的要求更高了。为了适应现代生活节奏和知识更新速度加快的需要，主持人必须具有的广博的知识，包括马克思主义基本理论、一定的文化基础、熟练的业务知识和技能以及现代化建设需要的多种知识。具体要求有以下几条：

（一）必须知晓马克思主义的基本理论和熟悉党的基本知识

我国是中国共产党领导下以马列主义、毛泽东思想、邓小平理论和“三个代表”重要思想为指导的人民民主专政的社会主义国家，无论什么时候，在什么情况下，都必须坚持四项基本原则。邓小平同志曾指出：“我们现在要建设有中国特色的社会主义，时代和任务不同了，要学习的新知识确实很多，这就要求我们努力针

对新的实际，掌握马克思主义基本理论。”只有学习并通晓马克思主义的基本理论，才能在复杂的矛盾和事物发展中把握方向，加强工作中的原则性、系统性、预见性和创造性，提高探索解决新的政治、经济、社会、文化基本问题的本领。

（二）必须掌握广播电视工作及播音主持的专业技术知识

主持人靠脸蛋吃饭的时代已经过去，有内涵、有底蕴的主持人才能真正博得观众的喜爱，取得最后的成功。因此主持人必须刻苦钻研业务，不断提高和丰富自己。

（三）必须具备扎实的科学文化知识和比较宽广的知识面

科学文化知识是人类改造世界的经验总结，是主持人必备的基础知识，没有一定的科学文化知识，就不能很好地掌握马克思主义基本理论，也不能学好专业知识。一个高素质的主持人至少要了解和掌握以下几个方面的知识：

一是经济学和经济管理知识；

二是文史知识；

三是自然科学方面的知识。

除数学、物理、化学、生物等方面的知识外，还应懂得系统论、信息论、控制论和电子计算机的一些基本知识，这样，可以开阔眼界和思路。

主持人虽然不一定成为某一专业的专家，但是，他应当对自己所主持的节目所涉及领域的专业知识有较多了解。从事的工作不同，对某些知识掌握的深浅程度可以有不一样的要求，但无论从事什么工作，都应广泛涉猎各种知识。这样可以开阔视野，提高知识素养和决断能力，工作起来才能运用自如，卓有成效。有人说，主持人应当成为博学多识的“杂家”，这不是没有道理的。

节目主持人的活动天地是广阔的社会舞台，面对的是飞速变化、纷繁复杂的社会发展，观众的口味和审美需求也随着社会的发展不断变化。要适应社会的发展，满足观众的要求，主持人没有广博的知识、良好的素质，是很难胜任的。

美国克朗凯特主持的节目之所以受到观众喜欢，完全不在外表，而在其内涵。人们被他的学识、见解所倾倒，钦佩他的渊博、幽默和平易。

中国观众之所以喜欢杨澜，除了她的屏幕交流艺术以外，她的丰富知识、她的多才多艺、她的语言表述能力、她的生活情趣、她的敏捷思维和轻松自如的主持风格都从不同侧面强化了她人格的魅力，从而得到观众的认可。

作为主持人，要努力扩展知识面，注意生活的积累、阅历的积累和情感的积累，特别要对所主持的节目做深入研究，不做门外汉。

比如董卿在主持第12届CCTV电视青年歌手大奖赛时，其丰富的知识涵养为整个比赛增色不少。

董　卿：你们是开赛以来的第一对汉族的原生态选手，请问是来自辽宁的什么地方？

选　手：我们来自丹东市。

董　卿：是来自北水南调工程的丹东市？

选　手：是的，我们就住在九连城水库边，过不了多久，北京的市民就能喝上清冽的丹东水了。

董　卿：谢谢，不过在喝到清冽的丹东水之前，我们已经听到了你们清亮的歌声。好的，让我们一起来看看你们的得分情况。

寥寥数语，就已经显示出董卿较广的知识面。正是具备这种“见什么人能说上什么话”的知识能力，她才能轻松拉近主持人与嘉宾、选手及受众之间的距离。如果主持人对自己主持的节目及涉及的背景知识一知半解，只知其然，不知其所以然，就失去了主持对话的资格，也就很难驾驭自如。所以丰富的知识对于主持人来说非常重要。

二、组织协调能力

主持人的组织协调能力包括组织能力、决断能力、协调能力、应变能力、交往能力和创新能力等，是主持人必备的素质。

（一）要有全局观念和决断能力

一档节目的播出牵涉面广，影响社会政治经济生活的各方面。主持人面对复杂的问题，必须具有战略头脑和决断能力，要能够高瞻远瞩，通观全局，权衡利弊；善于运用系统的方法，妥善处理局部与全局的关系，使局部服务、服从于全局，把握正确的舆论导向；能够在重大、紧急、宏观问题上头脑清醒，善于抓住机遇，抓住本质，抓住关键环节，当机立断，不为一时一事的得失所困惑，既不优柔寡断，也不鲁莽行事，能审时度势，从多种方案中选出最优方案，不失时机地果断决策。

（二）要有组织指挥的协调能力

主持人要善于发现嘉宾和观众的特点并调动其积极性，科学地协调各方面的力量开展工作，完成特定的任务，要能够把各种不同类型的人恰当地结合起来形成一个配合默契、步调一致的集体，使他们融入节目氛围，从而实现节目需要。犹如一个交响乐团，在乐队指挥的巧妙安排调度下，演奏出美妙的乐章一样。

（三）要有审时度势的应变能力

现场主持，难免会出现一些意外，这时，主持人要适应不断变化的情况，灵活机动，随机应变，随时注意情况的变化和信息的反馈，不失时机地调整方案，争取最佳传播效果。

三、心理和身体素质

健康的心理，旺盛的精力，健全的体魄，这是做好一切工作的最基本条件。

（一）要有健全的体魄，充沛的精力

古语说，身体是寓思想之舍，载知识之车。我们常说，身体是革命的本钱。这是很有道理的。主持人参与节目的策划，组织和驾驭现场主持，工作压力和强度异常大。遇到特殊紧急情况，还要加班加点，甚至夜以继日，连续作战，这都需要有健全的体魄来支撑，有充沛的精力来应付。如果体力不支，精力不足，就难以胜任工作。一个现代媒介人，没有良好的身体素质是不行的。正如周恩来指出的："健全自己身体，保持合理的规律生活，这是自我修养的物质基础。"

（二）要有稳定的情绪，健康的心理

主持人要注意使自己经常处于最佳精神状态，要对自己的工作和生活充满信心，热爱本职工作，有强烈的事业心、责任感和荣誉感。要能充分发挥自己的创造性思维，勤勤恳恳，心情舒畅地工作。工作顺利、取得成绩时，不沾沾自喜、忘乎所以，始终保持清醒的头脑；遇到困难、挫折甚至失败时，不垂头丧气，不怨天尤人，始终充满信心，理智处之。对繁重的工作、艰苦的环境，感到其乐无穷，能做到有怒不形，遇喜不亢，临危不惧，处变不惊，在任何情况下都能保持心理的平衡。

（三）要有坚强的意志和广阔的胸怀

主持人工作压力大，异常情况多，常常会遇到坎坷、困难和挫折，甚至会遭到误会和指责。如果意志不坚强，就会垮掉，而如果有良好的意志素质，就能心底坦然，以坚强的毅力和振奋的精神，不停歇地去追求、去奋斗。胸怀广阔，是主持人应具备的又一心理素质。作为一个主持人，要能设身处地为他人着想，使人感到亲切、温暖、友好；要能广泛团结人，善于与不同意见的人接触共事，包括反对过自己或感到讨厌的人，相处时要冷静、客观，不带成见，不计较个人恩怨；要识大体，顾大局，严于律己，宽厚待人，关心别人，理解别人，与人为善。

以上论述的是主持人驾驭能力的综合素质要求，具体到节目主持实践中，主持人，要想实现成功驾驭的效果，必须做到以下几点：

1. 把握主动权

主持人首要的是牢牢掌握“主动权”，要根据参与节目受众的不同情况，采取不同的交谈方式，让参与者的谈论沿着主持人所设定的思路进行。有些听众在打电话参与时情绪紧张，导致语言重复、逻辑混乱，给其他听众造成“不知所云”的感觉。这时，就需要主持人帮助他从谈话中提炼观点，引导他围绕自己的观点发表意见。比如，主持人可以说：“我想，您想表达的是……”“您的意见看来是……”有些参与者的文化层次较高，参与节目时语言清晰、条理清楚。这时，主持人可以用一些鼓励的话语，鼓励对方将问题或观点向深处发展。比如，主持人可以说：“看来，××听众对这事有一个与众不同的观点，您能再说得透彻些吗?”有些参与节目的听众颇为健谈，能将自己的意见展开，但思路有时太广，兴之所至往往信口开河，游离主题。这时，就需要主持人及时将话题“拉回来”，引导听众围绕主题去发挥。还有一类参与者在参与节目时，或不善言语，或心情紧张，很难和主持人沟通，节目就容易出现冷场。此时，就需要主持人能从对方不多的话语中，找到对方的兴奋点，以此作为突破口，利用对方感兴趣或者较熟悉的一些事情，作为话题，再逐渐将谈话引入主题。

《非诚勿扰》可以算是2010年中国最火爆的娱乐交友类节目，主持人孟非原是主持新闻节目出身，但做起娱乐节目也是一点也不含糊，其优秀的节目驾驭能力有很多可圈可点之处。因为这是一档非常前卫的相亲节目，现场可能会出现很多意外的情况，特别是在女嘉宾和男嘉宾对话的时候，常常会脱离节目轨道或者出现纷争，这就需要主持人有很强的引导作用，一定要把握节目的主动权，不然节目很可能会变成一盘散沙。如2010年5月的一期节目中，一位男嘉宾是归国华侨，对节目的环节不太熟悉，在孟非还没说完话的情况，就要走过去灭灯，现场观众怔了一下，幸好孟非及时拉住了这位男嘉宾，并用一些笑话调侃着圆场才不至于让节目出现尴尬场面。还有很多时候，男女嘉宾环绕一个问题争吵不休，孟非就会及时阻止：“这个问题我们不讨论了，请看下一个短片。”控制节奏，紧握主题，时刻不忘节目宗旨和时间安排，引领嘉宾和观众进入节目设程，是一个主持人必备的能力，要实现这个能力就必须要时刻把握节目的主动权。

2. 不打无准备之仗

由于直播的参与类节目具有随机性和不可预见性，有的主持人就只注重“临场发挥”，而忽视节目的前期准备工作。其实，参与类节目不仅有很多“案头”工作，而且，充分、细致的“案头”工作对于主持人在节目中争取主动，避免流于形式的泛泛而谈，提高节目的质量都大有裨益。

主持人应依据这一目的，提前精心编排所需要的问题或话题。一些庸俗的、格调不高的东西，就不宜作为节目内容。谈话类节目的选题还应避免选择那些敏感的、目前尚无定论的内容，如“同性恋”、“安乐死”等，以免在听众中造成不良影响甚至产生误导。另外，主持人还可以事先预测一下参与者可能问到的问题或谈到的观点，并根据这些，设计一些应答内容和串联词。在各种参与类节目中，所采用的音乐资料（包括歌曲及垫乐等）对于渲染气氛、烘托主题，加深听众对节目的印象非常有用，这也需要主持人根据节目内容精心准备。另外，要想在节目中保持主动，还需要主持人平时注意多积累一些日常生活经验、趣闻轶事、新闻消息，以避免参与者说起某事，主持人却茫然不知的尴尬场面，并可以此作为与参与者交流的一个素材。

正因为参与类节目具有随机性和不可预见性，就更需要主持人重视前期准备工作，而且应比其他节目准备得更充分。未雨绸缪方能临阵不乱。

3. 随机应对，巧妙处理

在有场外观众参与的直播节目中，虽然参与者的电话在进入直播室之前均经过了导播把关，但由于种种原因，往往还有一些出人意料的电话被接进直播室。比方说，有些参与者说出的是很难听懂的方言；有些参与者看待问题过于偏激，言词过于激烈；有些参与者参与节目的动机不纯，语言贫乏，认识肤浅等。当这类电话不适于在直播节目中继续时，主持人应有能力迅速结束这次谈话。如果是娱乐类参与节目，主持人可利用一些简单的判断题，让对方只说“对”或“错”。如果是谈话类参与节目，主持人则应当不失礼貌地制止对方的谈论。如“很高兴您能发表您的意见。由于时间关系，看来我们今天只能说到这儿了……”或“您的观点相信听众朋友已经听清楚了，让我们再听听下一位朋友的意见，好吗?”等。

简言之，在迅速结束一些质量不高或效果不好的交谈时，应尽量避免给听众造成“生硬感”和“突然感”。

4. 具备较强的现场调控技巧

有的主持人在阐述自己的观点时，不紧不慢，条理清楚，可在接听参与电话时，却出现情绪波动、急躁、言语重复啰唆，甚至“卡壳”，说话的声调也不自觉地提高等现象。这就是主持人缺乏良好心理素质的表现。为避免此类现象，主持人需要在节目进行中，不断调整自己的心理变化，使自己始终保持一种充分自信，积极交流的态度，达到话筒前的最佳状态；需要在谈话技巧上下一些工夫，能在节目中运用恰当的语言进行描述、概括和归纳；要能准确地表达自己的意思，并注意语言的精炼。此外，在节目中，还要避免过早地亮出主持人的观点，以免局限听众的思考范围，使节目丧失“高潮”。在对听众提问时，要避免用容易使主持人陷入被动的提法，以免当对方的回答与主持人的想法不一致时，主持人措手不及而使节目“冷场”。

中央电视台《新闻调查》节目中，有一期是王志采访刘姝威，特别能体现主持人的现场调控能力。当刘姝威说“我的律师说这是个丑闻”时，王立即问道：“你这样认为?”不想刘却反问道：“你不这样认为吗?”面对突如其来的反问，王志又柔声问道：“为什么说是丑闻?”这足见王志的反应能力和现场调控技巧。在另一段对话中，当王志问道：“你指的因素是权力吗?”刘姝威又忽然反问：“你说呢?”王志立即答：“我问你。”不料，刘姝威竟毫不退让地对答：“我问你。”面对这样难缠和紧张的局面，王志稍做沉思后坚定地说道：“你是当事人。”时刻不忘节目主旨，时刻不忘双方身份，时刻不忘自己的职责，如果能做到以上三点，应对一切现场问题应该都不成问题。而这些，王志做到了。

综上所述，主持人只有经过不断地充实、调整自身知识结构，加强自身修养，使自己具备对节目的驾驭能力、应变能力、组织能力，掌握一定的谈话技巧，保持良好的心理状态，才能在节目中保持主动，使节目真正体现主持人的构思和观点。

第二章 自我驾驭

第一节　主持人的心理调适

广播电视的主持人是公众人物，在繁重紧张的工作之余还要承受巨大的心理压力。观众满意的主持人会受到称赞，获得良好的社会评价；观众不满意的主持人会受到指责，对其社会评价也会随之降低。有时，不期而至的赞扬声会使刚出道不久的主持人洋洋自得，失去对自己能力的正确判断。而出人意料的批评也会使许多主持人对工作丧失信心，从此一蹶不振。

电视播音和主持的职业特点要求播音员和主持人有良好的心理素质，同时要求主持人在工作中要不断进行心理调适。驾驭自己才能成功地驾驭节目，其中最为重要的是自信心、自我控制能力、交流欲望和语言感受能力。

一、主持人的心理素质要求

（一）主持人要有充分的自信心

自信心是对自己个人能力的肯定。这种自我肯定的心态可以增加完成任务的信心，有助于完成较为艰巨的任务。没有自信心，会使本来可以完成的任务也无法完成。自信心对从事每项活动都必不可少，对节目和主持尤为重要。

广播电视主持人自信与否，一般都逃不出受众的观察，尤其是对电视节目主持人，更是如此。

首先，自信与否会在表情上显露出来。不自信会使表情紧张，目光畏缩，影响与观众的交流。观众不会喜欢一位心事重重的播音员或主持人，他们喜欢坦荡、直率的播讲者。

其次，自信与否会表现在语言声音之中。人的心理状态可以通过多种表现渠道传达出来，不仅语言的词句，连表达这些词句的声音也包含着丰富的心理信息。缺少自信心会使语言的声音不自然，紧张的压力负担会使声音变高、变尖，甚至抖动，这些都会直接影响语言表达效果。

自信与否还会在语言的运用中表现出来，缺少自信心会使思维迟缓，在事先没有准备的即兴表达中会因紧张造成语言错误，发生各种口误，严重者甚至语无伦次。

身体姿势和动作也会显露出心理状态变化，具有自信心的主持人在摄像机前会显得轻松、自如，身体姿势和动作自然、大方。缺少自信心时，身体姿势会变得拘束，动作也变得不自然。

缺乏自信可以有各种表现形式，如在言语中表现出信心不足，拒绝接受某些任务，或在表情、动作和声音中表现出恐慌、畏惧、紧张。对于有些工作，人们一时缺乏自信心时，不会直接影响工作结果，人们可以在完成任务的过程中逐步熟悉情况，建立自信，最终完成任务。但有些工作本身依靠情绪状态来完成，自信心不足会直接体现在工作结果中。在这种工作中，自信心就显得格外重要。广播电视播音和主持就是这样的工作，从一定意义上讲，经常对自己能力抱怀疑态度，缺乏自信心的人无法从事广播电视节目的播音主持工作。

缺乏自信心的主持人很容易将自己的弱点暴露在观众面前，影响播出效果。尤其是在直播时，缺乏自信心可能会给播出造成难以预料的麻烦。如有的主持人在直播采访中，由于缺乏自信心，心里紧张，竟然忘记了被访者的姓名。当然，这种极端的例子，并不会经常出现，但对于一个主持人来说，这样的过失在重要场合出现一次就足以影响其职业前途。

缺乏自信有时来自性格。性格软弱的人缺少竞争勇气，常常过高地估计困难，对自己的能力持怀疑态度，他们只对不具挑战性的工作有信心，而对于未知的工作心怀疑虑，充满了担心。广播电视节目的新颖性要求每次节目都具有新的内容，每次节目制作中都包含着新的探索和未知因素。从这一意义上讲，广播电视节目主持是一项极具挑战性的工作。它需要坚强的性格和强大的自信心来应对时时出现的挑战。

缺乏自信还可能来自准备不足。人们在从事一项活动时，如果对活动过程认真准备，做到心中有数，从事这项活动时，会显得信心十足。如果事先准备不充分，心中无底，则往往信心不足，缺乏自信。

节目主持人应有针对地查找自身的原因，积极地采用有效措施进行克服。

（二）主持人要有一颗平常心

广播电视传播中人际交流的各种形态最接近日常生活中的人际交流。在日常交往中，人与人的沟通是不难的，但又不是随便谁都能实现最佳交流的，这里除了要有共同语言、共同志趣以外，心态上的平等是交流的前提，否则就很难避免话不投机半句多的尴尬局面。

“家庭观众”这一特定的收视环境，使人自然产生一种与屏幕中的人平起平坐的心态，并渴望与屏幕中的人平等交流。作为屏幕交流主宰的主持人，心理状态的把握就显得尤为重要。主持人的心理状态是人人都能感受到的，它渗透在主持人的言谈、神态、口气、视线等举止之中。无论是居高临下自命不凡的俯视，还是缺乏自信的仰视，无论是严肃冷漠的故作深沉，还是矫揉造作的故作潇洒，都是主持人心态失衡的表露。比如有的主持人在现场采访中话筒指向对方，目光却朝向另一方，全然一副目中无人不屑一顾的神情。反映了他毫无交流欲望、高人一等的心态。很显然，你不把观众放在眼里，观众当然不会买账，得到的只能是逆反、厌恶、换频道。在这种状态下又怎么能谈得上交流，电视传播的功能又怎么实现呢?

无论是高端的访谈节目，还是有普通百姓参加的节目，主持人都应该以平等的立场对待嘉宾，这样谈话节目才不会变成主持人的个人演讲。只有在一种相互平等、尊重的谈话中，嘉宾才有可能说出心里话，主持人才能挖掘出背后精彩的故事。主持人只有以平等的态度主持节目. 才能取得观众的信任，得到观众的认同，取得好的收视效果。崔永元说，谈话节目主持是一个正常人，不是因为学问有多高，长得多好看，地位有多高，家里有多少积蓄。就因为你是一个平民，有和他们一样的心态，你们可以平等对话，人家才选你做这件事。由此可见，平等意识是节目主持人的交流意识中最基本的原则。

（三）主持人要有自控力

自控力也就是自我把握的能力。自控能力是指主持人面对突如其来的情况变化能够保持冷静。只有保持冷静的头脑，才能找到应对的办法，使节目顺利进行。自我把握能力也包含对心态的调节能力。自我把握能力最明显的表现，是对突发情况的反应。在电视节目录制播出过程中，随时可能遇到出乎意料的情况。如果是录像，还有剪接改正的余地，碰到直播，播音员和节目主持人的反应会直接显露在大庭广众面前，应对和表现直接影响人们的评价。电视播音员和主持人的自我把握力，不仅影响自身表现，也在一定程度上左右节目的播出效果。

陈京生在《电视播音与主持》中将主持人失控的表现分为失态和失言两种。下面我们进行具体阐述。

1. 失态

失态就是在某种刺激下失去常态，做出一些不合适的举动。

电视节目主持人要在电视上与各种各样的人进行交流探讨，作为主持人要倾听各种不同意见。有时，被采访者可能非常客气，对主持人大加恭维。也有时，被访者可能毫不客气，当面就对节目或主持人横加指责。具有自我把握能力的播音员和节目主持人能以平常心对待来自外界的强烈刺激，不为荣辱所动。当然，这并不意味播音员和节目主持人对外界采取麻木不仁的态度，而是要求播音员和节目主持人具有自我把握能力，不在不需要时表现出不满、愤怒或过于喜形于色的神态和动作。

失态有各种表现形式。当听到不利于自己的话语，做出过度反应，表现出愤怒或不满神色，这是一种失态。同时显示出主持人心胸狭窄，缺少宽容。这种失态在缺少经验的新播音员和节目主持人中较为多见。新播音员和节目主持人缺乏镜头前的工作经验，不了解摄像机镜头可将面部细微表情变化放大，使得一般场合不易察觉的神色变化会在屏幕上显露无遗。

对于赞扬表现出轻浮也是一种失态。被访者的恭维之词有时并非发自内心的真诚，只不过是一种客套。如果播音员和主持人对这种夸大其词的赞誉沾沾自喜，甚至洋洋自得，会使观众感到反感，认为他们缺少正确的判断力。这会直接影响节目效果。

失态的另一种表现是对突发事件不知所措。例如，在台上走动，突然被绊了一下；直播当中，灯光突然熄灭；说话时，话筒线突然从连接处掉落，类似的突发事件在直播过程中有时会遇到。面对这类不可预知的情况，有的人不知说什么好，有的人惊慌忙乱，在一瞬间，主持人温文尔雅的神态可能完全被打乱。当这一切都呈现在屏幕上时，观众可以清楚地判断哪些主持人具有良好的自我控制力，哪些不具有自我控制能力。

2. 失言

失言也是缺少自我把握能力的一种表现形式。失言是指在播音和节目主持过程中，有意或无意地使用不合时宜、对人不尊重或令一般观众反感的话语。这种情况在电视节目，尤其是访谈类直播节目中较常见。

造成失言的原因很多，有些是无意中走了嘴，将自己内心所想，但不应说出的话说了出来。有些是面对出人意料的情况不知所措，口不由己，说了不该说的话，说完之后，连自己也不知讲了什么。还有的失言是感情代替理智，在高兴、激动或愤怒时按捺不住自己的情绪，说了不该说的话。还有一种失言是播音员和节目主持人乱用词语，在未弄清某些词语，特别是一些含义较为特殊的词语的真实意思时，就搬来乱用，结果造成说者和听者理解不同。有些词语，表面看起来并无贬义，但在大众眼中，这类词语含有讥讽或贬低含义，如不了解就用，极易造成失言，一些在少数人群中流行、含义较复杂的词语，在未了解其确切含义时，一定要慎用。

自我控制力是减少和杜绝失言的基本条件。具有良好自我控制能力的播音员和节目主持人，会在任何情况下都保持心理警觉，让自己所说的每句话在发音之前，都经过大脑的过滤，对其能否说出进行判断。这种过滤判断极其短暂，它要求说话者有敏锐的感受力、活跃的思维，以及理智的判断，即使在感情冲动时，也不能有丝毫的松懈。

心理状态松懈也会造成失言。有些人在主持节目时漫不经心，很容易判断失误，造成失言。如某电视台主持人，曾在主播一个洪水灾害专题节目时，不慎犯了失言的错误，结果引得网民炮轰。所以，作为一个节目主持人，要时刻保持谨慎的心态，千万不能疏忽大意。

心理状态过于紧张也易造成失言。在紧张的心理状态下，大脑中进行语言判断的过滤系统工作迟钝，不能对要说出的话语进行准确判断，造成言语之门失去控制。演播时缺乏自信心的压力，场上意外情况的刺激，交谈中面对的棘手问题，都会造成心理状态的紧张。如果不能迅速排解紧张情绪，很容易在慌乱中出错，造成失言。例如，有一位主持人在场上被电线绊了一下，慌乱中，他下意识地抱怨了一句，言语中带有不文明词语，在观众中造成极坏影响。在高度紧张状态，人们会变得过于敏感，造成过激反应。而在讨论式访谈中，这种过激反应容易造成令人不快的语言对抗，对抗中也容易失言。

对于电视播音员和节目主持人，在演播过程中保持较为平和的心态可以增加自我把握能力。在日常生活中，也应锻炼自己的自我把握能力，说话要伴随思考，对自己的话语是否得当作出正确的判断。思索可能会延缓语言反应时间，但相对于适当的表达，这种略微迟疑还是必要的。随着良好说话习惯的逐步建立，思考的痕迹会越来越弱，直至不被观众觉察。

自我把握能力与气质、性格等因素有关。从一定意义上讲，它与某些先天因素有紧密联系。不过，后天的锻炼仍然起着决定性作用。作为一名时时处于观众监督之下的公众人物，播音员和节目主持人应当在心中时刻牢记“谨言慎行”的古训。谨言慎行并不是说播音员和节目主持人不能坦率地在观众面前表达自己的看法和表露自己的感情，也不是让播音员和节目主持人总保持一种中庸状态。谨言慎行的目的是希望播音员和节目主持人在演播过程中，无论身处何种状态，都留有一分心理警觉，从而在良好的心理状态下主持节目。

二、主持人自我调适的基础

主持人的自我驾驭，首先应从心理调适做起。心理学家指出，一切成就都始于健康的心理。根据世界卫生组织公布的十条健康标准，健康是身体上、精神上和社会适应上的完好状态，而不仅仅是没有疾病和虚弱。在躯体健康与心理健康二者之间，心理健康是第一位的，因为在人体的生理和心理二者的关系上，心理因素是起主导作用的。

（一）主持人自我调适的社会因素

美国的心理学家霍兰德这样阐述在当今的社会里，职业对一个就业者的心理基质的要求：“一个企业组织为了提高经济效益，重要的管理手段之一就是必须充分利用人力资源，使个人的目标、兴趣爱好和能力倾向和组织的目的要求相一致。要使个人的潜在能力在完成组织目标和任务的过程中得到满足，就必须把个人心理倾向性与职业需要、职业环境紧密联系在一起……”从这一点来说，未来职业对于就业者心理素质的要求是很高的，特别是对节目主持人这类知名度很高的公众人物要求更高。由于健康的心理与个人的生存和发展有着如此直接的关系，因此，重视心理健康已成为未来世界的发展趋势。在欧美，上至国家总统、企业老板、著名主持人、体坛名将、影视明星等著名人物，下至寻常百姓，许多人一生都有相对固定的心理调适，来加强自己对突发的外部事件的承受能力，处理好决定事业成败的人际关系，保持健康心理。在我国，通过十几年心理卫生教育和宣传，已有越来越多的人重视身心健康。美国一位资深的心理医师曾经断言：“随着中国社会的商业化的变革，人们面临的心理问题对自身生存的威胁，将远远大于一直困扰于中国人的生理疾病。这无疑使我们注意到这样一个事实：

未来中国将出现一个庞大的心理治疗和咨询系统，服务于这一系统的人员预计将达数百万人。”随着社会的经济文化价值观的不断变化，我们所面对的心理问题更加错综复杂，更加尖锐突出。它必然要求主持人能够适应这种变化，提供更好的服务。因此，为了适应社会发展的需要，节目主持人不能满足现有的水平，应该努力研究社会心理发展趋势，学习心理卫生知识，提高自我心理调适能力，排除各种不良心理，不断完善自我个性，才能在优胜劣汰的激烈竞争中运用自己的心理优势为受众提供更好的服务。

（二）主持人自我调适的个人因素

有人认为，节目主持人经常为别人作心理咨询，他们的心理健康不会有什么问题，其实不然。一方面，作为社会一分子，他们也不可避免承受着社会变革的心理震荡；另一方面，随着他们所主持节目的影响扩大，他们已成为千万人关注的公众人物，他们承受的心理压力更大。他们每天都在广大受众的关注下直接与受众交流，各种前所未有的紧张、焦虑、担心、激励、愤怒随时都在影响着他们的健康，受众对他们工作越来越高的要求，社会舆论对他们的言行举止，甚至私生活的过分关注和批评，使他们特别容易感受到生理的、心理的、社会的以及经济方面蜂拥而来的无形压力。经常倾听来自社会和听众的不良信息，加之主持节目的时间常常安排在晚上、午夜或凌晨，生物钟被打乱，生活规律不正常，使他们容易出现失眠、食欲不振、情绪低落等病症。以上所有方面，都有可能使节目主持人出现不健康的心理倾向，如果他们不善于或者不愿意向别人倾诉自己的隐忧，又不能积极地进行自我心理调适，就会直接影响他们对周围事物做出正确判断，导致发生不必要的冲突，直接影响个人的形象和事业。

心理学家凯立希指出：个性是导致行为以及使一个人区别于其他人的各种特征和属性的动态组合。这些特征和属性包括需要、动机情绪、自我知觉、角色行为、态度、价值观和能力等。一个人个性特征除了先天具有之外，更多的个性特征都是在先天和后天这两种因素的共同影响下形成的，而后天社会环境、家庭、文化阶层的影响更为显著。有些主持人在生活中就情绪波动很大，有一点不顺心的事就情绪消沉，三天都不能主持节目。只要你仔细观察和分析，就会发现此类情况在节目主持人中是屡见不鲜的。过去我们常常从其他方面去找原因和解决的办法，没有考虑如何运用心理调适来帮助主持人克服不良心理倾向，维护自身的心理健康。

三、自我调适的心理学原则

“自我心理调适”是运用心理学的原则和方法来自我调整心理失常的感觉、认识、情绪、性格、态度和行为，使失调的大脑神经机能得以恢复，从而使自己的异常情绪和行为得到减轻和消除。心理学家认为，一个有成就的人应该是一个心理健康的人。他应具备以下条件：①有积极进取的人生态度；②有强健的体魄；③有大无畏的精神；④对未来的成就充满希望；⑤有良好的人际关系；⑥有信心和懂得运用这种信心；⑦愿意与人分享自己的成就；⑧愿意以博爱精神去工作；⑨胸襟宽大，能容人容物；⑩有良好的自律性；⑪有了解他人和世事的智慧；⑫享有宁静充裕的生活。以上成功者所必备的特征中，除了第二条、第十一条以外，其余十条均是从个体心理和人格角度来确定的。因此，我们不难发现，努力完善人格才是个性能否发展的根本，而事业的成功只是完善人格的结果。心理学家提出的成功者必备的 12 个条件，应该成为我们谈话节目主持人进行自我心理调适，塑造完善个性，造就成熟人格的准则。

为此，主持人的自我心理调适应注意以下几个方面：

（一）要树立正确的人生观

谈话主持人应该学习一些马列主义哲学著作，要学会用辩证唯物主义的方法去思考分析问题，同时还应该学习运用心理学知识，自觉控制和调节不良情绪。对待人生旅途中的荆棘、坎坷、挫折和失败，始终保持乐观豁达的态度、坚强意志和勇于拼搏的精神；要热爱生活，增强对人生、对前途、对事业的信心和勇气。只有树立了正确的人生观，并以它为核心，把需要、愿望、理想、目标与行动统一起来，才能站在较高的角度看待人生和社会，以正确的逻辑思维在纷繁复杂的社会事物中作出正确的选择，才能有效地调控自己的情绪，保持乐观和稳定的心理。

（二）建立自信消除紧张

凡在广播电视中被广大受众认可、爱戴的播音员或主持人，他们都有着自信、自如的共同特点。对自己所办节目的宣传宗旨明晰在心，头脑清醒，精神集中，对节目的内容具有独特的感受、深刻的领会，对制作节目的方式方法胸有成竹，能巧用己长，控纵自如。当遇到重大题材报道时，非但不紧张，还能随环境和特殊氛围的刺激，引发出高涨、兴奋的情绪状态，这在心理学上称“应激心理状态”。应激状态是机体适应环境的一种以生理变化为主，同时有心理成分的特殊反应。适当的应激心理，能够使我们处于激情状态，通过神经内分泌系统来进行心理、生理机能的调节，促进有机能量的发放，提高机体的活动效率和适应效能，焕发出饱满的热情和激情，使节目的主持或播音能超水平发挥，达到最佳境界。

信心是建立在全面分析自身能力的基础之上的，实力雄厚就会立于不败之地，常言道，“艺高人胆大”，此处“艺高”是指专业技术水平高，“胆大”则是指心理素质好。艺高了，通常情况下人就胆大，技巧娴熟，游刃有余，因为一次次的成功好评都是经验的结晶，对心态起着决定的作用。心理素质好，什么都不怕，充满自信，错了也没负担，拿得起，放得下，胆子大了自然能迅速提高技能。

信心，还取决于主观努力程度。“有备必自信”，充分的案头工作是少不了的，有人以为一句句全背下来就行，其实不然，背和照着念一样不吸引人。不要逐字记忆，而是要整理出要说的内容，使之条理纲目化，成为自己的感受，进而了解为什么说这些，要达到什么目的，这样的内容说给谁听。有了自信，就能情绪镇静、神态自若、思维敏捷、记忆准确，就能使自己的神经系统的兴奋与抑制过程处于最佳状态。播讲起来，收纵自如，给受众以循循善诱或启迪、感染，留下深刻印象。

自信就会表现得轻松自如，这表现在精神的放松，形体、肌肉的放松。放松则不僵，在这种状态下用声运气，则气息是通畅的，声音是自如的；若身心不松弛，肌肉紧张颤抖，声音僵持，必然导致气浅声浮，或声音挤捏或气息憋闷，表达起来就不自如。气息不通畅，声音就缺乏底气支撑，在此状态下主持节目则会声噎，下不去，上不来，出现用声不自如。

自信会使身心松弛，气息通畅，声音高低自如。自信可以使感情充分调动起来。声音气息随着感情的变化而变化，做到以情运气，用声传情，气随情动，以情带声。气生于情而融于声，声赖情深，情借声传。做到自如时才会以最省的气力达到最佳的效果，使播音或主持时的用声具有美学层次的欣赏意义。

与轻松自如相对的就是过度紧张，这是自信心不足的表现。过度紧张是造成主持人心理失衡的一个主要原因。要保持心理平衡应该对自己提出合理的期望水平。人贵有自知之明，每个主持人都应该正确地分析自己的优势和不足，据此提出自己合理的期望。不要事事想成功，也不要事事求完善。要培养乐天宽容的心态，要保持乐观豁达的人生态度，特别要提高对挫折的承受力，应该认识到挫折是人的心理成熟的催化剂，善待挫折，学会宽容和宽恕，就可以消除产生紧张的根源。提高自信心，就能挖掘自身潜能，抓住成功的机会，这样才能有效地提高工作效率，游刃有余地主持好自己的节目。

（三）调整情绪，热情投入

著名心理学家罗伯特博士认为许多人一生中在某个时期会被沮丧忧郁的情绪所困扰，过去20年的巨大社会变化很可能是造成沮丧的重要原因，它的表现为焦虑、体虚、精神不集中，严重的会有自杀倾向。要克服忧郁沮丧情绪，专家们提供了六种方法：

（1）要做些有积极意义的事，积极行动是战胜沮丧最有力武器。

（2）帮助别人，利他主义也是帮助你获得健康的好办法，全身心投入到节目中，为听众排忧解难可以让你忘却自己的烦恼。

（3）做一些自己过去最喜欢做的事，参加一些交往聚会，看看电影，听听音乐，这样有助于给你带来好情绪。

（4）适当地参加一些体育锻炼。

（5）让你的日子明媚起来，白天多到户外活动，室内光线亮度，都有助于消除阴暗的心理。

（6）多看一些有关改善情绪的心理等方面的文章和书籍。

现代医学研究证明，乐观的性格、稳定的情绪、愉快的心境，是保持心理健康的基础。保持心理平衡，这一点对谈话节目主持人尤为重要。要做到这一点，首先要制定一个合理的、切合实际的生活目标，不要对自己苛求，不要过分自我责难，对一切事情都不寄予过高期望，不做脱离实际的非分之想。学会弹性思维，凡事乐于妥协和让步，学会疏导自己的愤怒情绪，培养更多的业余爱好，丰富生活色彩。广交朋友，多交知心朋友，积极地生活，主动参与其他社会活动。

主持人临场精神状态应当是积极的、振奋的，情绪酝酿应当是热烈的、饱满的这样在节目开始时已调整到整装待发、一吐为快的状态，情动于衷又控纵有节。

荷伯特·凯隆在《心的歌声》中说："要想唱好，必须一直处于一种有控制的兴奋状态之中，歌唱时要有动力，要在心理上生气勃勃，要机敏，要大胆，要心中热烘烘的，因为只有这样的声音才能放光和挺拔起来。"歌唱与主持播音时的心理状态是近似的，其表现为：

（1）全身轻松，肌肉协调，不发紧、不颤抖。

（2）心情愉快，既兴奋又镇静。充满信心，无焦虑情绪，不担心失败，总是以积极的想法占据自己的头脑，相信自己的能力一定能发挥出来。

（3）具有适度而稳定的激活水平，神经中枢的兴奋性适中，既不感到兴奋和紧张，又不感到抑制和消沉。

（4）能积极充分地动员自己全身的力量，且不易感到疲劳。

（5）精力充沛，表情自然，食欲正常，睡眠安稳，生活有序。

（6）能有目的地集中注意力和合理分配注意力，能排除杂念的干扰。

（7）思维敏捷，随机应变，沉着冷静。

总之，能否良好地进行心理调适，直接关系到节目主持的成败。这需要不断地练习、积累，以一种自信、轻松而积极的心理状态去主持节目，使自己的专业素养更好地发挥出来，取得节目的成功。

四、主持人心理调适的方法与技巧

前面我们谈到了主持人从总体上调整自己心理状态的基础和原则，下面再介绍几种具体的调整方法。

祁芃在《播音主持心理学》中提供了一套调控播音主持心理的系统办法。

（一）生理调控法

通过控制和调节生理变化的手段来解除紧张心理，增强信心。在一定的心理活动时，有什么样的生理变化就有什么样的心理现象，把握了生理变化与心理活动的关系就便于控制与调节。

1. 深呼吸

深呼吸可缓解紧张情绪，使僵持的声音气息得到调整。大口吸气还是无济于事，只有深吸一口气，摸摸你的喉咙，感觉一下你脖子的肌肉有多紧张。此时再屏气，关键是呼气而不是吸气。呼气时要徐徐地发出“嘶”声，稳劲持久地呼，收缩腹部三角区的肌肉。借此缓冲、平静一下过度的心跳和过促的呼吸。当你吐完气时，放松肌肉，然后轻轻吸气（口鼻同时进气，不要抬肩，胸部放松）。

收缩腹部三角区的肌肉可以防止体内造成恐惧的化学物质——肾上腺素的产生。同时它可以减少疲倦，产生能量。这种方法在直播或现场主持前，在别人毫不察觉的情况下做，紧张感会得到缓解。

收缩腹部三角区的肌肉还有助于发声。收缩可以使横膈膜下面的肌肉用力，增加由肺排向声带气体的压力。如果你的声音由于局促而发颤，这种收缩可以稳住你的声音。

如果你浑身冒汗或者手心出汗，收缩腹部三角区的肌肉也会有帮助作用。

2. 调弦

坐在播音室，面对话筒播上几句调调声音，就好似京胡在演奏前要调弦是一样的道理。稿件起头处播几句，高潮处播几句，找准合适的用声范围。

3. 起伏急缓的调节

在播音进行中如发现起调高了，那就随着情感的起落找适当时机把调降下来，声音降一些，或者当意识到播讲得过于急促时就逐步舒缓下来，这就是一种必要的调节。

人的内脏活动是受自主神经系统支配的，人能在一定程度上随意地调节自己的内脏活动，如影响心跳节律、血压升降、皮肤温度和内分泌水平等。由生理活动的改变带动心理活动的改变，达到自我心理调控，获得良好的心理状态，其表现为机体适度紧张，内部生理变化是呼吸加快加深、心搏加速加强、外周血管舒张、血液含氧量增加。机体的心理变化为坚信自己能成功，对所播的内容充满了兴趣和自信，播讲愿望强烈热切、积极由衷。外部表现形式是声音自如，神态轻松又全神贯注。这种充满自信的心理就是良好的心理状态，它有助于积极性的发挥，去克服困难提高效率。

（二）心理诱导法

现场直播、转播等关键时刻，有些播音员、主持人总爱自己吓唬自己，诸如“我嗓子发干，声音不好”，“时间太紧我可能播不好”，“稿子太拗口，准出错”，等等。无穷无尽的泄气念头在脑海里萦绕，这些刺激只能给自己带来不安，人为制造紧张空气，这是信心不足的又一种表现。

心理诱导法是用含蓄的暗示方法对心理和行为产生影响，给人脑以兴奋的刺激，这种心理影响表现为使人按一定的方式行动或接受一定的意见或信念。

无论是自我暗示还是他人暗示进行心理诱导时，切忌用消极暗示。诸如“别慌”、“别紧张”等暗示，这些暗示之所以消极，是因为它可能引起不良反应，容易导致心理负担产生。所以面临直播、考试等场合应当尽量避免去想可能使自己不安的反面刺激，不断鼓励自己给自己打气。最重要的是要用积极的暗示，如

“我一定能成功”、“我状态很好”、“我会顺利”等，这种积极的暗示对心理诱导作用影响很大，一定的目的和意志能够在一定程度上控制自己的情绪，克服紧张情绪的不良影响。

心理诱导的暗示方法还有许多，如不要把现场直播看得过重，形成精神压力，更不能把出错与个人得失联系起来，正确做法是视其为一次锻炼机会，成功失败都可能有，这样调整自己的心理状态就可以自如、大度而从容。

（三）模拟法

模拟直播、现场实况转播等训练，这种模拟法多放在训练进行的后期，准时开机，中途任何情况下都不停机，过后总结给分。模拟法可以使播音员、主持人等在现场的严肃紧张气氛中增强适应力。模拟训练要让被试者多体验成功的心情，以选用不太难的内容为好（平时训练要从严从难）。目的在于增强信心，鼓舞斗志。在模拟训练中，导演要以坚定的信心去感染主持人，引导主持人多回忆成功的播音状态，以激发良好的播讲愿望，要帮助主持人确定适宜的奋斗目标。

（四）心境的培养

一个运动员参加重大比赛，就有一个竞技状态问题，这个竞技状态就是情绪状态。从分析运动员的竞技状态，可以发现，它的形成是多因素的，包括气候、环境，运动员的饮食、睡眠状况，还有运动员自身的心情、意志、性格，等等。最佳的竞技状态往往是综合优势的充分发挥。对于主持人，在播音过程中也有一个“竞技状态”问题，这就是心境。

优良的环境条件，可以为播音创造提供最佳心境，使其发挥最高水平；从另一方面，播音员、主持人必须培养一种抗干扰的能力和适应各种环境条件的稳定心境。

播音员、主持人面对环境嘈杂声音的干扰，应该有视而不见、听而不闻的能力，只有一心想稿件内容，才能全身心地投入创作。

人的情绪状态是十分复杂的，既有外部刺激引起的变化，又有内在因素产生的影响。主持人要想获得最佳状态，就不能让自己的心境处于被动的位置，必须注意主动调节。

比如早间时段的新闻播报节目，观众多以退休职工、家庭主妇、上早班者和学生等为主。在这个时段收看电视的人们，不可能坐下来一条不漏地收看新闻，他们需要快捷简洁地了解昨夜今晨发生的大事、天气情况、生活知识，等等。由于主持人往往要早起几个小时，主持节目的时候大脑的兴奋度与讲话的愿望可能都不是很强烈，这就要求早间主持人把心态调节好，把握整个《早间新闻》的主脉，要使自己兴奋起来，要心里有观众，要激发自己的播讲愿望，即表达前的心理播出状态。

南宁人民广播电台主持人莫文冰结合自己的主持实践，在《塑造完善个性，造就成熟人格——谈话节目主持人的自我调适心理》一文中总结出一套操作性较强的方法：

第一，主持人在主持节目时，应注意增强“喉舌”意识和社会责任感。节目主持人在节目中与听众交流时，不仅仅代表着个人，同时也代表着媒体。主持人的态度和每一句话，都会在听众中产生影响，稍有不慎就会给形象带来不必要的损失。因此主持人在主持节目中注意遵守新闻工作的党性原则，积极地宣传社会主义精神文明和优良道德风尚，自觉抵制歪风邪气，增强社会责任感，是保证节目顺利播出的重要条件。

第二，谈话节目开始前，主持人要留出一点时间来调整自我的情绪，如果遇有意外事情或不良的刺激时，要提醒自己：“这些事情等做完节目之后，有时间来慢慢处理。”切忌带不良情绪上岗。在节目的开始时，可以听一些轻松舒缓的音乐或歌曲来稳定自己的情绪。

第三，要摆正自己的角色位置，不要以教育者身份出现，而应以听众平等的身份和他们一同探讨他们的问题，你会感到更为轻松自如。

第四，要学会倾听和思考。听众内心有许多烦恼和苦闷需要找主持人诉说，他们一方面碍于面子，不愿意让别人看到自己的脆弱，另一方面又担心主持人不愿意倾听他们的苦恼，常常会含蓄不露，欲言又止。主持人这时要注意不要急躁，也不要凭听众简单的叙述，过早地下结论，这样可以防止判断错误使自己处于尴尬处境，要抱着极大的同情心和谅解的态度，诱导他畅所欲言，然后慢慢将考虑好的一些看法说出来供听众参考。

第五，遇到与听众有不同意见时，不要激动或生气，应该认真思考并加以总结，可以想想笛卡儿的一段话：“反对意见在两方面对于我都有益，一方面使我知道自己的错误，一方面是多数人看到的比一个人看到的更明白。”

第六，面对主持节目出现的一些差错，要冷静，可以这样对自己说：“我也是凡夫俗子，出点差错是在所难免的，以后多加注意就是了。”要及时调整自己的情绪，不要让此事带来的负效应左右自己，以免在后面节目中，一错再错。美国一位电台谈话节目主持人，由于家庭破裂，情绪低落，在节目中表现失常，后来她调整自己心态后，在节目中向听众倾诉自己的忧虑，不仅得到听众的理解和帮助，而且使节目大获成功。

第二节　主持人的情绪控制

一、情商理论

（一）情商的概念

为什么有的人智商很高，却不能成功，而有的人智力平平，却能获得成功？这是因为，前者的情商比较低，尽管他有很好的判断力，知道事情该怎么做，却控制不住自己的情绪，因此失败。有的人虽然智力平平，但情商比较高，善于了解自己，认识他人，协调人际关系，而且有不屈不挠的精神，于是取得了成功。

美国领导者中心的一份研究报告曾指出：一些高级主管无法正常展开工作，其重要原因是人际关系紧张，而不是计划有误等技术问题。该中心对美国大企业总裁调查之后，列出管理人员九大致命缺陷，它们大多与个人情绪素养有关。例如，工作关系处理不好、太武断、野心勃勃、常与上级发生冲突等。调查认为，与在社交方面交往不灵、性格孤僻的天才相比，那些良好的合作者和善于与同事相处的员工，更可能得到为达到自己的目标所需要的合作。美国心理学家奥列佛·温德尔·荷尔姆斯以情商为标准，对美国历史上诸位总统进行了分析，他认为：富兰克林·罗斯福是个二流智商、一流情商的政治家，被公认为是美国历史上的卓越领导人。尼克松拥有一流智商，但情商一团糟，故而黯然下台。研究结果显示，智商决定人生20%，情商主宰人生80%。由此可见，情商与智商相比，它在更大程度上决定了一个人的婚姻、工作和整个人际关系处理的好坏程度，甚至影响事业成功与否。

情商理论的创始人，美国心理学家沙洛维和梅耶把人们管理情绪的能力作为情绪能力的重要方面，认为它包括以下三种能力：以开放的心情接受各种情绪的能力；灵活地进入或离开某些情绪的能力；有效地监督自己和他人情绪的能力。其实，这三种能力的核心，就是调节自己情绪的能力。

每个人都体验过愤怒、悲痛、抑郁等不良的情绪状态，有的人能够很快地从这些情绪中摆脱出来，维持快乐的心境；有的人则在较长的时间内被这些情绪所困扰，并在某种刺激下出现行为失控。这一现象说明，不同的人调节自己的情绪的能力是有差别的。

人们调节自己情绪的能力可分为三种水平：

1. 主动调节型

能够主动地调节自己的情绪，经常保持一种稳定、快乐的心态。这种类型的人一般具有下面几个特点：意志坚强，敢于坚持原则；喜欢独立思考和工作，一旦确立目标，会义无反顾地勇往直前；具有承受意外打击的能力。由于能够调节自己的情绪，这种人很少与他人交流感情和思想，容易给人留下冷漠、不爱交际的印象。通常认为，这是成熟人格的典型表现。随着年龄的增长，达到这一水平的人所占的比例逐渐增加。

2. 放任型

对情绪不加约束，将它们坦率、自然地表现出来。这种类型的人一般具有以下特点：情绪易于冲动，经常感情用事；心直口快，喜欢与人交往，常给人留下直率、开朗、活泼的印象；敢想、敢说、敢干，容易得罪人；办事容易受情绪影响，经常忽冷忽热；意志力不够坚强，注意对象容易转移。大部分人都属于这种类型，在青年人中尤其如此。

3. 压制型

过度调节自己情绪，压制自己的各种亢进情绪（如兴奋、激动、愤怒等），忍受各种低落情绪（如忧虑、悲伤、痛苦等）。这种类型的人一般具有以下特点：性格温和，不惹是生非；人缘较好，易于与别人合作；缺乏原则性，不愿得罪人；受到不公正对待时，容易退缩，有点阿 Q 精神。一项调查表明，大约有 5% 的人声称，自己从来没想过要改变哪一种情绪，因为任何一种情绪都是“与生俱来的”，不管哪种情绪，也不管它可能多么令人沮丧，都得体验。这些人是这种类型的极端例子。

（二）关于情绪的理论

1. 阿诺德和拉扎勒斯的认知评价情绪理论

情绪及其感受赖以产生的源泉在于客观情境事件，但它们又不是由刺激事件直接、机械地决定的。美国心理学家阿诺德指出，情绪刺激必须通过认知评价才能引起一定的情绪。同一刺激情境，由于对它的估量和评价不同，会产生不同的情绪反应。在认知评价中起关键作用的是对以往经验的记忆存贮和通过表象达到的唤起。山林中的老虎是让人恐惧的，但是关在动物园里的老虎就不会引起人的恐惧。因为以往的经验告诉人们，被牢固的铁笼关住的老虎无法对人构成威胁，这种评价决定了个体不会产生对它的惧怕情绪，反而会安心观赏。

美国情绪心理学家拉扎勒斯发展了阿诺德的理论，将评价扩展为评价、再评价过程。他认为，这个过程由筛选信息、评价、应付冲动、交替活动、身体的反馈以及对活动后果的知觉等环节组成。情绪产生是生理、行为和认知三种成分的综合反应。对认知因素起决定作用的是个体心理结构，即信仰、态度和个性特征等。社会文化因素是对情绪影响很重要的一个方面，它影响着对刺激情境的知觉和评价等。

2. 伊扎德的动机分化的情绪认知理论

美国心理学家伊扎德认为，情绪是在生命进程中分化发展起来的，它包括情绪体验、脑和神经系统的相应活动及面部表情三个方面。他提出了一个情绪认知运动反应模型，认为在激活情绪的过程中人与环境是相互作用的，其间个体内部认知过程起着重要作用，有机体的自主活动是它的基础。认知、运动系统和情绪的相互作用经过认知整合导致了一定的情绪、体验、反应。

在重视认知等因素对情绪作用的同时，伊扎德又充分认识到，情绪的适应价值在于，它使有机体对环境事件更敏感，激起机体的活力。伊扎德指出，情绪对认知的发展和认知活动本身起着监督作用，它激发人去认识、去行动。例如，兴趣激发人去学习、研究和创造。在对情绪作用进行了充分探讨之后，伊扎德还强调了情绪对人格整合的动机功能。他认为，人格是由知觉、认知、运动、内驱力、情绪和体内平衡六个子系统构成的复杂组织，它作为整体组织了人的心理及现实生活，这一整合是靠情绪的动机作用来完成的。

3. 沙赫特和辛格的情绪唤醒理论

美国心理学家沙赫特和辛格在 20 世纪 60 年代提出了与前人迥然不同的情绪认知理论，其基本观点是：生理唤醒和认知评价间的密切联系与相互作用决定着情绪。他们认为，各种情绪状态的特征是交感神经系统以一定形式的普遍唤醒。人们通过环境的暗示和认识的加工对这些状态进行一定的解释和分类，即认知对刺激引起的一定生理唤醒的引导和解释就是产生了情绪。

二、情绪自控

（一）情绪自控的含义及依据

情绪心理的自我控制是人的心理活动的基本特点之一。情绪的自控，指调控主体通过锻炼与修养，对自己的各种情绪进行主动的掌握，调动其积极的增力情绪，抑制和熨平消极的减力情绪，进而驱动或者纠正自己某种行为，用最好的心理状态实现工作职能和生活目标的一种心理调节活动。

情绪自控是完全可行的。心理自控的内在心理根据是人的自我意识。自我意识是人们对自己及其与外部事物的关系的一种认识与把握，并由此产生的对个人的思想和行为采取的一种自觉的态度。人在认识外部世界的过程中，也逐渐认识着自身，不断地积累着个人的自我意识，通过自我意识可以认识自己的情绪状态、情绪特点以及情绪外露后的行为方式。如某人的性格较暴躁，一发作起来不顾场合，既影响了工作，又影响了他的人际关系。当他意识到这种情绪对他不利后，自觉进行控制和调整，因此，他的工作与人际关系焕然一新。调控主体为了适应整个工作和学习的需要，通过自我意识使个人在工作和学习中能维持适宜的情绪状态。每个人的自我意识水平发展是不同的，相应的自我控制的能力也就有差别，自我意识水平高的人，情绪自控能力强；自我意识水平低的，其情绪自控能力就弱。

（二）情绪自控的意义

1. 情绪的自控，有助于主持人保持良好的精神状态

欢乐、愉快、喜悦等积极情绪一旦产生，会直接对人的认识活动喜庆化，观察体验、分析问题都带有积极的欢乐色彩。此时听到一些有矛盾、有成见的人提出一些意见也能听得进，不反感；反映在行为上就是热情高涨、精力充沛，学习、生活和工作都有一种满意、舒适的体验，感到有意义，对未来充满希望，浑身有着一股永远用不完的劲。

心理学上把这些对人有激励、鼓舞、促进、推动、提高效率等积极的情绪叫增力情绪，如困难中保持乐观、挫折后依然自信、紧张时沉着冷静等，就是增力情绪的表现。相反，不良的情绪，如自卑悔恨、烦恼懈怠、委靡不振等，就是种种压抑人的积极性发挥、阻碍人们奋进努力的内部障碍，人们会因此心神不宁，造成工作学习缺乏活力，身心健康受损，此谓之减力情绪。受减力情绪的影响，形成一种消极的心境，则必然反应迟钝，效率低下。

2. 情绪自控，能帮助主持人建立良好的人际关系

情绪是人类社会生活和人际关系中不可缺少的重要内容。人际交往、人际关系从心理学的角度来看，不外乎是语言与情绪作用的表现。情绪通过表情、行为的渠道调节人际行为，达到人的互相了解、培植友谊的目的。

3. 有效的情绪自控，能够增强主持人的理智，提高临场应变能力

情绪是有迁移性的。平时我们讲，外出的游子一腔愁绪，望明月思乡，见落花伤心。而性情达观之人，视万物无不欣然。所谓爱屋及乌、惊弓之鸟、风声鹤唳、草木皆兵等都是讲的这种情绪的迁移性。即某种情绪形成后，会扩散、转移到其他事物中去，从而使人对这些事物的认识和看法烙上相似的情绪印证。这种迁移性，带有十分明显的、强烈的感情色彩，具有主观性。对于主持人来说，当它一旦产生，便具有两大弊端，一是这种迁移性（不良情绪）会使主持人平时缺乏学习进取的兴趣，降低吸收新知识的愿望，也束缚了思维的活跃，使其大脑皮层受抑，阻碍主持水平的发展；二是这种迁移性，使情绪出现单向性，实践中主持人被这种单向性的强烈情感所制约，就不能全面客观和辩证地思考和处理问题。

4. 情绪自控，有助于其身体健康

实践研究发现，情绪状况会影响我们的健康状况。多数疾病都有着心理上的根源。远古的祖先早就谈到过情绪致病的问题。《内经·素问》："余知自病之于气也，怒伤肝，喜伤心，思伤脾，忧伤肺，恐伤胃。"现代医学则进一步指出了其病理心理机制：原来管理人类情绪活动的中枢神经系统的有关部位，同时又控制人体各内脏和分泌腺体的活动，所以情绪的变化必然影响人的内脏与内分泌腺的活动。不愉快的情绪，必然会使内脏各部的运作和内分泌腺失调，如紧张的情绪能刺激内分泌腺，使肾上腺激素分泌大量增加；愁苦郁闷时，胃液分泌和肠道蠕动受抑；愤怒时，血压增高，血糖增加。美国一位心理医生伯斯指出，饱受悲观、绝望与低落情绪影响的人，容易患癌症。由于生气、忧愁、发怒等不良情绪影响，导致或加重多种疾病，已成为临床上的常见病例。所以，控制与调节自己的情绪，防止和避免不良情绪的侵蚀与伤害，是预防疾病、有益健康的重要途径之一。

应该说，主持人由于职业的原因，一般工作繁重，时间紧张，对身体的消耗也较大；同时，由于工作疲劳，接受各种外界的信息后，诱发各种强烈反差的心

理情绪的可能性也较大，对身体的潜在影响的可能性也就大。所以，主持人一定要注意对情绪的控制，及时排遣各种不良情绪，保持良好的心态。

总之，对主持人来说，情绪自我调控得好，可以成为心理动力，控制不好，会成为沉重的精神枷锁。

（三）情绪自控的方法

1. 自我鼓励法

自控者自觉地回忆、选用一些伟大的明哲教诲、生活中的至理名言、具有典型意义的事例，来鼓励自己与痛苦和逆境作斗争，通过这种心理活动的适当调整，缓解、消除某些不良情绪。自我鼓励，作为人们精神活动的重要动力源泉之一，对人们各种不良情绪的消极性的解除是极有意义的。它能使自控者获取新的心理能量，能使他们在不幸、痛苦、挫折中振作与奋发。著名作家丁玲从北大荒被关进秦城监狱，当时她患糖尿病，肺不好，咳嗽，发烧，但她坚信自己无愧于党，总有一天事情是会弄清楚的。于是她不断地背诵和歌唱那些曾鼓励过千百万人的著名诗人的诗词、歌曲，不断回想抗战期间在延安艰苦的岁月，默默构思一部新的小说的结构，进行自我鼓励，从而帮助她用沉静坚强的心态度过了黑暗的五年牢灾。如果主持人遇到了突然的痛苦与不幸，就应运用这种自助法，鼓足勇气，增强信心，驱除消极颓废的情绪。

2. 语言暗示法

语言是思维的外壳，是人类独有的高级生理功能，是人们交流思想和彼此影响的重要工具。所谓语言暗示，就是人们说话的词语，会不自觉地悄悄刺激说话者的中枢神经系统，而中枢神经中控制动作的大脑皮层就对生理运动和动作表现产生自我意识不到的指令，于是说话人的意识、表情、动作出现了。比如，一个主持人在给大家讲故事时，他会根据故事情节，表情上出现喜、怒、哀、乐，心跳、呼吸等生理现象也会发生某些变化，这就是语言的暗示作用。语言暗示法是人在需要调控自己情绪时，有意识地运用语言暗示的机制，使不良情绪得到调整和缓解。所以，当遇到某种难以克服的困难而发愁烦恼时，主持人可以用“不要急，想一想，总有办法”安慰和鼓励自己。运用这种方法，需要松弛情绪，专心致志，才能有明显的效果。

3. 请人疏导法

心理学家认为，心理处于郁闷、烦恼、沮丧等压抑状态的时候，应该有节制地进行发泄以释放不良情绪的能量。同时，实际生活中有些人自我调整能力的确不够，不能做到离开外界力量的帮助而自觉有效地完成情绪自我控制，需要借助他人的帮助。一般讲，通过向人倾诉，听到人们的安慰，心理压力会明显缓解。有时倾听者在旁点拨，常常会使你茅塞顿开，柳暗花明。

4. 环境调节法

环境，包括自然环境，也包括人际环境，对人的情绪、情感的影响和制约是巨大而明显的。如安谧、宁静的环境，使人心情松弛；嘈杂、喧闹的环境易使人烦躁不安。新的人际环境，如朋友之间相约听听音乐，在家唱唱卡拉 OK，围在一起搞一个沙龙座谈等活动，则易使人舒畅、愉悦。同时，改变环境，能起到调节情绪的作用。我们要自觉认识环境对人的情绪的这种调节意义。因挫折而沮丧，因委屈而愤懑，因困难而焦虑时，主动走进大自然的怀抱，走进新的人际圈子，旷达胸怀，欢娱身心，找到新的力量。这种方法的运用，对长期处在高度紧张的现场直播主持岗位的人，尤为重要。采用这种方法时注意，去自然环境中时最好约请亲朋一起前往，可以增加情趣。参加新的社交圈子时，则注意时间地点的选择，尽量避开喧嚣的场所。

三、主持人情绪自控艺术

主持人的自控是指主持人为实现节目目标，对自己的思想情绪和无意识行为进行主动的掌控，控制纠正不良或不利于实施节目主持的情绪或行为习惯，以最佳状态实现节目传播目标的调控活动。自控是主持人的基本素养之一，是实现节目驾驭的前提。

情绪及行为习惯一旦形成便具有一定的稳定性，因而主持人的自控往往依赖于主持人的理智和自我修养。

（一）先驾驭自己，再去驾驭别人

主持人从事的主持活动，涉及面广，影响大，往没有积极情绪的支持是不行的。如果减力情绪增加，则会使整个节目主持或现场驾驭受到影响。这就需要主持人自觉主动地对个人的情绪进行自我控制，保持较长时间的增力情绪的刺激，创造良好的心境。这种良好的心境，对主持人的正面心理效应是极其明显的：一是能使主持人较长时间保持不衰的活力与工作热情，并以此影响、感染现场或声屏前的受众，有利于工作开展；二是能使主持人最大限度甚至超水平发挥自己的能力，犹如运动员兴奋时体现出最佳的临场发挥一样，思维活跃，决策正确，协调顺畅，指挥得当，最终取得成功。

对于主持人而言，若要驾驭好别人，必须先很好地驾驭自己。

（二）克服急躁

在当前社会转轨、剧变时期，就主持人所承受的重压而言，主持人产生急躁情绪是可以理解的，是他们情感的自然表达形式。但凡事都有个度，急躁也不例外，若不加以控制、避免和克服，就有可能躁极生怒、怒极生非。一个合格的主持人，应该时刻注意加强自身修养，善于调节情绪，运用机动灵活的方法、策略，克服、避免因急躁情绪而产生的不良后果。

1. 避免和克服急躁情绪的策略

（1）以冷静制急躁

我们知道，急躁和冷静是相对立的。一个人愈能冷静，急躁情绪便愈是不易产生。因此，培养冷静和镇定的态度，对于帮助我们克服急躁情绪有着重要的意义。古人提倡“每临大事有静气”，推崇“猝然临之而不惊，无故加之而不怒”。对于今天的主持人来说，努力培养遇事不慌、处变不惊，每临大事能够冷静、镇定和从容的素质，是十分重要的。

遇事冷静，一方面要求在重大行动前，能够克服急躁心情，耐心地做好行动前的周密准备，心情平静地进入工作。另一方面要求主持人在主持节目前能够谨慎地分析各种情况，理智地处理问题。

遇事冷静，尤其是在不顺利的情况下，显得更为重要。有的主持人在正常情况下，往往比较冷静，但一遇到挫折，就容易急躁起来。在遇到这种情况时，主持人首先应当借助于自制力，提醒自己尽快地冷静下来，防止急躁情绪的进一步发展。其次，在冷静的基础上，对自己所处的不利情况进行理智分析。比如，遇到了挫折，就应当冷静地分析引起挫折的原因。节目出问题或播出效果不理想时就应当查一查问题在什么地方，是什么原因造成的。最后，在理智分析、找出原因的基础上，采取恰当的对策和行动，改变和消除不利情境。在已经陷于不利局面时，切忌不冷静、不分析，不顾一切地蛮干一通，这样只能把事情办得更糟。

（2）工作要有计划性和条理性

急躁情绪在很大程度上是在平时工作和生活中放松对自己的克制而逐步形成的一种不良行为习惯。积习难移，一个一向就很急躁的人，要想克服急躁情绪，当然不是一朝一夕就能奏效的。长期形成的习惯，只有在长期的生活和工作中逐步克服。因此，一个容易急躁的人，应当做好持久不懈地克服急躁情绪的精神准备，从点滴的日常生活、工作开始，克服急躁情绪，培养心境的宁静和稳定，建立一套新的行为规则，督促自己过有秩序的生活，进行有秩序的工作。如此长期坚持，新的行为习惯逐步形成并巩固，急躁情绪才会得到克服和消除。

如何形成新的行为习惯呢?

首先，要培养行为的计划性。许多工作中的急躁情绪，都是在事前准备不足或计划不周的情况下发生的。如果事前有比较周密的计划，这些急躁大都是可以避免的。

其次，要讲究办事的条理性。如果行动缺乏条理性，其结果是越急越糟，一件事也做不好。

最后，生活要有节奏。严格的生活制度和生活秩序，正确的工作制度和工作秩序，对于帮助我们形成条理性和规律性，培养不慌不忙、从容不迫的行为习惯，克服急躁情绪，都有很大的作用。

2. 避免和克服急躁情绪的具体方法

当然，对于一个容易急躁的主持人来说，坚持过有规律的生活和进行有秩序的工作，只是一种长远的策略。除了要有这种长远策略以外，还应当掌握一些更为具体的避免和克服急躁情绪的方法。

（1）培养韧性

避免和克服急躁情绪的一个有效方法，就是把自己的急躁性格磨慢、变韧。平时可以做一些需要很大的细心、耐心和韧劲才能做好的事。只要持之以恒，一般都能收到良好的效果。

（2）目标适当

避免急躁情绪，为自己的目标确定一个合理的预期时间很重要。预期时间不当，目标无法完成，容易诱发急躁情绪。主持人想要做出一番事业，就得做好长期奋斗的思想准备，不要急躁，辛勤耕耘，成熟季节才会到来。

（3）进退有节

避免急躁情绪的产生，要靠平时的、经常的努力，不要等急躁情绪产生了，才想到克服它，应该在做工作、办事情之前，事先考虑一下有无导致急躁情绪的因素，提前采取措施预防急躁情绪的产生。例如，活动时间表的安排要留有余地，以便一旦发生了什么意外耽误工作时，不致焦灼不安。

（4）急事冷处理

主持人在处理急事、难事时，应保持头脑冷静，在时间上、速度上适当放缓，通过必要的推迟、等待使事情的结局更为圆满。在急躁情绪将要产生时，及时修正，进行心理上的自我放松，提醒自己“不要急”，“这件事根本就不值得急”，“急躁会把事情办坏”等，通过这种心理上的放松，使冲动和急躁的心情平静下来，待心情平静后，再从容不迫地投入到工作之中。

（三）走出消沉

消沉是主持人在工作中表现出来的消极、涣散、沉闷的情绪状态。它影响主持人的正常工作，摆脱这种不良情绪，是主持人自我控制的重要内容。

1. 培养健康的心理

（1）积极心理。积极心理是指对事物持肯定和主动态度的一种心理状态。在这种心理支配下，人们总是对事物保持欣慰、赞赏、热爱的情绪状态。

（2）热情的心理。热情的心理是指人们对客观事物充满好奇、兴趣和热爱的一种心理状态。具备了热情的心理，主持人在工作中才不会感到枯燥乏味，保持朝气蓬勃的精神风貌，遇挫折而不失积极进取的心态。

（3）开放心理。消沉情绪的产生往往是固执地拒绝别人的新鲜经验，囿于狭窄的信息渠道，最终发现自己对变化的世界感到深深无奈的心理反应。开放心理使主持人乐于接受外界信息，渴望与外界沟通，是克服故步自封、自我陶醉、自我满足的必要前提。

（4）成就心理。成就心理就是人们期待成功，并且以成功为满足的一种心理状态。主持人时刻注意保持和培养强烈的成就心理，就等于始终在心底燃起希望的火光。对前途充满信心，是不会受消沉情绪困扰的。

（5）目标心理。人生目标越高远，人们的情操就会越高尚，越不去计较一己私利的满足。

2. 提高对社会环境的适应能力

（1）深化对社会环境的理性认识。消沉情绪是理性不强的一种表现。由于对社会环境缺乏理性认识，人们就会对纷繁的社会现象感到无所适从，自己的主观努力常常在客观现实面前碰钉子，又不能找到有效的办法克服危机，从而陷入彷徨、苦闷、忧虑、消沉的精神状态。主持人应大力倡导理性，深化对社会环境的认识，从而正确对待面临的困难、压力和挫折，在逆境面前做好积极充分的精神准备。这是主持人遇逆境而不惊，从容迎接挑战，始终以饱满的情绪对待工作和生活的奥妙所在。

（2）调整期望值。期望值太高，在现实中缺乏实现的可能性，会挫败主持人的锐气。遇到期望值与客观现实矛盾时，应该适当对期望值加以调整，让成功的概率大于失败的可能，这样就会为主持人注入无穷的心理活力，为始终保持积极乐观情绪创造条件。

（3）讲究主持方法和艺术。讲究主持方法和艺术，会使主持工作变得轻松和愉快；而不讲究主持方法和艺术则容易心理疲劳，弄得不好会陷入消沉情绪。从这个意义上说，讲究主持方法和艺术具有防止和摆脱消沉情绪的作用。

（四）主持人在日常应酬中还应注意自制

主持人少不了外出采访，同事聚会，或与采访对象间的往来，这时，主持人幽默活泼一点，活跃气氛是必要的，但要注意言行检点。这就要求主持人保持一个清醒的头脑，加强自我控制，以免对正常的主持工作造成不必要的干扰。

（五）意志力与不良习惯的戒除

习惯是日常工作、学习、生活中，在不自觉状态下形成的无意识行为。习惯一旦形成，便具有一定的稳定性，它相伴于人的社会生活过程中，并对人的工作、学习、生活效果产生微妙的影响。对一个主持人来说，如果将一些生活中的不良习惯带到节目中去，将严重影响主持人形象，所以必须培养意志力和戒除不良习惯。

1. 不要当众打呵欠

主持人的工作，往往不分昼夜，生物钟经常被打乱，许多主持人自然就会睡眠不足。但是在主持节目，尤其节目中当别人在发表意见时，主持人即使感到疲倦，也必须忍耐克制不让自己打呵欠。

主持人在公众场合打呵欠给人的印象是你不耐烦了，而不是疲倦，这样做也会引起对方和观众的不快。

2. 不要当众掏耳和挖鼻

在主持节目的时候，主持人做出掏耳朵的小动作，往往会令受众感到恶心。因为这个小动作实在不雅，而且失礼。同样，用手指挖鼻孔也是非常失礼的动作。

3. 不要当众剔牙

在电视节目中当众剔牙，是非常失礼的行为。这种表现，既会破坏主持人的个人形象，也会给节目带来不利的影响。

4. 不要当众搔头皮

许多人有搔头皮的习惯，这种举止出现在电视节目中，不仅难看，而且令观众大感不快。在较为严肃、庄重的电视节目中，这种小动作就更难叫人谅解了。

5. 不要当众抖腿

这种小动作多发生在主持人坐着的时候，站立时较为少见。这种小动作虽然无伤大雅，但由于双腿颤动不停，令对方视线觉得不舒服，而且也给人情绪不安定的感觉，这也是失礼的。同样，让跷起的腿钟摆似的打秋千也是相当难看的姿势。

我们平常说用理智战胜自我，实质上是指用意志战胜自我，意志遵循理智的要求，实现对不良习惯的控制。一个连不良习惯都驾驭不了的主持人，不会成就伟大的事业。

第三节　消除紧张轻松上场

由于现代社会的工作节奏和生活节奏日益加快，加上各种各样的有形的和无形的竞争日趋激烈，紧张以及由紧张而引起的心理的、精神的问题正困扰着越来越多的人。主持人在社会上、在工作和生活中占据着重要的地位，要承担着工作、家庭和社会的重负，被紧张所困扰的程度更为突出。如此一来，研究、分析主持人的紧张问题，具有重要的意义。

一、紧张及产生的原因

（一）认识紧张

现代的心理学、生理学和医学以及其他一些相关学科都对“紧张”进行了研究。对“紧张”的理解和看法是多种多样的，这反映了紧张问题的复杂性和重要性。人们从不同的角度，例如从紧张的特点、紧张的产生原因、紧张的形成过程、紧张的后果等方面来看待和理解紧张。关于紧张有代表性的说法有：

1. 紧张是由刺激引起的全身性非特异性的适应综合征，即身体对任何需求的非特异性反应。

2. 紧张是个体处于先发生强烈的紧张和随后所做的消除紧张的努力之间的状态。

3. 紧张是在生活情境中，对威胁性的或不愉快的因素的情绪反应或唤起性反应。

4. 紧张反映了一定环境的压力和人对这种压力的反应。

5. 紧张是导致（或预料会导致）人体基本功能不平衡的任何环境力量（即刺激）。这种刺激可以是不能实现的期望、目的和手段的冲突，负担过重，受到剥削或剥夺，无能为力，创伤，能知觉到的威胁等。

6. 紧张是使机体做好行为准备的生理反应形式。

7. 紧张是由于外部的不利影响引起的所有非特异性生物现象的总和，包括损伤和防御。

8. 紧张是扰乱人体自然平衡的任何影响，包括物理的、生物的和心理上的创伤。

从以上关于紧张的种种见解可以看出，紧张具有多重含义。通常可以把紧张看成是由于外来压力而引起人的机体所产生的一种生理结果，还可以把紧张看成是一种生理反应过程。

（二）紧张产生的原因

紧张产生的根本原因是人们知觉到的各种不同的要求，如生活、工作、社会和家庭中的各种要求、任务、困难、目标、需要解决的问题等，与自己能力之间的不平衡，也就是自己感到自己的各种能力（包括工作能力、经济能力、文化水平、社会地位等方面）太小，解决不了自己所面临的问题，或是完成不了自己的任务。

这种不平衡可以由以下几个方面产生：第一个方面是生物学的。一个人现在的生活方式与人类本身由进化而逐步适应的生活类型之间的差别过大。例如人类已适应群居的社会生活，如果一个人现在被迫过着孤独的生活就会产生紧张感，极端的例子是鲁宾孙飘流到荒岛上独自生活。第二个方面是心理学的。一个人如果没有受到过如何去应付和面对生活中强加于他的变故的训练，而生活的变迁骤然来临，一定会使他紧张失措。例如一个没有任何实践经验，刚刚走上主持人岗位的人，面临自己要独立主持节目时，或者一个主持人突然开始主持一个自己非常陌生领域的节目，都很容易紧张。第三个方面是社会学的。主持人因为工作的特殊性，容易成为社会关注的焦点。社会在赋予主持人光环的同时也给了主持人相应的责任和义务，并要求主持人在公众面前保持良好的形象。因此主持人往往承担了许多的社会压力。第四个方面是现象学的。工作过程中遇到的各种挫折和困扰，也会造成主持人心理压力的加大。

大量研究表明，以下几种情况容易导致内心的紧张感。

1. 人的体质上的脆弱性。身体体质差、不健壮、体弱多病的人，容易产生紧张感。从另一个角度来看，几乎没有任何自卫和谋生的能力、完全要依赖别人抚养的小孩很容易产生紧张感。

2. 人的人格结构，或者说心理系统的某些特征。一般来说，抑郁型气质的人，具有内向胆怯性格的人更容易产生紧张。

3. 人们在工作中、生活中和社会交往中遇到难以解决的相互矛盾、相互冲突的目标，容易导致当事人产生紧张。

4. 人感到存在着威胁或是受到威胁时，容易产生紧张。产生紧张的强度与感到的威胁强度成正比。人感觉到的威胁强度取决于当事人（被威胁者）觉得自己能应付的程度，以及客观可能产生的伤害程度。

（三）伴随紧张的生理反应

世界著名的紧张研究专家、加拿大麦克吉尔大学的汉斯·塞里耶博士认为，紧张的生理反应过程分为三个阶段，即警戒反应阶段、抵抗反应阶段和疲惫反应阶段。

警戒反应是第一阶段。警戒反应是一种复杂的生理反应，是由紧张源激发的。紧张源就是引起紧张产生的事物和因素。一旦紧张源出现，警戒反应便随之发生。

警戒反应的生理过程就是肾上腺素释放到血液中。每当我们兴奋或恐惧的时候，都曾感到心跳加快。这种突然的心跳加快就是由于位于肾脏上部的肾上腺分泌肾上腺素引起的。同时发生一些身体变化，如呼吸变得短促，血液从皮肤和内脏向肌肉和大脑流动，导致手脚发凉。最后，体内营养物质重新分配到在紧急关头需要作出反应的身体的其他部位，尤其是肌肉组织。

除这些熟识的感觉之外，还有许多我们不能觉察的反应存在。人的大脑中的下丘脑是激素警戒系统的关键部位，它控制害怕、愤怒、高兴、悲伤、失望等情绪。当我们的大脑记录下一个危险反应时，下丘脑就向位于头颅底部的脑垂体发出电化信号，脑垂体分泌出一种叫做促肾上腺皮质激素的物质去激活肾上腺。肾上腺接着释放一种叫做皮质激素的物质到血液中，皮质激素把信息带给了其他的腺体和器官，其他器官也开始对“危险”发生反应。

如果这些相关人体成分就此被动员起来并把红细胞释放到血液中去，这些新增加的红细胞就把氧气和营养物质输送给全身其他的细胞。它们是在紧张反应的警戒阶段被用来满足身体的增长需要的。同样的，血液的凝固能力有所增强，而且肝脏把体内贮存的维生素和营养物质释放出去，这些养料随即被转化成身体细胞所需要的养料。在警戒阶段里，身体还需要大量的B族维生素、维生素C、泛酸中的一种和其他营养物质。

在警戒反应阶段，还伴随有另外几种生理反应。一种是肌肉紧张。无论什么时候，只要身体进入警戒反应，后果之一就是肌肉组织的紧张。这种紧张经常发生在背的下部、颈部和肩部，经常以紧张性头痛的形式出现。由警戒反应引起的紧张，经常持续到警戒反应消除之后。还有一种反应是引起胃释放出的胃酸。如果胃酸是在空腹时被释放出来，它就可能烧灼胃壁、食道和十二指肠。这种情况如一再发生，就有可能导致溃疡病。很显然，延长这种引起胃酸分泌的警戒反应是极其有害的。同样的情况也会在心血管系统发生。如果重复出现警戒反应，心血管系统被持续地动员，最后就可能导致心血管疾病甚至导致心脏病发作。

抵抗反应是第二阶段。假如触发警戒反应的紧张源继续存在，就会出现抵抗反应。在抵抗反应阶段里，警戒反应的特有指标将会消失，在与紧张源进行激烈斗争的时候，从表面上看来，身体似乎已经“恢复了正常”。然而危险是存在着的，这一抵抗反应阶段将持续很久。如果身体长时间地与紧张斗争，它的能源就要耗尽。如果人体能量被大量消耗的情况一旦发生，疲惫阶段就会出现。当抵抗阶段过去而疲惫阶段到来的时候，身体就再次显示出与警戒反应相似的症状。更为重要的是，疲惫阶段的出现已经意味着身体越来越容易患病和易发生器质性功能障碍。

由于紧张源无所不在，紧张反应可以由范围很广的紧张源一次又一次地激发。有些紧张源是积极的，有些紧张源是消极的。兴奋、高兴和意想不到的幸福都可以像灾难和突然降临的悲剧一样，同样引起人的警戒反应。科学家认为，可以通过适当方法减少警戒反应的频率和强度，但不可能完全消除它。对紧张源的最初反应就像进食和呼吸一样自然。对于抵抗阶段也可以这样说，正像对付警戒反应阶段一样，在一个时期之内，身体被编入抵抗疾病与紧张的程序。不过疲惫阶段是能够避免的。

紧张时的生理反应特征主要表现在以下方面：心率加快；血压上升；皮肤电阻减少；眼睛瞳孔扩大；血糖升高；血凝加快；消化道（胃与肠）的蠕动减小；消化道的血管收缩，肌肉内的血管扩张。

（四）紧张的行为反应

1. 简单的行为反应

这类反应为人类与动物所共有。一种是抑制行为，表现为遇到危险时僵木不动、畏缩、哀鸣、消沉、抑郁；另一种反应是激化行为，表现为发怒、搏斗或逃跑等。

2. 复杂的行为反应

这类反应约有二十余种，按出现的频率多少排序为：全身紧张；活动增多；不安或焦虑；入睡困难；食欲下降；小便次数多；总想向人诉说；愤怒；兴奋；避免与人接触；情绪抑郁；苦恼；颤抖；腹泻；疲倦；嗜睡；烦躁；恶心；活动减少；便秘；关心身体健康；呕吐。

3. 高度紧张时的行为反应

在生死存亡的关头，人们处于高度紧张状态，很容易出现心跳加快，肌肉紧张，易激动，易生气，口和咽喉发干，出冷汗，胃里翻腾，常常想小便，发抖，恶心，呕吐，大小便失禁，身体虚弱昏倒等反应。

二、主持人紧张探源

主持人是现代社会中被紧张问题困扰较多的人群。弄清主持人所面临的紧张问题，无论是对主持人本人还是对于其所担负的主持工作来说，都是很有意义的。

根据引起主持人紧张的紧张源的性质不同，可以将主持人紧张分为两类：一类为一般性紧张，也就是任何普通社会成员都会遇到的诸如丧偶、离婚、亲友亡故、生病、事故受伤等生活问题而引起的紧张；另一类为职业性紧张，也就是由于处在主持人这一特殊的工作岗位而引起的紧张。虽然引起这两类紧张的紧张源不同，但是它们的生理反应和行为反应是相同的，身体症状、感情症状和认识症状也是相同的。身体症状表现为出汗、口干、呼吸短促、胸部闷痛、心跳加快、脉搏异常、血压增高、腹泻、头痛、感觉虚弱、胃肠功能失调、呕吐、便秘、疲劳、食欲不振、神经衰弱、失眠、气喘、腹胀、打嗝、晕眩等；感情症状表现为焦虑不安，感情脆弱，易感疲乏，情绪低沉，性情急躁，容易激动、发怒；认识症状表现为忧虑、畏惧、精力不集中、心烦意乱、健忘、做噩梦，等等。

我们已经知道，紧张主要产生于人们知觉到的各种不同的要求与自己能力之间的不平衡，以及由于主客观条件的限制而不能满足人的需要与未满足需要的强烈程度之间的不平衡。产生主持职业性紧张的原因可以归结为以下方面：

（一）作为公众人物的受关注感

主持人作为社会公众人物，他的一言一行都是社会大众关注的焦点，在这样的一种工作状态下，常常会感到个人的隐私与安全都缺乏保障，因此容易导致紧张情绪的产生。此外，节目的创作是包括主持人在内的许多工作单位协同合作的结果，但最终要由主持人的工作来加以具体表现的。主持人的表现如何将直接关系到节目的成败，这导致了主持人肩上的压力非常沉重，无形中也增加了他们的紧张感。

（二）不切实际的过高目标

具有强烈的激励作用。因此，主持人要善于提出目标。目标确定得太低起不到激励作用；目标确定太高，难以实现，便容易引起紧张。在体育比赛中往往出现这样的情况，越是想取胜，越紧张，越紧张越发挥不好，反而导致失败。卫冕者和挑战者相比，挑战者没有思想包袱，容易发挥水平，而卫冕者往往由于压力太大而失败。卫冕者的压力比挑战者更大是因为卫冕者的目标更高，必须要取得冠军，而挑战者的目标则是拿冠军更好，不拿冠军也不要紧。主持工作也是如此。目标定得过高，就会过分地、不切实际地驱使自己，因未达到目标而失望，这样就永远不会从已经完成的工作中获得轻松之感。

（三）工作中的人际冲突和矛盾

工作中的人际关系状况是影响主持人紧张的重要因素。在一个人际关系比较和谐的环境中，矛盾少，冲突少，主持人面临的压力自然小；在一个人际关系复杂的环境中，矛盾多，冲突多，主持人面临的压力就会大。

（四）频繁的社交活动

频繁的应酬必然给主持人造成很大的压力。各种各样的活动使主持人一直处于高度紧张之中，既要注意形象，又要顾及关系。

三、过度紧张的危害性

对主持人来说，保持积极的、适度的紧张是非常必要的，可以保持一种积极的生活态度和健康的精神状态。当代紧张问题研究的鼻祖汉斯·塞里耶博士强调说，在人们适应生活的进程中，有的紧张是必要的，并非所有紧张都绝对有害无益。他认为紧张能提供“生活刺激”。如果完全避免紧张源是不实际的，即使能做到这一点，那么人们的生活也会变得单调乏味。紧张是我们生活中必要的因素，人们没有办法也不需要完全避免。其实积极的事物照样能引起紧张反应，令人兴奋的事情与令人沮丧的事情一样能导致人的紧张反应。控制紧张也是人的自然的反应行为。缺乏必要的紧张，特别是缺乏积极的、适度的紧张，容易导致人的麻木和反应迟钝，以及人的思维和人的其他功能的退化，就像人的肌肉长期缺乏紧张就会变得松软无力一样。

保持积极的、适度的紧张是主持人保持一种良好的工作状态的需要。在体育比赛中，运动员在赛场上保持适度兴奋的状态，对于充分发挥运动水平，取得优异的成绩，是至关重要的，而不能紧张和过度紧张都会严重影响水平的正常发挥。主持人也是这样，过度紧张具有严重的危害性。

首先，严重的、长期的过度紧张会损害主持人的身心健康。

近年来，心理学和医学的研究成果表明，紧张，尤其是过度紧张与许多疾病的发生有密切关系，紧张是导致疾病的重要原因。

其次，严重的、长期的过度紧张会导致主持人在思维和待人处世等方面的水准降低。

国内外大量资料表明，人的思维和待人处世与人的紧张程度关系极大。主持人严重的、长期的过度紧张，既会使其思维和处事为人方面灵活性大大降低，又会导致其对挫折的承受能力大大降低，判断失误、行为失当等现象也将明显增加，工作效率明显下降，工作能力将受到严重损害。

四、克服过度紧张的方法

由于过度紧张无论是对主持人自身还是对主持人所担负的工作都存在严重的危害性，因此，掌握克服过度紧张的方法，对主持人来说，既是十分必要的，又是非常重要的。

（一）造成过度紧张的自我分析

对产生紧张和过度紧张的外部因素和内部因素进行自我分析，是克服和消除过度紧张的前提。只有找到过度紧张的原因，才能有针对性地采取措施。

通过回答下列问题，就可以基本找到紧张源。

1. 外部环境紧张源

（1）噪声。你在噪音环境中工作吗？你对噪音特别敏感吗？在你安静时比在活动时或在噪音环境中更加放松吗？

（2）空气污染。你是在大城市的环境中生活或工作吗？你是在一个有许多人吸烟的环境中工作吗？你自己吸烟吗？你发现吸烟会感到不快或恼怒吗？

（3）有害的光线。白天工作时你是否感到眼睛过度劳累？你时常揉眼睛吗？当你必须用眼完成任务时，你头疼吗？

（4）过度拥挤。在你工作或生活的环境中是否有许多人挤在一个狭小的空间里？你是否因为其他人到你工作或生活空间里来而受到干扰？

（5）消极的个人交互作用。你在工作中与其他人是否有许多消极的交往？你与上级、同事或下级之间有矛盾和冲突吗？在家里你是否频繁地争吵或打架？你是否花费许多时间去考虑你与别人之间的冲突或紧张？

（6）不利的工作条件。你的工作环境太热、太冷或有其他因素致使身体不舒服吗？你感到你的工作单调或没有趣味吗？你通常是在压力下进行工作吗？

（7）主要的生活变化。在过去两年里你是否经历了许多重要的生活变化（如新的职业、新的地理位置、丧偶、结婚或离婚）？你是否感觉你已经不能适应这些变化？你是否经常生病或是否一直患有慢性病？

（8）选择的可能性。在工作中你是否需要做过多的决定？你的工作使你感到厌烦吗？

（9）生活的角色。在家庭里或工作中，你的角色是否对你的限制太多？你的情感交流或创造力受到这些角色的限制或压抑吗？

2. 内部因素紧张源

（1）营养状况。你是否饮食毫无规律、忽饱忽饿？每天是否感觉能量水准上下波动？

（2）运动状况。运动量是否适量并足以保持心脏、肺部最佳状况？爬楼之后气喘吗？偶尔做运动时，你是否会全力以赴？

（3）体态、姿势。能否长时间地坐着或站着？工作是否使你长时间保持一种固定不变的姿势？工作时间或工作后是否有背痛、头痛、颈痛和腿抽筋的现象？

（4）生活节奏。工作有紧迫感吗？工作节奏是否很快，使人出其不意？

(5) 个人心理状况。工作或生活的其他方面是否出现争议和矛盾？是否感到你必须竭尽全力地去干什么事情？是否不自爱，不自尊？是否把自己、把工作、把生活看得过于严肃而忽视了放松自己？是否不切实际地雄心勃勃？

(6) 精神生活和创造力。是否感到生活、工作缺少意义？你的一般活动是否显得空虚无目的？是否克制自己的积极创造性和想象力？

(7) 知觉及神经行为。你是否属于对噪音和视觉刺激感到惊恐的那种人？乘车时是否晕眩和不舒服？

(8) 个人兴趣爱好。你是否不愿花时间为自己着想？

(二) 过度紧张的预防措施

克服过度紧张首先要着眼于预防。预防过度紧张的主要方法有神经松弛、良好的睡眠、适当的运动和均衡的营养等。

神经松弛是预防过度紧张的第一道防线。研究表明，松弛具有卓有成效的防御威力。在一项研究中，每天午休 20 分钟左右的大学生比根本不午休的学生明显少得病。另有研究表明，经常沉思的人一般睡眠很好，他们对生活中紧张琐事更具有思想准备，并且自我感觉无论在心理还是生理上都更加和谐一致。当我们真正感觉神经松弛，我们就会感到内心平静、精力集中、生活充满活力、具有强烈的追求。

值得注意的是，有相当多的人习惯于用吸烟、饮酒、喝咖啡、喝茶、药物等来进行“松弛”，这种“松弛”实际上是一种消极松弛，它们仅仅在表面上起到松弛的作用，不能从根本上消除紧张。并且，这种消极松弛归根到底是再制造紧张，产生额外紧张，而原来的紧张并未得到缓解。酒精是一种中枢神经系统抑制剂，当饮用到足够量时人就会产生一种欢快感。酒精时常使人产生暂时的幸福感，但在机体内产生了生理上的警戒反应。咖啡也是一样，它们能促使人们中枢神经系统兴奋，产生暂时精力旺盛和舒适的快感。从长远看，这些刺激物会消耗 B 族维生素、碳水化合物以及其他身体所需的用于控制紧张的营养物，从而降低控制紧张的能力。

真正的松弛状态具有这样一些主要特征：内心平静、和谐；心率缓慢并趋平静；呼吸深沉而宽大；肌肉弹性适度；四肢微热或舒软；身体有足够精力工作。总之，当我们获取了真正成功的松弛效果时，便会感到克服了疲劳，恢复了活力，精力充沛，对工作有新的准备。

做放松练习要保持一个舒服的姿势，穿着宽松衣裤，在安静平和的环境中进行，并且要有规律地持之以恒地坚持下去，才会获得积极有效的结果。

睡眠、运动和营养对于预防过度紧张具有非常重要的作用。如果睡眠时间太短，时断时续或常常被打扰，那么醒来之后就会感到烦躁、疲惫、头脑昏昏欲睡。原因是没有得到充分休息和睡眠的大脑，不能保持有效发挥正常作用所需的生化学和电学上的平衡。绝大多数人需要有6~8个小时的熟睡时间。难以入睡、失眠或早醒都可能是紧张的征兆。值得注意的是，睡眠时间过长也可能是神经系统疾病的征兆。

通过运动产生的身体兴奋对过度紧张有减缓作用。正如睡觉一样，运动也能恢复能量的储存，减少紧张和其他疾病。由运动带来的身体上的舒适感使人产生积极的自我设想，促使自己对生活采取积极的态度，掌握自己命运，产生更高程度的自尊和自爱。与其他人一起参加运动锻炼，能产生内在的相互支持；与同事、朋友、家人、孩子一起运动能增强积极的集体感和生活乐趣。因此，除了运动所固有的优点和愉快之外，不断增强的相互社会支持进一步为参加运动锻炼提供动力。

除了适当休息和运动之外，有效地抵御紧张还要依靠适当的营养，保持身体内抵抗紧张所需要的精力和能量贮藏。

（三）关于主持人克服过度紧张的建议

主持人要克服过度紧张，除了要注意对自己的紧张问题进行自我分析，以及注意睡眠、运动和营养等方面以外，还特别需要注意以下几点：

1. 确立正确的人生目的、生活目标和工作目标

鲁迅先生曾说，人生最大的痛苦莫过于梦醒之后无路可走。人生没有目的，生活失去目标、方向和内在动力，这是现代社会最折磨人的社会重压，同时也是产生过度紧张、深层次紧张的最终根源。主持人也概莫能外。只有从根本上解决好世界观、人生观、价值观的问题，才能正确应对工作中、生活中的各种矛盾、冲突和问题，才能正确对待自己、他人和环境，才能正确对待权力、地位、金钱、名利、待遇、职位等问题，才不至于被这些问题所困扰，也就不会出现过度紧张问题。

2. 学会享受工作的乐趣

尽情享受工作本身带来的乐趣，保持积极的、适度的紧张是克服过度紧张的

有效方式。在工作的时候，全身心地投入到工作之中，享受工作带来的乐趣，如因工作而产生的成就感、与他人合作而产生的亲密的友情等，这些都有利于保持对工作、生活的热情。不可能完全避免紧张，重要的是寻找并保持积极的紧张，把消极紧张转化为积极的紧张。

3. 适当参加一些健康、高雅、文明的娱乐活动

这些活动包括下棋、打球、听音乐、跳舞、读书、书法、绘画、园艺等，利用业余时间培养一至两项个人爱好，戒除饮酒（特别是酗酒）、吸烟、赌博等消极应付紧张或压力的方式。学习掌握并常年坚持一些集放松、健身、运动于一体的身体活动。会休息的人才是会生活、会工作的人。

4. 加强家庭成员之间的交流和沟通

正确处理好与家庭成员之间的关系，在家庭中创造出一种相互体贴、相互支持、温馨和睦的良好气氛是消除紧张的一种方式。家庭常常充当紧张状况下的感情支柱和感情庇护的堡垒，充满亲情和天伦之乐的家庭生活对于缓解主持人的过度紧张发挥着特殊的作用。来自家庭的支持对主持人来说是非常重要的。当一个人感觉到其他人的鼓励和支持时，就容易面对压力；当一个人感觉到家人的支持和关心时，就会更容易地面对失望、冲突、忧虑和沮丧。相反，如果家庭生活中充满矛盾和危机，给人带来的压力和紧张可能会大大超过工作中带来的。因此，主持人在紧张繁忙的工作之余，应该分出一部分精力和时间投入到家庭建设之中，使自己始终生活在理解、信任和融洽的家庭环境之中。

第三章 受众驾驭

第一节 广播电视受众的特点和地位

从信息传播过程和传播学理论上讲，新闻传播机构及从事传播活动的人员被称为传播者，广播站及广播工作者就是传播者。而报纸读者、广播听众、电视观众被统称为传播接受者或受众。在传播活动中，传播者与受众二者构成了一个对立统一的整体，彼此相互依存、相互促进。没有受众的强烈反响和激励，传播者就失去了从事传播活动的动力。从某种意义上说，受众是广播电视传播活动的“上帝”，受众的认可和反响是实现传播活动价值和获得宣传效益的基础和根据。受众的评价和对传播内容的接受程度，以及由此引起的对社会生活和社会行为、社会思想等方向的影响程度等是衡量、检验传播效应的主要尺度。因此，主持人要时时处处为受众着想，热情为受众服务，根据受众的意见及反响组织编排节目、改进主持风格，而且要争取受众对广播电视宣传的支持和参与，同受众一道共同办好广播电视节目。

一、广播电视受众的特点

广播电视属于大众传播媒介。从传播学角度考察，大众传播媒介的传播活动并不同于个体传播和团体传播。个体交谈与团体座谈式的传播活动都是面对面的传播，传播者可以及时获得对传播效果的反馈，直接听到看到受众的各种反应。通过这些反应，传播者就知道哪些传播内容受欢迎，哪些内容不受欢迎，能够及时地调整自己的传播内容，以适应受众的需要。广播电视的传播一般不能在传播的同时获得受众的反应，因此，每一次传播基本上都是一种单向传播，而且它的传播对象又通常具有以下一些特点。

1. 随意性

广播电视受众都在各自特有的环境中收听收看广播电视节目，可以随心所欲地选择视听的时间、地点、方式和节目内容。尤其是听众，通常在收听广播时还可以从事其他活动，比如边行边听、边看边听、边干边听等，只要不和听发生冲突，任何熟练的活动都可以开展，甚至还可以边听边听，即边听广播边听谈话、讲课、会议、演出等其他内容，当然两种听是一主一次，非专注进行或穿插进行的。听广播的方便，当然为听众带来了活动的有利条件，但是多种活动的伴随，不可能不影响收听效果，不可能不干扰听众的注意力。

2. 模糊性

广播电视的受众具有隐匿性，比如说每次播送节目，有多少人在收听收看，又都是些什么人，他们为什么收听收看，收听收看后有何反应？播音员面对广播话筒和电视摄像镜头说话，一个听众一个观众也看不见，只能假设有一些听众在听，有一些观众在看，只能通过想象，使主观臆测的听众观众的各种反应浮现在眼前，建立自己的对象感。在这种传播环境下传播者对受众的感觉是模糊的，对象的数量和接收情况都是不清楚的。

3. 非强制性

广播电视受众没有义务非听广播、非看电视不可，传播者也没有任何权力强迫受众收听收看自己的节目。受众对收听收看广播电视节目有充分的选择权，他们往往是根据自己的兴趣和爱好，选择自己需要的节目。广播电视工作者只能用丰富多彩的节目内容和生动活泼的节目形式吸引受众，用情真意切的宣传去感染受众，打动他们的心。

广播电视工作者不能再像过去一段时期那样，抱着“广播听不听（或电视看不看）由你，节目办不办由我”的态度办广播电视。如果不看对象，不讲究宣传方式，千人一面，千面一腔，和听众观众没有真情实感的交流，结果只能是失去大批听众、观众，并且可能在他们中间产生逆反效应，使得广播电视传播没有产生积极的效果，反而会带来负效应。

二、广播电视受众的地位

在传播过程中，受众作为接受者和参与者，地位举足轻重，广播电视工作者切不可把受众当成是可有可无的，而应当把受众摆在重要的位置，摆正传播者与受众的关系。

1. 主动的接受者

西方传播学子弹理论的观点认为，受众是一个一射即中的靶子。但最新的研究成果表明，事实并非如此。由于传播环境的多元化，各种不同阶级、不同国别、不同层次、不同类型的传播媒介同时作用于受众，使得受众的选择意识不断增强。在选择过程中，受众通过比较，甚至分析研究，发现有的传播媒介真实性强，有的传播媒介时效快，有的媒介传播内容丰富，有的媒介政治色彩浓。因此，他们对传播媒介的态度和评价会影响他们的收听收看行为。从这个意义上说，受众的接受行为是主动的而并非是被动的。

当然，受众的自主意识也是与自身的知识和文化修养、社会信仰以及年龄、性别、居住地、职业、利益关系等社会因素相关的。比如，在受众群体中，知识面广、文化修养较高者，自主意识较强；年龄的增长也与选择意识的增强成正比，居住地对受众的自主意识也有较大的影响。一般说来，居住在比较开放的地区其选择意识较强，而居住在比较闭塞的地区其选择意识较弱。从历史的角度看，随着传播媒介的现代化、传播环境的多元化以及社会信息化程度的提高，受众的自主意识和选择意识将不断增强，这是社会发展的必然结果。传播者应充分尊重受众的选择，适应他们的需要，争取他们较多的认同。

2. 积极的支持者

社会主义广播电视的受众既是广播电视节目的接受者，又是广播电视事业和广播电视宣传的积极支持者，从他们身上表现出来的巨大热情可以看出他们才是广播电视事业的主人。广播电视工作者是听众观众的公仆，应当全心全意为他们服务。

受众首先是广播电视节目的最公正的评判者。广播电视节目质量高、内容丰富、形式多样，受众就来信来电予以肯定和赞扬；广播电视节目内容庸俗，格调低下，受众就提出严厉的批评予以否定。广播电视工作者可以从他们身上看到自己宣传的不足，从他们身上汲取奋发向上的力量。受众是广播电视宣传的服务对象，为他们服务就是为人民服务的具体化。通过在受众协助下办节目，可以开阔广播电视工作者的思路，使广播电视宣传更加贴近社会、贴近群众、贴近生活，从而创造出更好的精神产品。

受众还是广播电视新闻线索的提供者和新闻事件的现场目击者。人民群众生活在社会这个大舞台上，他们身边发生的重大事件最有新闻价值。新闻工作者依靠他们才能发现最好的新闻，通过他们才能说服群众、教育群众、发动群众。

3. 公正的监督者

广播电视既要反映公众的舆论，同时还要接受公众的监督。受众可以通过各种方式对广播电视部门施行监督，还可以通过舆论管理机关及时纠正宣传舆论部门的偏差。

4. 热情的参与者

办广播电视节目需要受众直接参与。传播活动如同演出，受众是“观众”也是“演员”，他们可以通过大众传播媒介一展风采，反映他们的喜怒哀乐和聪明才智。在广播电视节目中有许多受众参与的节目内容，如广播节目中的热线电话，电视节目中的综艺节目、知识竞赛节目、大型文艺晚会等。在社区广播电视媒介中，在大型企事业单位的闭路广播电视系统中，受众参与的机会更多，受众的参与使广播电视节目更加生动活泼、亲切感人。

第二节 主持人与受众的关系

自20世纪80年代以来，我国广播电视这种大众传媒发生了深刻的变革，数字化催生了大量的新的媒介平台，大众传媒的影响深入到社会生活的各个层面，广泛而深刻地影响着人们精神价值的构建。大众传媒所具有的社会性和人际性的双重色彩，更加注重传播中人的色彩。它反映在节目内容、结构形式、表达风格、传播方式，以及节目生产过程和管理体制等各个方面。主持人节目形式的出现和发展是改革开放在广播电视宣传中的一个重要成果。

主持人节目形式根本特点在于，主持人是直接面向受众的，它将人际传播的优势与大众传播的优势嫁接到一起，非常注重与受众的直接交流，吸引受众的参与。新的传播学观念，不仅仅注意从传播者角度抓节目质量，更注意从受众实际接受效果的角度来调节控制传播。在主持人节目中，受众对主持人的态度、评价，是影响节目收视率和收听率的重要因素。因此，主持人对受众的关注和了解，就成为一个非常重要的课题。

主持人节目的交流参与形式是多种多样的，既有直接的交流和参与，也有间接的、模拟的交流和参与。为了更好地发挥两种传播方式嫁接的优势，传播者就必须从传播内容到形式，都要考虑受众的需求、接受习惯和接受能力。主持人作为与受众发生直接联系的中介人物，节目所传播的信息，要阐述的思想，想表达的感情，需营造的气氛，以及节目内容结构的衔接转换等，有相当一部分都是借助主持人来与受众沟通的，而那些直拨热线谈话节目或现场讨论节目，更是主要靠着主持人来驾驭和控制节目的进程。总之，主持人与受众的关系已成为节目的重要组成部分，不仅如此，主持人与受众的关系涉及从观念意识到实际操作的各个环节，反映在节目内外的不同侧面，最终决定和影响着受众对主持人的态度，直接涉及节目的传播效果。

主持人与受众的关系，用个很通俗的比喻，可以说是鱼和水的关系，如果说主持人是鱼，受众就是使鱼儿得以存活并能健康成长的水。主持人离不开受众，倘若没有受众接收节目，主持人的努力就成了无用功；假如不从受众中汲取营养，节目就可能脱离现实，节目质量就会滑坡；如果没有受众意识，没有真诚的服务，主持人必然遭遇受众无情的指责……理论和事实都告诉我们，一个主持人不重视受众的支持，不理睬受众的批评，不真诚地为受众服务，就会像断了线的风筝一样失去方向和根基，就像离开水的鱼无法生存，节目和受众都不会再需要他。

一、传受关系

传受关系的核心意义就是认识受众，认识受众在大众传播中的位置，确立主持人与受众的关系，这是受众观念的题中之意。受众不是被动的接受者，受众是主持人的良师益友。

1. 受众不是无能为力、被动和消极的

受众的主动权表现在三个层次当中。第一，受众对节目有选择权和拒绝权。他们不仅可以在电子、印刷等多种大众传媒中进行选择，也对广播电视节目做出选择。节目是传播者制作的，播出之前的主动权应该说是在传播者手中，然而节目一旦播出，看（听）什么，不看（听）什么，看（听）多长时间，主动权就转移到受众手中了，受众的遥控器锁住某个频道（率）就是选择了这个节目，同时也就是拒绝了其他节目。第二，节目的全部社会意义和审美价值，只有在受众的接受过程中才能表现出来。换句话说，即便他选择了这个节目，但是对节目的理解和评价，主动权是在受众这一边。国外传播学者在讨论受众位置时，用了一个有关房屋的比喻："我们居住房东的房屋，可以把房屋变为我们的'空间'，住房子的是我们，而不是房东。"面对当今主体意识越来越强的受众，显然，媒体依赖与受众的互动才能存在，并实现传播目的。第三，受众有积极的参与愿望，前提是在大众传媒成为可以触摸、可以信赖的朋友时，才有这种愿望和行为。因此，要求传播中的主持人亲切平易，具有交流感，是受众最基本的对表述态度层面的要求。受众更进一步地要求真正参与到节目中来，平等地与主持人沟通交流，共同讨论大家普遍关心和感兴趣的问题。他们为节目提建议，是办节目的重要资源，不仅在宏观上，而且在微观上，节目就是受众与主持人（为代表的传播者）共同完成的。此外，受众这种并非被动消极的姿态还带来一个副产品——受众对主持人品头论足的权力和热情。

2. 受众是主持人的良师益友

中央电视台主持人李瑞英，在看到网友提出的意见时坦言：看到网友的意见时保持客观、平静的心态，觉得网友们说的话很多是非常真诚的，让自己受益匪浅，通过看网上的意见，点点滴滴地更正了自己工作中的不足，看网友留言成了一个乐趣，特别期待网友提建议。

可见，受众对于节目和主持人的意见、要求、愿望和评价等非常重要。如今，许多电视台和电视节目组都会聘请节目视听员，定期邀请观众座谈，通过网络调查对节目的满意程度和喜爱程度，这些都是媒介组织的受众反馈活动。写信、来访表达自己的意见和建议，是传统的反馈形式，而热线电话、电子邮件、电子论坛、手机短信等现代传播手段的运用，为受众反馈带来了极大的方便。

优秀的主持人借助社会力量丰富自己的头脑，提高自己的水平。在他们心里，受众不仅仅是传播的接受者，是节目的服务对象，更是自己成长的坚实基础，是主持人节目取之不尽用之不竭的源泉。很多主持人真心实意地与受众交朋友，除了与节目制作的同仁密切合作，还在社会上建立了有形无形的"智囊团"。借助他们的力量，主持人开阔了视野，节目也有了深度。例如，2005 年 6 月，广州电台的有关领导和节目主持人走上街头听取广大听众在行风建设工作中的意见，在白云区和电台本部的咨询点，听众们拿到了行风评议调查问卷后都马上进行认真的填写，仅一个多小时，就发出近百份调查问卷，很多听众还踊跃地向在场的工作人员和节目主持人反映对广州电台各方面工作的意见和建议。广州电台有关负责人表示，这种活动能够有助于及时发现和修正在工作中存在的问题，对广大听众的意见和建议，电台将会进行认真的研究和整改，以此进一步推动广播事业的发展。

现在，公布节（栏）目热线电话等联系方式，鼓励受众提供线索和建议，已是许多媒体加强与受众联系的重要做法。因为人们认识到，媒介越能吸收受众意见，越能报道受众关心的事情，就越能打动受众，进而影响他们的行为。

历史唯物主义的观点告诉我们，群众是真正的英雄。从这个观点的另一个侧面看，受众中蕴藏着许多潜在的传播者，主持人都是从受众的位置走到这个岗位上来的，如果来到这个位置上却忘了根本，反而轻视受众，那就不可能在主持人的位置上立住脚。主持人的身份和位置并不是恒定不动的。

现在的广播电视早已过了自上而下、指令性的时代，受众积极关注着广播电视节目，并且在数量和程度上越来越多、越来越深地参与到节目中来，当然也就和主持人有越来越密切的和重要的关系。受众不再是被动的接受者，受众对于促进节目发展具有推动创作的作用。作为节目与受众的中介人物，主持人必须对受众这个传播对象及作用有深刻的认识，真正树立起尊重受众、了解受众、热爱受众、服务受众的观念，简而言之，即心中要有受众意识。

二、需求（服务与被服务）关系

主持人与受众的关系，主要体现在两个层面上：一是基于对这种关系的认识，反射到社会角色的一种总体把握，它关系着主持人在节目内外对受众的心态；二是在具体操作层面，贯穿在节目制作各个环节以及言谈举止等方面的实际表现和效果。

（一）把握好服务与引导的关系

在讨论主持人的公众形象时曾有过这样的阐述：主持人是平易近人的党的新闻工作者，是受众喜闻乐见的朋友。这正是对主持人在传播中所具有的社会性和人际性的双重角色的概括。当主持人面对受众时，侧重于与受众关系这个角度，我们不妨进一步概括为，主持人是受众“略高一筹”的“朋友”。“朋友”是说二者之间的平等关系，“略高一筹”是说主持人在传播中要艺术地把握好服务与引导的关系。

主持人的服务理应是高格调、高水平的服务。首先，这是由广播电视工作的性质和任务决定的。主持人的服务是主旋律引导下的服务，服务中不忘引导，不忘提高公众素质的任务，不忘为“两个文明”建设服务的根本。无论是新闻节目、谈话节目还是娱乐节目，都要紧靠国家主旋律。

其次，高格调、高水平的服务也正是受众的本质需求。我们必须注意到受众的收听、收视需求，随着时代的发展和自身素质的提高，受众对于信息的需求日益增长，况且，各种媒体的激烈竞争实际上培养和锻炼了受众的分析能力。如果节目中大多是同一层面信息的平面增加和量的堆积，就不能满足他们对信息的深层探知心理和参与愿望。美国传播学者威尔伯·施拉姆还从人际交往的基本规律出发，谈到人在交谈中的普遍心理："一般的人是不想去听一个谈论并不比自己知道得更多的问题的人议论的。"这种心理在人们接收广播电视节目时就显得更为典型，人们希望主持人是略高自己一筹却又是亲切随和的朋友。主持人的服务既要兼顾不同的受众层次，更要满足受众新的、深层次的需求。

最后，主持人有条件为受众提供高格调、高水平的服务。因为有大众传播机构信息总汇和传播技术力量的优势，有节目制作群体的智慧整合，有社会大背景中受众广泛具体的支持，主持人是集中了个人魅力和人际亲和力的得天独厚的传播者，没有理由不为大家提供优质的服务。

（二）深入了解受众需求，提供真诚服务

主持人无论在前期制作的各个阶段，或是节目的终端环节，都应本着真诚服务的态度。在节目生产的具体操作层面，受众观念反映在节目的选题、策划上，主要看主持人的关注视野和视角是否抓住了受众的兴奋点；反映在采访中，要看主持人能否自觉地顾及到受众所不知、应知和欲知；在节目构思及表达形式方面，则看主持人懂不懂得从受众的接受能力、接受习惯出发，用深入浅出、通俗易懂、生动活泼又为受众喜闻乐见的方式进行；特别是在节目的主持环节，主持人的服务集中体现在与受众的实际交流中，具体落实在主持人的言谈举止上面，既包括语言内容、语气态度，也包括伴随语言（体态语及服饰化妆等）方面传导的信息。

1. 在节目的题材上贴近受众

北京电视台的《身边》是一档以谈话为主要模式的都市午间脱口秀节目，其宗旨就是以最贴近普通观众的视角透视都市生活。它通过演播室谈话，以都市人的视角发现身边的精彩，并以多元的角度诠释都市的气质。就内容而言，它关注京城百姓的身边事，既有权威可信的生活资讯，也有日常的家长里短，给观众温暖的切实帮助。

2. 善于从普通事迹中发掘闪光点

中央电视台的《星光大道》，就是一个展示平凡人不平凡的舞台。它一改以往娱乐节目以明星表演为主的局面，本着“百姓自娱自乐”的宗旨，突出大众参与性、娱乐性，力求为全国各地各行各业的普通劳动者提供一个放声歌唱、展现自我的舞台。站在节目舞台上闪耀着光芒的人，各行各业，形形色色，就像观众身边的同事、朋友、邻居，甚至是亲人。但节目不仅止于此，它能够挖掘这些普通人身上不普通的闪光点。比如《星光大道》中一位辽宁的选手张晓棠，在节目中表现得十分出色，演唱声情并茂，荡气回肠，表演大气到位。更让所有人感动的是陪她走上星光大道的身患癌症的爸爸。这种善于从普通事迹中发掘闪光点的做法，大大增强了《星光大道》对广大观众的吸引力。

3. 主持人应考虑到受众的接受心理与习惯

节目要贴近受众，主持人要从受众出发，从各方面考虑到受众的心理习惯和接受能力。

根据不同的受众群来编排不同的主持词。比如，《快乐大本营》面对青春洋溢的年轻人，说话一定要活泼生动，而且要“潮”；《夕阳红》面对经历世事的老年人，主持语自然要舒适合理，耐人寻味；《足球之夜》面对球迷，语言要激情四射……总之，主持人要根据自己节目的受众群来安排自己的主持语，要考虑到和尊重受众的接受心理与习惯。

又比如，绝大多数少儿节目主持人都以相对固定的角色形象展现在小观众面前，因为少儿节目主持人不同于成人节目主持人，他们所面对的对象是白纸一般的、充满对大千世界好奇的特殊群体。那种纯真、可爱、活泼、亲切的形象，一下子拉近了与孩子们的距离，而朗朗上口的称呼更易被他们所记识。在中央电视台少儿频道中，不少这样的角色形象活跃于荧屏，如早期的“金龟子”、“毛毛虫”，近期的“红果果”、“绿泡泡”，湖南卫视金鹰卡通频道的“小燕子”、“E哥”等都是孩子耳熟能详的角色。这些主持人在主持时，最大特点就是尽量用孩子的视角观察事物，用孩子的语气、方式表达观点。

主持人的服务是否真诚，在节目内容里，在语气态度中，在表达方式上，在伴随语言中（这些都是人际传播的根本途径，是电视节目主持人表达态度感情的重要手段），都能体现出来。有的主持人称谓中不由自主地带出歧视的味道：“你们农民买了电器用起来方便吗？”有的为表明自己的分量，对请来做嘉宾的专家说“我认为你应该同意我的观点”；有时来宾就讨论的问题刚有一点争论，主持人立即打断；有的主持人做人物访谈时，面对令人尊敬的劳模或专家，表情冷峻，眼神咄咄逼人。上述种种，究其原因，有的虽有尊重受众之心，却因缺乏训练和经验而不到位；有的是因为头脑中还没有真正树立起受众观念，心里充满优越感，于是眼角眉梢、举手投足，就不经意地真实地反映出来。

还有另外一种情况，主持人颇有表演天赋，练就了一套与受众亲切热情交流的语调或表情，谈得动听，笑得灿烂，可是采访一结束，节目一完，便对群众不屑一顾。要知道，模式化、符号化、“招之即来，挥之即去”的“职业技能”，若非来自真挚的内心，就会沦为一堆“易碎品”，或被人识得“赝品”的本来面目。

三、双向互动关系

主持人因其工作特征而备受社会关注，往往拥有相当高的知名度，是处在显要地位的名人。所谓显要，一是说他们的工作本身就把他们直观地展现在受众的视听当中，受众在接受节目的同时，也在品评着主持人的表现，从声音、外形，到学识修养，以至人格精神；二是说受众对集个人魅力与集体智慧的主持人十分喜爱，甚至产生崇拜，媒介抓住这种对主持人的神秘感和浓厚的兴趣，进一步把主持人屏幕下、话筒后的种种也尽情“曝光”。在这种情况下，主持人处于一种无遮拦的位置。这种关注，必然给主持人带来非常大的心理压力。倪萍就曾坦率地谈道，她从观众那里得到了很多爱和关怀，“所有的都装在了我心里，成了巨大的包袱”。

从另一个角度看，受众在主持人身上寄托了太多的、理想化的审美期望，他们一心认为主持人应当尽量完美，对主持人既关心又挑剔，加之某些媒介的炒作，主持人可能会被包装和炒作得连自己也不认识自己了，或者遭遇到毫不留情面的、暴风骤雨般的批评。受众不管你有多深的资历，或曾经有过怎样的荣耀，他们的爱和不满，总是表达得那么强烈，没有遮掩，无所顾忌。总之，做一个主持人就无法逃避来自受众的各种形式的关注：或真情赞扬，或中肯批评，或热情有加，或冷若冰霜，或狂热吹捧，或讽刺挖苦……主持人要处理好与受众的关系，就必须提高思想境界，增强心理承受能力，正确对待来自公众的捧和骂，能够做到捧不晕，骂不馁，始终真正把受众作为自己的良师益友。

（一）以平常心面对赞扬

一个主持人能够得到受众的认同、肯定、喜爱和赞扬，与其自身的客观条件、主观努力有直接关系，但任何时候主持人也不能忘记这是集体智慧和劳动的结晶，尤其在成功的荣耀面前。人们通常认为，挫折和失败是人生严峻的考验，对于主持人来说，在赞扬声中保持清醒的头脑是必须闯过的第一关。这是为什么呢？首先，从媒体意义上看，主持人成名比较“容易”，因为媒体推出新人是十分慎重的，主持人如果没有达到播出的水准，是不会轻易让他上节目的（这个水准在不同的地方、不同的节目，有不尽相同的尺度），而且现在流行的主持人包装，又为主持人镶上了夺目的光环。从受众角度讲，大多数人对一位新主持人往往会给予一定的理解和宽容，况且再加上传播快、覆盖广的广播电视媒体，就有了主持人一夜成名的说法。虽然这一说法有夸张的成分，而且主持人在背后下的工夫，受众不能直接看到，但也确实反映了主持人成名比较容易的一面。其次，由于主持人是节目与受众联系的出场人物，受众自然把主持人看做节目的灵魂，而把节目的成败系于主持人一身，节目一旦成功，掌声、鲜花就全都集中在主持人身上。因此，从主持人这样一种特殊的工作状态来说，能经得起捧，是面对受众时首先要过的关，而且是经常要过的一关。

孙家正曾语重心长地说：“主持人职业所以崇高，因为他是为千百万人服务，而丝毫不是谋求个人的名和利。”很多优秀的主持人谈到自己的事业，总是不讳言自己第一次做节目时的窘迫和尴尬，而且对曾经得到的帮助和支持念念不忘，甚至是提供帮助者早已忘记或并未在意的很小的细节。

著名的体育节目中主持人宋世雄，在工作中以敬业、勤奋、刻苦的精神为受众服务，在日常生活中，不管面对运动员、教练员，还是素不相识的普通人，都是一样的谦虚谨慎。主持人要重视自己的公众形象，要珍惜自己和众人共同努力造就的好名声。

主持人工作责任重大，这一特殊的岗位对主持人的要求并不“普通”，这对主持人是压力也是动力。但主持人必须清楚，自己同时是一个普通人，既要有平常心，又能高度自律，一旦脱离群众居功自傲，群众就不买你的账。“水能载舟，亦能覆舟”的古训，同样应为主持人所汲取。

（二）勇于接受批评

满招损，谦受益。批评本是人生道路上的一剂良药，是事业上明确方向，求得最佳效果不可或缺的外在动力。正确对待批评是每一个人都应具有的品德，对于主持人，就显得更为重要。首先，主持人工作是为大众服务的，理所当然要接受听（观）众的评头论足。然而，正因为主持人工作是寄托了受众美好理想的职业，人们往往对主持人寄予过高的要求和希望，当受众不够成熟时，一旦发现主持人的表现使他们失望，批评指责就可能铺天盖地而来。而且，越是下工夫包装的主持人，大家的期望值越高，被挑剔的可能性也越大。“只准成功，不准失败”，在节目生产过程中作为一种追求是正确的，如果评价节目时也希望“只有成功，没有失败”，无论对于受众还是主持人都是不现实的。其次，受众所包含的面实在是广得很，因此来自受众的批评，既有理智的，也有感情用事的；既有一语中的使人顿开茅塞的，也会有不着边际让人如坠雾里云中的；既有和风细雨的，也有暴风骤雨的……如何面对形形色色的批评，是主持人与受众关系中必须过好的又一关。

主持人面对来自受众的批评，第一，要克服“杂念”，理解受众；第二，要增强心理承受能力，按照主持人这一社会角色的行为规范严格要求自己，除此之外，别无他途。至于培养受众的平和心态，引导受众具有成熟的眼光，就不是主持人的事情了。

所谓“杂念”，无非是怕受众的批评在社会上曝光会损害自己的形象或声望，怕同事和领导改变对自己的印象。这种态度，实际上心中只关心个人的利益，而受众意见、节目传播效果已无暇顾及了，从主持人与受众关系角度看，这就是杂念。尽管我们无法排除有某些动机不纯用心不良的批评存在，但是绝大多数受众是出于对主持人的关心、对节目的关注。受众对广播电视事业的巨大热情，体现出他们的主人翁精神，也说明受众对广播电视的信任，受众与媒体之间、与主持人之间这种不见外的关系，正是我们求之不得的，也是过去所不可能有的。如果主持人能看清这层道理，以提高节目质量，为受众提供优质服务为重，他一定能够理解受众的批评，欢迎受众的批评，正视自己的不足，改进节目质量。

沈冰在刚开始主持体育节目时遇到了不少批评，因为她对足球一窍不通。原本主持中央电视台财经栏目《对话》的她，刚一出现在专门评说足球话题的栏目《你好世界杯》中，立即引来了受众的一片嘘声。有的观众甚至毫不客气地嘲笑她“只知道对着镜头微笑”。沈冰并没有因为遭到嘘声而气馁，而是不断地充实自己的体育知识，把自己也当成一个球迷，说出自己的真实感受，用自己的落落大方和对足球的热情打动受众，渐渐被许多受众所认可，成为大家比较喜欢的一个主持人。2008 年 5 月，沈冰入选“中国奥运报道主持人国家队”，担任总主持。

社会学在研究人与社会的关系时，用了“社会角色”这样一个概念，大意是说，人在不同的社会环境中为了不同的目的与别人打交道时，自己的身份，或者说相对他人的关系会有所变化。比如一个人在家庭里，是为人父、为人子、为人兄等人伦关系；在学校里，是同事、同学或师生关系；在工作单位里，则是上下级关系；到商店里，是售货员与顾客的关系；在电汽车上，就成了司售人员和乘客的关系，等等，这些社会身份就是所谓的社会角色。每个人都有多重的社会角色，不同的社会角色有不同的适应场景和不同的行为规范，如果不知道适时转换角色，弄得“角色错位”，那肯定要闹笑话的。

社会角色中，又以职业角色最为重要，它指处于某种社会地位或承担某种社会责任的人所具有的权力、义务，以及与之相适应的行为规范。主持人是大众传播机构中出头露面的人物，负有宣传真善美的责任，要履行为受众服务的义务，应具有与这样的社会地位相适应的表里如一的行为规范。主持人居于这样的位置，别无选择，必须严格要求自己，自觉地规范和调节控制自己，这需要良好的敬业精神，需要高尚的职业道德，需要对生活和工作的深刻洞察和自我把握能力，需要专业能力的不断加强，还需要很强的心理承受能力，以清醒的头脑，以坚强的意志经受媒介批评（包括其他渠道的批评），在受众的关心和“挑剔”下健康成长。

第三节　以利害晓谕受众

广播电视是党和人民的喉舌，宣传鼓动是其主要功能。主持人作为喉舌的喉舌，在舆论引导上更有着义不容辞的任务。

一、大众传播与舆论引导

传播是社会舆论形成的渠道，又是社会舆论的载体。所谓舆论，是指广泛流行的、消除个人观点误差的多数人的共同意见。在社会生活中，许多重大舆论的出现都来自人类的传播活动，因为人们的各种传播行为无时无刻不在影响人们的心理、意识和观念，最终把公众置于无法超越的舆论氛围中。传播形成舆论的方式和效果所产生的内在联系，构成舆论衍变的内在机制，由此促成社会舆论的有机运动。

大众传播媒介在成为形成舆论的渠道时，必然肩负代表舆论、引导舆论的重要的职能，这使报纸、广播、电视、杂志这类影响巨大的传播媒介被视作社会舆论机关。德国新闻学者道比法特在其《新闻学》一书中强调："报纸反映、承担、宣布和传播公众的意见。在某种场合报纸还创造性地形成公众意见。"根据大众传播对形成舆论的研究，现代大众传播媒介具有代表舆论、组织舆论、引导舆论、控制舆论和制造舆论的功能。

（一）大众传播媒介是舆论的代表者与组织者

大众传播工具是舆论的代表者，即代表一个阶级、集团、社会群体的意见从事新闻报道。置身于舆论之外，处于中立地位的新闻媒介是不存在的。一个国家、阶级、政党及其他传播工具的占有者都要运用新闻媒介发表观点，传播有利于自身意见的事实，把报刊、广播、电视看做表达舆论、反映舆论的手段。尽管很多人强调新闻报道要客观公正地向受众介绍新的信息，但这是很难办到的，因为任何大众媒介都力图借助传播活动表达自己的意见，扩大自己对社会舆论的影响。

大众传播媒介代表某种舆论，而不是消极地反映舆论，仅仅起舆论传声筒的作用。事实上，报刊、广播电视代表舆论的过程也是积极参与舆论活动的过程。传播媒体的全体人员在新闻报道中都作为舆论的一员，极力宣传他们的意见，同时又运用各种巧妙的办法反对、批驳敌对舆论，争取中间舆论。在这种情况下，新闻媒介发表的大量材料基本都是为表达一定舆论服务的。从20世纪60年代以来，西方报刊上的解释性报道大量增加，边向受众介绍事实，边阐明事实的倾向性，明确向社会表达某种主张，对强化舆论起了重要作用。

大众传播媒介代表舆论具有两个层次，第一个层次是通过参与舆论行为反映、表达一定的舆论，成为舆论的主体；第二个层次则是组织舆论主体所坚持的意见，不断增大舆论的强势，力争在最短时间内使这种舆论在社会上取得支配地位。组织舆论不仅集中分散的意见，而且还包括加工、提炼粗糙的意见。许多分散的意见都有片面、肤浅的成分，新闻机构要想传播它，就必须通过各种新闻手段把它变成系统、完整、精确和富有鼓舞性的意见，使之强有力地影响受众。这样看来，任何国家、政党集团要使自己的舆论成为社会中支配性的舆论，必须运用新闻工具组织意见，以辐射的方式扩散自己的见解，从而把一种意见转化为更为广泛的舆论。

（二）大众传播媒介是舆论的引导者

各种传播媒介也是舆论的引导者，每日都在引导群众正确认识各种舆论的价值，吸引群众按照自身代表的意见方向思考问题。传播工具指导舆论是更深刻更牢固地把所代表的舆论引向前进，为更多的人所接受。

自此可知，传播机构指导舆论是要在大众中构成和它相同的舆论，引导群众的认识方向。马克思认为：“报刊最适当的使命就是向公众介绍当前形势、研究变革的条件、讨论改良的方法、形成舆论，给共同意志指出一个正确的方向。”这一论断指明，报刊引导舆论具体表现为把公众的意志统一起来，这就需要传播媒介在表达意见时，通过一系列生动的事实报道和言论，不断提高自身舆论的真实性色彩，并赋予舆论某种权威性，指导人们正确认识这种舆论的力量和意义。

大众传播工具指导舆论的另一个任务，是批评对立舆论或其他舆论的异己倾向，启发公众从荒诞舆论的束缚中摆脱出来。新闻媒介在传播自身的舆论中，不断同异己的舆论倾向作斗争，不断排除其他舆论的干扰，扫除传播自身舆论的障碍。指导人们正确认识各种舆论，需要传播符合真理的有力的论断，只有这样，广大公众才能正确地区别各种舆论的性质、趋向，选择维护自己利益的意见而诉诸舆论行为。邹韬奋指出：“舆论这个重要的——也可以说是神圣的宝物，不是有钱办报，有笔写文章可以夺取到手的，也不是强迫任何人拿起笔来写出你所要说的文章，印在纸上，送到读者的手里，就可以发生舆论效力的。”传播工具所代表的舆论没有真实有力的事实和正确的判断，既不能进一步组织舆论，也不能指导舆论。

因此，大众传播媒介要坚持实事求是地反映事物的真相与规律，代表广大群众说话。离开这一切，就谈不上引导舆论。

（三）大众传播媒介是舆论的控制机构

在任何社会制度下，各种舆论主体都力图运用各种传播工具充分发挥有利于自身的舆论作用，抑制与此对立的舆论，从而达到控制舆论的目的，因此大众传播媒介又是舆论的控制机关。

1844年，恩格斯曾经深刻地揭示过报刊控制舆论的作用，他写道："1842年，青年黑格尔派成为公开的无神论者和共和主义者，他们的党刊《德国年鉴》比过去任何时候都更激进更坦率了。我们创办了一种政治性报纸，并且德国所有自由派刊物很快就都完全操纵在我们手里了。在德国每个重要城市几乎都有我们的朋友。我们供给一切自由派以必需的材料，从而把他们变成了我们的喉舌。我们向全国散发了各种小册子，并且很快就在每个问题上控制了社会舆论。"可见，控制舆论表现为发展有利于自己的意见，堵塞、削弱不利于自己的意见，并使之向有利的舆论方向转化。

传播媒介控制舆论的具体方式包括选择控制、渗透控制和直接控制三种。前两者以操纵信息的方法控制人们的可知度，支配人们的意识倾向；后一种用鲜明的观点向人们输入理念，直接作用于人的态度。在一般情况下，这三种方式只有相互配合使用，才能充分发挥传播工具控制舆论的功能。

选择控制是指选择大量能说明这种意见正确的事实，另一方面极力回避、封锁不利于这种意见的事实，既让人们有所知，又让人们有所不知。对自己有利的事实让群众广而知之，而对自己不利的事实则使人们尽量少知或不知。这种选择控制方式以隐蔽的手法表达媒介主体的舆论倾向，运用截流事实的办法引导群众赞成自己的意见。一家新闻媒介不善于选择新闻事实，就无法用同类事实把人们的意识引导到同一个方向，这样的新闻机构就无法有效地控制舆论。

选择控制手段虽然不经常运用，但在特殊条件下它对控制舆论具有非凡的作用。比如，敌对势力正在实施一种秘密计划，但没有大量证据加以证实、揭露。这时可通过新闻媒介透露一点零星的信息，引起舆论大哗，就会使敌对势力畏惧舆论压力而将秘密计划停止下来。通常，当社会出现某种不安因素，人们还远远没有发觉或认识到，报纸略透露一点事实加以批评，激起人们的不满情绪，就能以群众舆论制止不安因素的增长。国家管理部门为了推行一项政策，摸清民心、民情对这项政策的支持程度，可先把这项政策的点滴内容透露出来，引起人们的议论，给制定政策的人提供社会整体意识的参数。渗透控制是一种有意操纵舆论的方式，使新闻报道成为舆论的酵母片，促使可能发生的舆论提前产生，策动群众意见制订某种社会政策或社会危害行为的发生。

直接控制是指大众传播媒介发表重要的言论，热烈陈述自己的观点，批驳其他异己舆论，扭转人们原来的观点。言论反映真理，充满犀利、独到的分析，清除混淆是非的陈词滥调。我国近代评论大师梁启超曾提笔挥文，一旦刊于报端，则“虽天下至愚之人亦当为之蹶然奋兴，横涕集慨而不能自禁”，在一定程度上控制了当时的某些舆论。

二、广播电视在媒介中的喉舌功能

喉舌，作为新闻学中的一个概念，它形象地说明了广播电视的政治性。就广播电视的喉舌功能来讲，主要表现在以下几个方面：

第一，宣传功能，即利用广播电视这一现代化的大众传播媒介，及时准确地宣传党的路线、方针、政策。

第二，教育功能，即利用广播电视不断地向受众传授知识，特别是现代科学技术知识，不断提高全民族的科学文化素质。由于科学技术的深入发展和广泛应用，知识更新速度的加快，继续教育成为成人教育的一项重要内容。广播电视可利用自己的优势，承担部分继续教育的任务。

第三，监督功能，即利用广播电视对人们的社会经济道德活动进行监督，树立正气，纠正不正之风。比如中央电视台的《焦点访谈》、《新闻调查》、《今日说法》、《法治在线》、《道德观察》等节目，都是以披露事实真相为宗旨，实现广播电视的监督作用。

三、广播电视节目在维护社会公正方面的作用

当今社会主要有两股力量维护社会公正：一股是直接制定政策法律、能够强制行使权力的政府部门，如司法部门；另一股是以新闻界为代表的社会力量。公众的声音往往要通过新闻界才得以广泛传播并产生影响。因此，新闻界所掌握的媒体既要传达自己的声音，更有责任和义务传达各界的声音。新闻界是第二股力量的集中代表。虽然新闻传播所产生的力量是一种非强制性力量，但它可以形成强大的社会舆论，成为司法公正的有效监督力量。公众期待新闻界成为社会的正义力量，新闻因为维护正义而赢得公众的尊敬和支持。新闻与正义有密不可分的关系。伸张正义、保护社会公正成为最重要的新闻精神和新闻价值。

作为新闻界最直接的“代言人”，主持人的正义感集中体现在能否表达正义的主张、反映正义的呼声、抨击非正义的思想或行为，是否促进社会正义力量的生长而削弱非正义的力量。

1953年到1955年间，美国哥伦比亚广播公司（CBS）节目主持人默罗在《现在请看》节目中对麦卡锡主义的有力反击是主持人追求真理、伸张正义的典范。

20世纪50年代初期，参议员麦卡锡及其同伙到处发表演说，制造假象，动不动指责人对国家不忠，怀疑人阴谋颠覆政府。麦卡锡主义猖獗一时，在全美泛滥，许多人遭受迫害，这使美国，人人自危，笼罩着一种恐怖气氛，人们敢怒而不敢言。一些著名记者和广播公司的要职人员都保持沉默，没有人站出来主持正义。默罗没有立即反击麦卡锡，而是静观默察，等待时机。1953年10月的一天，默罗在一张报纸上看到一位26岁的空军后备役军官米洛·拉杜洛维奇因父亲和姐姐阅读“颠覆性”报纸而被指控为政治危险分子，被迫辞职。默罗决定以这件事为突破口，他派《现在请看》的一个摄制组去了解真相。摄制组采集的镜头包括米洛中尉和他父亲的谈话、和邻居的谈话，反映了麦卡锡主义分子疯狂迫害普通民众的实情。默罗请空军对这一案件发表看法，但底特律和华盛顿的空军新闻发言人保持沉默。在一般情况下，事件的双方有一方不出场，讨论性的节目就得取消。默罗决定打破常规，先播发单方面的陈述。他通知CBS《现在请看》将报道“米洛案件”，同时告诉五角大楼的空军总部，《现在请看》要公开报道这一案件，并继续催促空军参加这次讨论。在默罗的一再催促下，空军方面派出一位将官和一位校官参加这次节目。这时候，CBS内部的气氛紧张到极点，人们都在观望默罗的斗争结果，因为默罗的行动不仅牵涉到五角大楼空军总部的司法程序，而且揭露了麦卡锡主义的全部症结。CBS不愿意出钱为这个节目在报上登广告，默罗和《现在请看》的制片人弗兰德利立即从自己的存款中拿出1500美元，在《纽约时报》刊登了节目预告。《现在请看》终于拉开了反击麦卡锡主义的序幕。

默罗在节目中告诉观众，米洛的父亲读的那份报纸是一份拥护南斯拉夫铁托元帅的塞尔维亚报纸。米洛在电视上用平静的声音述说这一案件将带来的社会影响。他说：“如果我将由于我的亲属的原因而被定罪的话，那么，我的孩子也会因为我而被指控吗？如果照这样指控定罪，那么所有的案件都将会产生连锁反应。我看到了无边无际的连锁反应。”节目快结束时，默罗暗示，武装部队应该对他们自己的司法程序负责。弗兰德利把默罗的这次节目描述为“在汗水和烟雾中洗了个澡”。节目结束后的几天内，观众的电话、电报、信件如潮水股涌来。1953年11月24日，《现在请看》节目一开始，默罗就告诉观众，空军总部已经宣布米洛中尉不是危险人物，空军撤销了对米洛的指控，允许他回到空军担任原职。空军迫于舆论的压力做出的这项决定是《现在请看》取得的重大胜利。尽管如此，CBS上层内部和报界的一些人开始攻击默罗，指责他的节目，并造成了一股反默罗及其节目的声势。麦卡锡甚至放风说，他有文件证明，默罗是共产党人。默罗没有退却，而是准备豁出去直接向麦卡锡开火了。他继续调查了几个相同性质的案件。在公司不支持的情况下，默罗和弗兰德利又一次自己掏钱做了节目广告。

1954年3月9日，《现在请看》为美国电视新闻史留下了浓重的一笔。默罗在这次节目中一边播出麦卡锡的种种活动，一边说：

“我们作为一个民族是在弱冠之年接受全部遗产的。我们自称在国外捍卫自由，实际上也是如此，尽管这自由已只剩下一点。然而我们不能一面在国外捍卫自由，一面却在国内抛弃自由。这位威斯康星州的后备参议员的行动已引起我们盟国的惊愕和沮丧，却颇使我们的敌人感到欣慰。那么，这是谁的过错呢？并不真正是他的，他并没有制造这个担惊受怕的局面，他只不过是利用了这个局面，而且相当成功地利用了……对反对参议员麦卡锡那套做法的人们来说，现在不是保持沉默的时候了。我们可以不顾我们的传统和历史，但我们对后果不能回避责任。一个共和国的公民是不可能放弃自己的权利的……”

默罗在这次节目中表现出的勇气得到CBS晚间新闻播音员唐·霍伦贝尔的支持，他在晚间新闻节目结尾说了一句“我支持爱德华·默罗所说的每一句话”，由此触发了赫斯特报系对他无休止的迫害，最终使他愤然自杀。默罗的节目引起了公众的思考和赞许。CBS在一天之内收到1.5万封观众来信，其中绝大多数信件表示支持默罗的观点。节目播出后第二天中午，默罗和一位英国朋友走在纽约第二大道人行道上，被行人认了出来。人们前呼后拥地走过来和他握手，向他表示敬意。当默罗出现在第二大道的消息传开后，人们从四面八方跑过来，整个大道被人群围得水泄不通。面对这样的场面，默罗被深深地打动了。由于公司的妥协，4月6日《现在请看》节目播放了麦卡锡的讲话。他在节目中猛烈攻击默罗：“我不能不从日常重要工作中抽出时间来答复默罗，我觉得有正当理由这样做。因为默罗是群豺的象征，是最机灵最狡猾的群豺头目，这样的头目永远会同那些有恃无恐的共产主义分子和叛徒们唱同一论调……”几天后，CBS委托调查公司所做的调查结果表明：在50%收看或收听这个节目的人中，有33%的人相信麦卡锡的反驳，而对默罗产生怀疑，甚至认为他是亲共产主义者。默罗和弗兰德利对公司说，如果这个统计数字对麦卡锡有利的话，《现在请看》节目就更有必要继续播出铁证如山的事实。麦卡锡的名声从此直线下降。

1954 年 4 月，美国参议院举行的听证会给了麦卡锡的政治生涯致命一击。同年年底，参议院通过了一项决议——谴责麦卡锡主义。从此，麦卡锡一蹶不振，声名扫地。

在与麦卡锡的斗争中，没有一个报纸专栏作家或广播评论员具备默罗这样巨大的个人威望和强大的讲坛——电视传播媒体。最重要的是，没有一个人敢于拿出像默罗这么大的勇气同麦卡锡斗争。美国新闻界一致认为，在这场生死斗争中，默罗最终击败了麦卡锡。默罗的胜利对美国社会和人民产生了深远的历史性影响。默罗的勇气与他的社会责任感有关，与他的正义感有关，与 CBS 商业性无关。维护社会公正，强烈的社会责任感是新闻主持人应当具备的职业道德与素质。

四、点评——主持人引导受众的主要形式

（一）精彩点评的积极作用

点评议论是任何一个主持人节目结构中必不可少的重要组成部分，起着支撑节目结构的组织功能。

《东方时空》节目就采取理性诉求与感性诉求结合的说服模式，力求情理交融得到观众接受并发挥节目特色。主持人白岩松在有一次说到中国足球时，这样点评道："没钱的时候不行，有钱的时候也不行；业余的时候不行，职业化之后还不行；穿红衣服不行，穿白衣服也不行；苏永舜不行，戚务生也不行，中国教练不行，外国教练还是不行……442 不行，352 不行，451 更不行……裁判向着我们不行，向着对方也不行；主场不行，客场也不行；你骂它不行，你表扬它更不行……"

白岩松一口气列举了 19 个"不行"，造成强烈的点评气势，质问中国足球的痛处，表达了中国球迷的失望与痛心。这样的点评不可谓不精彩。情感率真坦荡，表达理智犀利，融情于理，情与理并重。

（二）主持人点评的方式

纵观节目主持人点评议论方式，呈多样化趋势，主要有以下四种。

第一种，现场点评。即主持人结合现场情景的点评。这种点评，要求主持人深入到新闻事件发生的现场，即景即情即席地发表议论，或褒贬或抒情或感慨，

以体现出主持人对新闻事件的直接评价。这种结合现场的点评是真实可信的。

2008 年汶川大地震，许多记者主持人奔赴灾区第一线，第一时间进行了现场连线报道，带了观众最真实最震撼人心的点评。张泉灵在讲述道路艰难的同时，告诉大家不知道的背后细节。她说：“我一定得告诉你们当地的民风有多淳朴！必须的！在漩口镇，老百姓 24 小时守候在黑漆漆的道路两边，为的是给前来救灾的部队送热水，送吃的。可是你必须知道，从今天早上开始，漩口镇因为和外界极难沟通，粮食极度紧缺。就这样，他们仍然把把青菜粮食留给我们的解放军战士。”她还说，在漩口，他们 16 个人挤在一个非常狭小的帐篷里休息了一晚上。所有人都没敢脱鞋休息，因为担心随时可能发生余震。第二天早上才知道，这个帐篷是当地条件最好的。这一个个感人的背后细节，都给连线报道增添了很强的感人力量。在连线报道可爱的武警战士是怎样在“别墅”轮流休息的新闻中，张泉灵在战士地铺的一定距离用小的声音告诉她看到的场景细节：战士们都是穿着鞋子睡觉的。而在乘坐成都军区飞机到卧龙返航时，张泉灵还告诉观众一个细节：在飞往成都的半小时中，幸存者沈培云紧紧握着军医的手，一秒都没离开。张泉灵说：“沈培云搞不清是谁救了他，但他有一点是清楚的，只要看到穿绿军装的人，此时就是亲人。”敏锐的观察、细节的力量、画龙点睛的点评都给现场报道增添很强感染力。

第二种，交谈式点评。即主持人利用与被采访者交谈的方式点评，也可以是两三个主持人之间或受众之间的相互议论，要求所谈及的话题是被采访者、受众和主持人三者都关心的。在这个话题上形成一个共同的注视点或焦点时，这种议论才会成功，才具有新闻价值。

第三种，评论式点评。即主持人站在新闻事件之外，以旁观者身份，按照新闻事件发展的顺序，或顺着被采访者的思路，抓住某点或某一镜头发表点评。这种点评，主持人和被采访者之间一般不产生交流，通常情况下是事后加上去的。

评论式点评往往是主持人在节目中，选取新闻事件中的几个典型场面或镜头，进行必要的分析、说理、引申。要求点得合适，评得恰当。因为评论式点评大多是事后加上去的，所以有条件细细推敲，应该写得更加精彩些。

第四种，随感式点评。这种点评的特点带有很大的即兴性，是主持人即景即情即席激发出来的。主持人可以就某件事、某一方面问题、某一点发表点评，长则几百字，短则几十、几个字的只言片语，由此及彼，引申发挥。

总之，节目主持人点评的方式可以多种多样，有间接的、直接的、有明显的、含蓄的等，视内容和情节的需要而采取不同的方式。

（三）主持人点评的要领与禁讳

陆锡初在《节目主持艺术通论》中有专章论述主持人的点评艺术。他指出：节目主持人的点评不同于广播电视乃至报刊评论，它是由主持人以第一人称的口吻直接说出来的，是主持人根据内容、情节的需要安排的。当前主持人的点评议论存在着长而空洞、肤浅生硬等弊病。

主持人点评对于提高节目质量是非常重要的，那么应如何进行点评呢？

第一，应该有感而发，切忌无病呻吟，空洞说教。

评论是什么？评论是抓矛盾、摆事实、讲道理的艺术。评论写作的目的，无一不是为了解决一个问题，阐述一个观点，提倡一种精神。无病呻吟，空泛议论是不受欢迎的。

节目主持人的点评与写评论的道理一样，总是结合某事某问题有感而发，生发开来，以便引起人们的重视和注意。它要求寓理于事、事理结合，谈我的感受、思考，情感真挚，切中时弊，符合身份，恰到好处。

2008 年北京奥运会期间，中国代表团既取得了金牌总数第一的历史性突破，也出现了刘翔退赛、女排无缘决赛等遗憾。如何看待体育竞技赛场上的成败得失？许多主持人都在节目做出了自己蕴含智慧和感悟的点评，在传播先进观念上起了很好的引导作用。白岩松也以其充满真情实感和生活哲理的话语进行了深刻又生动的点评："中国已经告别了靠金牌找自信的时代，从本届奥运会的召开看到了中国巨大转变的开始。本届奥运会将是中国最后一次金牌狂欢，你不能依靠只有 200 人从事曲棍球运动的中国永远拿金牌，网球、足球联赛必须要搞好，老百姓要动起来，参与到全民体育运动中来。"

同时，节目主持人还常常通过对社会上的歪风邪气以及种种丑恶现象的评述，伸张正义，鞭挞丑陋，歌颂真善美，从而倡导培养崇尚真理、爱憎分明的优秀品质和高尚的精神境界。

北京电视台生活频道《城市》的主持人老梁，在一次有关消费者在必胜客堆沙拉塔的节目中，继事件的叙述之后，老梁进行了关键的评论："如果将这个问题上升到对人民素质的质疑上，则多少有点小题大做，但不置可否，确实又忽视了这个现象背后的某些东西。"老梁最后的评论语言更是幽默而精彩，一句

“吃早点时的咸菜丝，咱不也没多拿嘛”巧妙地将社会的争论做了一个总结，既阐释了心理价位的作用，又没有将矛头直指消费者。

第二，要见解独特，富于吸引力，切忌人云亦云。

独到的见解，精辟的点评，富有新观点、新思想，最能显示节目主持人的思想理论水平和形象之美，这样的主持人也最具魅力。

2006 年 7 月足球世界杯在德国举行，在赛事开始一段时间以后，白岩松在节目中进行了一次的评述，他将前段的比赛概括为六个“有”和“没有”：

“有一个惊艳的开始，却没有一个惊艳的继续；有漂亮的进球，却没有漂亮的比赛；有伟大的教练，却没有伟大的革命；有回归的秩序，却没有期待的黑马；有金球金靴，却没有令人信服的获奖；有越来越多的中国球迷，却没有中国足球队。”

白岩松这个六个“有”和“没有”，并不是自己凭空而论，而是自己缘事而发作出的点评，他能透过事例的表，看到内里，显示了他独到的视角和一语中的能力，得出的结论也是耐人寻味的，有着思想的高度。

第三，点评应发自肺腑，真切感人，切忌矫揉造作。

当我们听广播、看电视时，对有些主持人生硬的说教深感别扭，听着硬挤出来的干巴巴的语言总感到不舒服，究其原因就是缺乏真情实感。

2008 年 5 月 14 日，在央视 24 小时直播的汶川地震节目中，主持人赵普在直播过程中忍不住热泪盈眶。据悉，主持人赵普直播连线 5 月 12 日四川地震现场的前方记者，得知一位在现场抢救伤员的护士长自己的孩子也被埋在倒塌的校舍内音信全无，还依然忙碌在抢救伤员的第一线时。在说完“为什么我们能够这样？是因为这片土地的人民懂得互相守望和帮助”后，双眼满含泪水，声音两次哽咽，停顿数秒后恢复常态。

赵普在直播节目里这样说：“很抱歉，因为通信车的原因，我们无法把信号及时的传送给大家。所以我们中央电视台，还在不停地把我们之前收集到的宝贵画面给大家放。目的只有一个，希望大家看到救援的画面，希望大家安心。”

一时间，网络上对赵普的评论也渐渐增多。他的这一举动感动了荧屏前的观众，其中一位网友说道：“我们需要这样的主播，新闻也是有感情的！”

由此可见，节目主持人的真情实感，来源于对生活实际的切身感受与思考。主持人只有深入生活、深入采访、深入思考，才能获得真正的感悟和真知灼见的理性思维。

第四，主持人点评还应精辟简洁，切中要害。

求精求实，要求主持人说出“人人心中之所有，人人口中之所无”的话语。这妙语连珠贵在准确、精当、简洁，要说到点上，说到关键要害处，能起到拨云见雾、点石成金的效果，不要老在那里兜圈子，绕来绕去，总触及不到问题的实质，让人干着急或听了不过瘾。语言要点到为止，不要口若悬河，言不及义。如果啰里啰唆，调侃过多，泛泛而谈，只能破坏主持人在受众心目中的形象。求精求实，既要言简意赅，又要朴实无华，越是朴素实在的东西，越能打动人，也最具说服力。

2009 年 8 月 1 日，《新闻调查》播出《上海楼倒倒事件》节目，对备受社会关注的上海市闵行区一处楼房整体倾倒作出深度调查。

在调查结束之后，面对着众说纷纭的社会反映，和多方的直接、间接原因，柴静在节目的最后总结道：“当开发商笑着说自己无知无畏的时候，我们却听得心惊肉跳，因为我们畏惧。我们畏惧花毕生的积蓄买一栋楼，会在一夜之间倒下；我们畏惧倒下之后才发现开发商是如此无知；我们畏惧这样的无知居然没有得到有效的监管；我们畏惧有些人不经过充分的竞争就可以拿到资源；我们畏惧无知、轻慢、危险、错误，因为这里是我们的家、我们的生活。所以我们关心这栋楼，不光是关心它离奇倒下的方式，我们关心真相的完全公开、责任的彻底追究和对事件的深刻反思，只有这样，从事这个行业的人才能够对技术、科学和制度心存敬畏，我们才能够期待一个安然无忧的未来。”

在实际工作中，主持人点评常犯的一个毛病是华而不实，夸夸其谈，不着边际。人们在收听收看节目时，常常被主持人搞得莫名其妙，不知所云。之所以会出现此类情况，除了主持人自我表现欲过强之外，可能连他自己对所讲的内容和问题也没有能真正弄清楚，以致只能说一些不着边际、苍白无力的话。

此外，节目主持人的点评，还要把握时机、掌握分寸、控制感情，切忌失度失态，就是我们常说的要做到适时点评，点到为止，处理好评说与事实的关系。

五、主持人受众引导艺术的修炼与提高

（一）努力提高政治理论水平，注重舆论导向的正确性

主持人的点评议论实际上是据事论理的说理艺术、舆论引导艺术。当前我国社会生活的各个方面都发生了深刻而广泛的变化，出现了许多新情况、新问题、

新矛盾。新旧体制的摩擦，新旧观念的碰撞，在现实生活中屡见不鲜，不足为怪。在建立社会主义市场经济体制过程中，我们在思想、文化、道德、人际关系等诸多方面都面临着继承与调整的问题。

在这种情况下，节目主持人如何坚持正确的舆论导向，怎样进行正确的舆论引导，显得尤为重要，对节目主持人的政治理论水平和政策水平也提出了更高的要求。

大量实践证明，政治理论水平和政策水平的高低直接影响到主持人的点评水平。主持人用简洁的语言把道理讲深讲透，并非易事。只有站在理性高度，高屋建瓴看问题，方能思考深，启迪人。目前主持人就事论事、泛泛而谈、不着边际的通病，其根源在于缺乏理论修养。

（二）深入采访，深入思考，增强社会责任感和正义感

采访调查是基础，主持人只有对报道的事实和问题有了深入的了解、深刻的认识，方能有真知灼见的感悟和带有深层哲理性的思考。

杨春是《新闻调查》节目中一位非常出色的记者兼主持人。在节目中，杨春的采访提问没有十分鲜明的质疑色彩，他更像一个调查者，带着观众一步一步走进现场，更多凭借身体语言带领观众去现场，去看、去分析，而不仅仅是发问。

在《派出所里的坠楼事件》这一期节目中，我们看到了杨春一次具有代表性的采访。湖南宜阳有一家大企业养活了这个城市，它的经济权力放大到无限大的时候，就会直接转化为政治权力，它一边挂着市派出所，另外一边的牌子是这个厂的保卫部。《新闻调查》又能做什么？所有的人没有一个敢开口，街上的人一见杨春就像见鬼一样。这样只好查法医的记录，他自己看怎么跳进去的，最后找到这是一间没人办公的办公室，这里尘封很久了，自杀现场台上既没有手印也没有脚印，这个人怎么上去的，如果他是蹿出去的这人应该是一个抛物线落下，这个人又紧贴着这个楼根掉下去，什么人能紧贴一楼下去，只有一个解释就是死人，没有任何手印脚印的情况下这人又是贴着楼根下去的，这就得出一个结论，这个人是被打死以后抛尸的。又调查，有人提供证据说他下去的时候手腕是闪闪发亮的，他的右手腕是骨折的，发现他的头骨有钝器伤，所有这些说明他是被殴打致死，执法机构伪造现场。这样的调查工作没有强烈的意识是没法完成的，从这个角度说，杨春是一个有意识的记者，也是一个有巨大成长空间的记者。

正是这种深入采访深入思考的意识，杨春使案件清晰地呈现在观众面前。

（三）抓住时机，适时点评

要处理好评说与事实、与栏目风格等诸多关系，把握好点评的“度”。在具体的实践操作中，主持人何时需要点评议论，并没有刻板的规定，要看事实和内容的需要，贵在灵活处理、适时点评。至于采取何种方式和语调，点到何种程度与分寸，也完全由主持人掌握。要避免生硬的说教灌输，要自然得体，适度处理，点到为止，切忌滔滔不绝，长篇大论。

正确处理评说与事实的关系是至关重要的。一是要处理好“我说”与“事实说”的关系。“我说”是必不可少的，但原则上是少而精；“事实说”是主角，它比“我说”能提供更大的信息量和可信度，故应尽可能地让事实多说。二是要处理好“我说”与“大家说”的关系。有篇文章说得好：“现代新闻节目越来越讲究把评判的权力交给受众……因此，淡化主持人的评说，让事实唱主角，不但符合新闻规律，也是对受众选择评判权和理解能力的尊重……主持人的点评要适可而止，要有利于促进问题的解决，做到帮忙不添乱，洗脸不抹黑。”

第四节　以情理感化受众

一、情绪共鸣的心理学基础

主持人不要用宣教式的传播来影响受众，应注重从情绪上把握受众以实现舆论引导的目的。下面我们先从情绪共鸣理论入手展开介绍。

（一）引起情绪产生共鸣的方式

1. 哭泣影响

众所周知，在产院的婴儿室里，一个婴儿的啼哭会引起同室中其他婴儿的响应。这种情况可以在婴儿降生 2 ~ 3 天内出现。有研究指出，受感染而发生的啼哭并非缺乏感情成分的单纯声音模仿，而是一种可以同本身身体不适而引起的哭声相区别的对他人哭声引起的共鸣。似乎人类哭声包含着某种使人不快的因素，但是无论作何解释，这种互相感染的哭声是：（1）先天的；（2）原始的周期反应；（3）在婴儿从胚胎降生的这一转变中经受的痛苦——啼哭的经验中发生的。此后，哭声可以成为引起婴儿啼哭的条件刺激。

这种最早发生的啼哭被认为可能是情绪共鸣产生的最早的、初步的先兆，尽管它还不是真正的情绪共鸣，因为这时婴儿还没有对周围产生任何意识。

2. 简单模仿

情绪共鸣曾被描述为对他人感情的先天的模拟反应。似乎是通过自动的轻微的动作的模仿（例如姿势或表情），以及动作的内导反馈，而产生对对方感情的体验。例如，一个孩子弄伤了手指，另一个周岁的婴儿可能也会把自己的手指放进嘴里，想搞明白是不是自己的手指也伤了。如果看到妈妈哭泣，婴儿可能会擦拭自己的眼睛，虽然他们并没有眼泪。

在表演艺术中，这种引起情绪共鸣的方式，也是演员技能训练之一。演员在表情训练中，经常要通过动觉内导反馈去体验自身萌生的表情是否符合角色的要求。这种方式，如果说在婴幼儿时期是自发的，那么在演员身上则是随意的。

3. 感同身受

婴儿在自身体验着某种痛苦的同时，观察到他人的痛苦，从而产生一种条件性情绪共鸣。

这种情绪共鸣产生的方式，在实验室和日常生活中经常可以看到。例如，婴儿被紧张而焦虑的母亲抱着时，能够通过母亲身体的接触，感觉到母亲的紧张而产生痛苦。此后，母亲的痛苦表情或声音都能成为引起婴儿情绪共鸣的条件性刺激，而不再需要身体的直接接触。继而别人的痛苦表情也可引起婴儿的痛苦。

4. 回忆重现

同自身过去经验相联系的类似情况可成为引起情绪共鸣的条件。例如，有着因割破手指而产生过痛苦的经验的幼儿，看到小朋友割破手指而啼哭时，就会引起情绪共鸣。这种情绪共鸣产生的方式不需要原来发生于自身的痛苦体验和同伴的痛苦同时发生，需要的唯一条件是自身有过这种痛苦的经验。这时，产生的情绪共鸣是同伴的痛苦重现自身过去痛苦经验的结果。

这种以情境的直接联想引发情绪共鸣的方式比前述条件作用的方式更为普遍。无论在儿童或成人中，都经常可能发生。

5. 情境传递

情绪共鸣的产生，不但直接为受害者的痛苦表情和姿态所诱发，在儿童和成人中，也能通过信件或照片等间接信息觉知他人的痛苦而诱发。这时产生情绪共鸣的线索是对事件发生情况的描述或标记，而不是情境本身。无疑，这是情绪共鸣产生的更高一级的方式，因为产生情绪共鸣者需要学会去解释那些代表真实情境的信息。然而，这仍然在很大程度上是不随意的，照片或信件不过是受害者传递给对方从而使之产生情绪共鸣的媒介。一些访谈节目的主持人，在节目进行过程中拿出嘉宾的旧照片等，激发对方的情感，正是运用了情境传递的方法。

6. 角色充任

产生情绪共鸣的方式通常比较随意，像前面几种方式都需要从他人那里寻求线索。角色充任与前面几种方式不同，它涉及想象或设想受害者所处情境的精确的认知能力。美国心理学家斯托特兰德曾经指出，在这种方式中，情绪共鸣似乎只有在想象自身遇到了他人的痛苦遭遇相同的情境时才能产生。这可能是由于受害者的遭遇是自己过去曾经遇到过的，把自己放在他人的处境中，可以有力地诱发自身的过去经验和受害者处境的联想。美国心理学家霍夫曼则认为，除联想外，他人的处境诱发自身经验的心理表象，正像自身充任了对方的角色一样，其间存在着一种认知的重新调整或转化的过程，因而较多地受意识的控制和调节。

（二）情绪共鸣的反应方式

情绪共鸣具有简单性，非随意性和复杂性的特点。霍夫曼认为，在儿童和成人中发生的情绪共鸣一般均含有认知成分。但是随着年龄的增长，儿童萌生了一种新观念，这种观念就是：自我以外的他人也具有一种内心的感受。情绪共鸣体验在很大程度上依赖于知道他人的认知意识的发展水平。不同的发展水平决定了情绪共鸣的不同反应。

1. 融合式反应

儿童在一岁左右，会产生与他人痛苦情绪共鸣的整体性反应。这种反应似乎来自于自身身体刺激与模糊地知觉他人和情境相融合的一种不愉快感。他还分辨不清事情发生于他人还是发生在自身。例如，一个 11 个月的婴儿看见另一个孩子摔倒并啼哭时，好像事情发生在自己身上，她把大拇指放在嘴里，并把头埋在母亲怀中。这一表现是她自身产生痛苦时常常发生的行为反应。

婴儿在区分自身和他人时，是时而清楚，时而模糊的。但是，一个婴儿在一岁末期，看见父亲的悲伤面孔时，做出了吃手指的反应，并去抚摸父亲的耳朵。这个动作是他自己处于痛苦时安慰自己的方法——吃手指和抚摸耳朵。这意味着这个小孩开始把自己和他人区分开，表现了对他人痛苦的情绪共鸣反应。

2. 体验式反应

这一反应建立在清楚区分自我与他人的基础之上，才能体验他人的情绪共鸣。这一阶段的儿童对自己和他人内部状态仅仅是一种模糊的区分。这个区分仍使他迷惑，表现为他给予受伤者的帮助仅仅是对他自身最能有所安慰的。例如，一个一岁半的婴儿，母亲的悲伤面孔诱发她自身的悲伤表现，于是把她自己亲爱的娃娃送给母亲，以示安慰；另一个大些的儿童把啼哭的男孩拉到她自己母亲的身边，而不是把他推向他自己的母亲身边。霍夫曼认为"自我中心"这个字眼并不确切，它在这里只表示做同一动作安慰自身和安慰他人之间的模糊不清。然而，他们的面部表现显示为一种情绪共鸣反应。

3. 感知式反应

随充任角色能力的发展，幼儿在 2～3 岁时开始认知到他人的感受，可能与自己的不同，从而学会体验他人，对他人的感情发生敏感的共鸣。在简单的情境中，3～4 岁的幼儿对他人的快乐和悲伤会产生明显的情绪共鸣。幼儿对动画片中的人物或动物产生情绪共鸣，比对家庭或幼儿园真实情境中成人的感受，体验得更为鲜明。

随着口语的完善化，幼儿不但对直接的表情产生情绪共鸣，而且可以从言语符号信息中产生情绪共鸣。讲故事之所以吸引儿童，是因为他们可以体验故事情节中人物或动物的感情。儿童对电视动画片的喜爱也是如此。

（三）制定情绪共鸣的三项指标

1. 生理指标

情绪共鸣的生理指标在成人身上使用较多，它为观察者是否产生情绪共鸣以及情绪共鸣唤起程度提供了理想的依据。但生理指标不够精确，如果单独使用，不能确定情绪引起的生理反应是直接情绪的结果还是情绪共鸣唤起的结果。

最常用的生理指标是皮肤电。皮肤电升高说明有情绪反应。例如，一个人在看到另一个人处在有害情境中时会有标志情绪共鸣产生的显著生理反应。但在以下两种情况，这种生理反应可能不是情绪共鸣：其一，有些人喜欢看到别人痛苦，此时皮肤电升高无法说明是痛苦的感受还是快乐的感受；其二，有时候观察者的反应也可能是对受害者身体运动的惊跳反应，或是对有害刺激和受害者叫喊声的直接反应，有些人甚至害怕发生在受害者身上的事发生在自己身上。这时观察者皮肤电升高是对情境的直接反应，而不是情绪共鸣。我们可举一些假共鸣的例子来说明这一点。一个男孩听到别人的哭声或看到另一个小孩没有缘由地被打时产生害怕的反应；一个孩子在母亲悲伤时自己也感到悲伤，因为根据过去的经验，在这种时候母亲往往不会满足他的愿望。也有人看到别人进行愉快的活动会产生烦恼，因为他觉得是别人而不是他自己在体验快乐。所以，要想使用生理反应作情绪共鸣的指标，就必须控制被试者，使其不产生直接反应。

除皮肤电外，另一较常见的生理指标是心率。8 个月或 9 个月的婴儿在哭之前会心跳加快，这是用心率加速作为消极情绪指标的一个依据。所以，在观看别人痛苦时心跳加快说明产生了情绪共鸣。但一些研究者提出，儿童和成人在参加一个外界活动时心跳减慢，而在痛苦或被要求表演较难的认知操作时心跳加速。因此，不能轻率地认为心跳减慢就没有情绪共鸣。根据霍夫曼等人的分析，心跳减慢说明认知和卷入程度高，是高水平情绪共鸣。对于这个问题还没有完满的解释，但至少可以确定，当成人看到有人处于危险状况下时，如果这个成人的心跳有变化，无论变高变低，这个成人比起那些心率没有变化的人更有可能去帮助受害者。

由此总结出引起情绪共鸣存在直接和间接的因素。

2. 肢体指标

肢体指标包括面部表情、肢体语言、目光等。有一研究发现，儿童在观看攻击性行为的影片时比看其他行为的影片更多地表现出快乐而不是悲伤。在这一实验中如果用生理反应和言语报告作指标就不易得到真实的结果。给儿童看成人因丢了贵重东西而不愉快的录像，那些看上去悲伤的儿童比看上去不悲伤的儿童更有可能为受害者做点事。这说明被试者的面部表情不是社会期望控制下的模仿。如果是模仿就不会有随后的助人行为。

虽然面部表情作为情绪共鸣指标已有系统研究，但还需要继续挖掘。必须说明的是，肢体指标有一定的局限。第一，现有发现还不能区分具体的积极情绪或消极情绪。第二，有些研究发现生理反应和面部表情之间有相反关系。这说明面部表情是公开的而且能被控制。它会受到各种情绪行为的奖惩的影响，特别是在社会化过程中。其他肢体指标也存在同样问题。

3. 语言指标

语言指标是从语言表达方面来考察情绪共鸣。主要是由被试者用语言把当时的情感体验详细地描述出来，再由实验者进行分析，把与情绪共鸣有关的描述整理出来，作为情绪共鸣的参考。

一般来说，情绪共鸣是一种很复杂的心理现象，无论哪一种指标都不能独立解释，最好是三者结合起来。

（四）生理机能与产生情绪共鸣的联系

一些奇特案例，指出了脑部结构与情绪共鸣的关联。有一份研究报告指出，前额叶右边受损的病患者有一奇特的症状：他们无法了解别人语调中传递的情感信息，但可以正确无误地了解别人所说的话。别人说“谢谢”时语调带感激或愤怒对他们而言都一样。另一份研究报告则显示右脑受损的人有另一种问题：无法通过语调及手势表达自己的情感。病患者清楚地知道自己的感受，但是无法表达。两份报告均说明，这些受损部位都与脑部边缘系统有密切的关系。

上述案例是美国加州大学心理治疗专家李丝丽·布拉惹发表的一篇报告时引述的，她的报告主题是从生物学的角度探讨情绪共鸣机制。布拉惹检查多项神经病学的发现及与动物试验比较研究的结果指出，情绪共鸣的产生源自杏仁核及与视觉皮质的联结。

很多相关的神经病学研究都以动物（尤其是灵长类）为对象。灵长类确实有情绪共鸣的表现（布拉惹称之为情感的沟通），且确实经过下列的研究证实：研究人员首先让恒河猴学会畏惧一种声音，方法是每次听到这种声音就会被电击一下，然后让猴子学会听到声音时按压一个杠杆就可避免电击。接着让猴子分居不同的笼子，彼此只能透过闭路电视看到对方的表情。首先让第一只猴子听到可怕的声音（第二只听不见），脸上露出害怕的表情。第二只看到后竟然去按压杠杆。这显然是情绪共鸣的作用，甚至有些接近利他主义。

这时研究人员确定灵长类可从同类的表情判读其情绪，接着将一条细长的电极轻轻插入猴子的脑中，以记录单一神经元的活动。结果发现，当猴子看到同类的表情时，这个信息会先到视觉皮质，继之传到杏仁核。这正是一般情绪信息的传送路径。值得惊讶的是另一项发现：视觉皮质的一些神经元只对特定的表情或姿势有反应，如龇牙咧嘴或温顺卧倒。这些神经元不同于熟悉脸的神经元，似乎显示人脑原本就设计有对特定表情反应的机能，也就是说，情绪共鸣是天赋的本能。

布拉惹的另一项研究证明，杏仁核连接皮质这条路径，对情绪判读与反应十分重要。研究方式是将野生猿猴的这一神经联结切除，然后放到野外。结果猿猴对爬树、填饱肚子等仍能应付，但失去与同类情绪沟通的能力。当一只猴子友善地接近时，它却赶快跑开，始终过着离群索居的生活。

布拉惹指出，只对特定情绪反应的神经元特别集中于若干皮层区，这些区域恰好与杏仁核的联结最密集。显而易见，情绪的判读需透过杏仁核与皮质之间的路径，再据此做出适当的反应。

柏克莱加州大学心理学家罗伯特·李文森发现人类的情绪共鸣也有相似的生理规则。他研究的对象是激烈争吵的夫妻，方法很简单：将夫妻争执的情形录下来，同时测量其生理变化。事后请夫妻看带子，并叙述当时自己及对方的反应。

结果发现生理变化与配偶同步的人叙述内容最准确。所谓同步是指配偶冒汗时他也冒汗，配偶心跳减缓时他也跟着减缓。也就是说，他的身体无时无刻不在模仿配偶的细微的生理变化。但也有人观看录像带时，身体变化仍与争执时自己的生理状况相同，这种人便完全无法掌握配偶的感觉。可见，生理步调相同才能产生情绪共鸣。

当强烈的情绪驱使身体做出激烈的反应时，情绪共鸣很难产生。本身必须平心静气，才可能接收及模仿对方的细微变化。

二、群体情绪及其调动

（一）群体情绪及其分类

在一种群体中，成员围绕共同的目标进行工作，在思想和情感上彼此认同，成员心情愉快，精神振奋；在另一种群体中，成员之间有着严重的分歧、冲突，成员感到心情压抑。

由此可见，不同群体有不同的情绪氛围，我们将这种情绪氛围称为“群体情绪”。从构成来看，群体情绪由群体中成员外在行为表现和特定的情绪类型组成。从功能上看，群体情绪是一种重要的资源，是群体能力的重要组成部分。

在现实生活中，我们常常看到有的群体由于关系紧张，意见分歧，矛盾重重，不能顺利地进行群体活动。而有的群体则团结一致，关系融洽，相互支持，相互配合，吸引力很大，能很好地完成群体的任务。群体间的这种差别，反映了不同群体的凝聚力是有差别的。所谓群体凝聚力，就是指一个群体对其成员的吸引力。社会心理学家把群体凝聚力描绘成一种使人们集合在一个群体时的情感，表现为成员对群体的忠诚、义务感、荣誉感、归属感，以及群体成员之间的关系。

群体凝聚力不仅对群体的整合产生作用，而且对群体的工作效率发生重大影响。一般来说，群体凝聚力强，就会产生较高的工作效率；反之，就会降低工作效率。

情绪按不同角度有相应的分类。一般说来，按情绪的性质分，可分为快乐、愤怒、恐惧、悲哀等四种基本情绪。快乐是盼望的目的达到时产生的情绪体验；愤怒是由于目的达到受到妨碍，造成紧张积累时产生的情绪体验；恐惧是企图摆脱危险情景时产生的情绪体验；悲哀是心爱的事物丧失和追求的愿望破灭时产生的情绪体验。

按情绪状态，可分为心境、激情和应激。心境是一种蔓延性的、比较微弱和持久的情绪状态；激情是强烈而短暂的情绪状态；应激是出乎意料的紧张情况所引起反应的情绪状态。

（二）情绪感染及其分类

群众情绪也与个人情绪分类相类似。

一个人在外面遇到不顺心的事情，闷闷不乐地回到家里。当他随手打开收音机时，恰巧听到一段精彩的相声，听着听着，他会情不自禁地笑起来，情绪也随之好转。这就是情绪感染。情绪感染可以调整个体的心理状态，使个体摆脱消极的情绪。情绪感染对人群起到一定的整合作用，引起比较一致的行为。

情绪感染实质上是环境情绪的传递交流，它使得相同的情绪在不同的个体间传播，并使这种情绪得到进一步强化。在共同的情绪感染下，一个人的行为会引起众多人的模仿。足球比赛场上观众情绪热烈，一个人高叫起来可以引起众多人高叫，一个人鼓掌可以引起众多的人鼓掌，甚至一个人扔汽水瓶也可能引起众多的人扔汽水瓶。

情绪感染一般有以下类型：

（1）自然情景感染是由自然情景中的审美因素引起的情绪感染。

（2）文艺作品感染是由电视、电影、戏剧、小说、曲艺、音乐等文艺作品引起的情绪感染。实质上是一种由人工情景的审美因素引起的情绪感染。

（3）个体感染是发生在两个人或能直接接触的小群体成员之间的感染。

（4）群体感染是发生在同一空间，大型群体之间的感染，这种感染最重要的一个特点是循环反应，即一个人情绪可以引起他人相同情绪的发生，而他人的情绪又反过来加剧此人原有的情绪，反复振荡，甚至激起更强烈的情绪爆发，导致某种非理智的情绪行为发生。

个体的自我意识虽然具有相对的独立性，但情绪感染也有一定影响。运动比赛情境中的情绪感染是一个相当典型的例子。

运动比赛是在特殊情境下进行的一种社会活动。比赛情境的特点使运动员处于高度的激情和紧张的状态之中，运动员的激情和紧张等心理因素又反过来影响他的比赛成绩。比赛成绩引起观众的情绪变化，这直接牵动着运动员的情绪。显然，运动比赛情境中的情绪感染是一种群体感染。而观众的倾向性情绪也很大程度上影响着运动员的情绪变化。

其他诸如运动员本身的态度、比分，也是造成情绪变动的因素。运动比赛的场景中，本方运动员与对方运动员、运动员与教练员、运动员与观众、观众与观众之间都存在着强烈的情绪感染互动。这是群体情绪表现得特别突出的场合。

（三）群体情绪调动

人的心理具有隐蔽性，又通过表情或其他方式表现出来。主持人应掌握这一特点，对受众情绪作适当调控。

调控受众情绪操作，是一个掌握受众情绪、分析受众情绪、转化受众情绪的过程。因此，调控受众情绪操作需要有先后步骤，遵循如下程序：

1. 掌握受众的情绪

调控受众情绪的操作，首先要了解和掌握受众情绪。主持人的服务对象是受众，工作对象首先也是受众，工作成效、劳动价值的评估和认识靠受众。主持人要深入到受众之中，了解受众、熟悉受众。

2. 分析识别情绪

情绪具有易变性。不同性格的人，情绪变化的幅度、速度、程度也是不同的。我们不可能掌握所有微妙的情绪变化，但是必须分析识别基本的情绪表现，分清是积极情绪还是消极情绪，是既不积极、也不消极的中性情绪，或者对抗情绪。对不同的情绪要善于洞察、分析、判断。例如，皱眉可能是一种情绪表现，我们要善于解释潜于皱眉背后的状态，是反感、厌恶、不赞成，还是别的什么。又如，笑是一种情绪表现，要善于分清是会意的笑，还是苦笑、冷笑、嘲笑……前面已经说到，情绪产生的原因是极其复杂的，有生理原因、自然原因、社会原因、意识修养方面的原因等。由于这些原因的不同，人们对同一件事情，接受同一任务的情绪表现是不同的，人们对客观事物的刺激会做出不同的表情。所以，主持人要善于细心地观察、判断、识别不同的情绪及其产生的原因，这是调控受众情绪操作必不可少的一环。

3. 针对不同的情绪采取相应的措施

（1）努力开发积极情绪。情绪是可以开发的。平时我们所说的“调动人的积极性”，就包含着开发人的积极情绪这一层意思。“积极”主要指主观意识上的自觉性、心理上的健康情绪和行为上的主动性、创造性。主观意识上的自觉性主要靠理论武装、道德教育、实践的启示、榜样的引导等方法，使人们形成正确的理性认识和积极向上的精神面貌。心理上的健康情绪主要靠诱导、培植和开发，使人们产生有利于现实的情绪感受。行为上的主动性、创造性是主观意识上的自觉性和心理上的积极情绪的结果。

（2）积极改造不良情绪。情绪也是可以改造的。改造情绪就是把消极情绪转化为积极情绪。“愉快”是人的最佳情绪状态。但人有七情六欲，生活有悲欢离合、酸甜苦辣。加之人们对幸福的理解和感受不同，因此，人不可能时时保持愉快的心境。这就需要合理的引导，加以改造。要认真分析产生消极情绪的主客观原因，有针对性地改造主客观世界，提供情绪转化的条件。同时，要劝导有消极情绪的人正确认识和对待人生，尤其正确对待挫折、损失、某些不公平和其他逆境，正确认识和感受幸福，使人们认识到，人不可能一帆风顺，也不可能没有磨难和痛苦。困难可以泯灭懦夫的勇气，也可以磨砺强者的意志。逆境是最好的老师。幸福与不幸福，并不是由个人的财产多少、地位的高低、职业的贵贱决定的。

（3）适当制造情绪。情绪不仅可以开发、改造，而且可以适当制造，尤其是对抗情绪、中性情绪，要通过制造过程，使之产生或变为积极情绪。

（4）批评错误情绪。主持人对错误情绪要进行批评，但批评要有理有据，使之心服口服，然后引导帮助，树立积极向上的情绪，在社会上形成良好的风气。

4. 收集情绪反馈

情绪容易变化、反复，调控情绪的操作不可能一劳永逸。积极情绪受到鼓励后是否取得正面效果，激励情绪是否适度，消极情绪变为积极情绪的情况如何，对抗情绪是否有了根本性转变等问题，都需要收集分析，从中认识和总结调控受众情绪操作的经验教训，并实现情绪追踪操作。

三、情感因素在节目主持中的应用

“感人心者莫先乎情”，广播电视节目的认知功能、娱乐功能、审美功能无不通过感情起作用。对于主持人来说，一台晚会的主题氛围、节目的情感色彩应在其语言中贯穿流淌，观众的情绪、舞台上下、屏幕内外的沟通，都需要通过主持人饱含感情的语言组织调动。

例如，主持人作为综艺节目的一个组成元素，对一台晚会特定的情感色彩和氛围要有整体的把握，即对一个节目的主题、总的基调、风格特色，应胸有成竹，不仅感情的酝酿激发要准确到位，而且要以饱满的感情贯穿始终，浸透在主持的整个过程中，通过自己的声音、语言、表情、体态，鲜明而生动地表现出来，与整台节目、舞台设计、灯光所渲染烘托的气氛相和谐、相呼应。

中央电视台2010年全国农民春节晚会，围绕着“虎虎生风庆丰收，欢欢喜喜过大年”的主题，突出一个“喜”，强调一个“农”，凸显一个“富”。晚会以“喜从何来”为主线索，以“四喜临门”（一喜手里有粮、二喜兜里有钱、三喜乡村和谐、四喜国家昌盛）为主题内容，以“喜庆粮食六连增、积极应对金融危机、庆祝新中国60华诞”为重点，打造节目的亮点。同时，通过“艺术化地展现2009年三农工作的辉煌成就”来“憧憬来年的幸福生活，营造庆丰收、过大年的喜庆热烈气氛”。整台晚会过程中，主持人对每个节目的主题和特色均做到深入领会，以饱满、喜庆的感情贯穿始终。

当然，主持人对基调的整体把握并不意味着一成不变。主持人还要善于依照既定的章法及现场情况，调度层次和节奏，使之有张有弛，和谐而富于变化，注意避免因“单一”而产生的疲劳和苍白。

情感的把握需要认知和体验，需要积淀和调动。很多优秀的节目主持人真诚地信奉“生活是艺术的源泉”这一客观规律，重视对生活的体验和积累，对崇高的正义感、道德感、责任感等美好的情操有深刻的认同。

情感应用还应注意以下几个原则：

1. 主持人在表达自己的情感时，应注意分寸的把握

激情与控制，是节目主持人必须处理好的一对矛盾，是主持人的基本功，也是主持人语言艺术中的重点和难点。激情与控制，前者关系到有没有真情实感，后者关系到情感分寸尺度的把握。主持人缺乏激情，其表达会因寡情或偏情而与晚会及观众心理不协调，不能满足观众的审美需求；如果主持人失去控制，情感铺排过于浓烈，会导致色彩的差异，观众甚至会对主持人情感的真实性产生怀疑，认为主持人在煽情，在做戏，从而对主持人情感的表达和交流产生抵触心理。

2. 主持人在表达情感时，还应注意酝酿，让观众感同身受

深圳电台的《夜空不寂寞》是一档晚间热线谈话节目，节目宗旨是为在深圳的各种听众搭建一个倾诉、沟通的平台，提供一个思考与反省的空间。主持人胡晓梅在多年的主持中与听众建立了良好的信任与理解关系，这都归功于她从来不把自己当做指点迷津的智者，更不是“先知先觉”的圣人，而是做一个真诚的、用心的倾听者，并且进入听众的故事、进入听众的角色，站在听众的立场上分析听众遇到的问题。胡晓梅说的话让听众听起来感同身受。例如在《与艰难面对》这期的节目中，有个身患癌症的听众打进热线，胡晓梅没有轻易地安慰，而是让那位听众把自己的情况说出来、把自己的苦倒出来。最后，那位听众哭得实在说不下去了，挂断了电话。晓梅接下来说了这么一段话：“人的一生，在面临他最后的困境的时候，才是面临真正的考验。对于勇气、对于意志、对于毅力、对于精神，这些才是人生真正的考验。在我们听来那只是一个不知道来自何方的声音，声音里诉说着他自己的在现代的医学技术上无法解决的病痛，对于我们那只是别人的遭遇，对他来说，是他自己几乎不能相信的噩梦。几十年的人生都过来了，突然有一天，一份医疗报告说，这是你最终的命运。是，是无法相信。人生残酷吗？面对残酷，你能如何?！你却依然善良得不敢哭给我们听。我真的不想放掉你的电话。我们对你的生活无能为力，可是想握住你的声音久一点，想让你听见我的声音久一点。谢谢你告诉我们，生活当中真正应该看重的到底是什么。是不是真的到面临最后的困境，我们才能明白生命中最简单最朴素的道理呢?”胡晓梅这段至诚至情的话，谁听了不觉得感同身受呢?

主持人想要自己的节目吸引受众，就必须与受众之间建立一种情感关联，用真挚的感情打动受众，同时，合理掌握感情分寸，在节目中，带动受众的情感共鸣，只有这种心与心的交流，才能真正抓住受众，使受众支持节目。这样，才是一个成功的主持人，才是一档成功的节目。

第四章 嘉宾驾驭

第一节 认识嘉宾

一、嘉宾及嘉宾现象

嘉宾，是广播电视节目现场的客人，是节目中一个重要的有机组成部分。他服从于节目需要和节目主持人的引导，是实现有效传播的重要手段。

在20世纪六七十年代，我国的电视节目还没有真正的嘉宾，每天只有10至15分钟的新闻，然后就播电影或比赛等节目。

《把脉嘉宾——电视节目嘉宾现象透视》一书的作者杨斌先生考证认为，我国较早在实际操作中运用“嘉宾”称谓的节目，是中央电视台的《综艺大观》和《正大综艺》栏目。

内地最早开办电视综艺栏目的是广东电视台。1981年元旦，广东台开办综艺栏目《万紫千红》。1984年，中央电视台创办了第一个综艺栏目《周末文艺》。1990年3月，中央电视台又在《周末文艺》和《文艺天地》的基础上创办了《综艺大观》栏目，它的诞生，标志着我国电视综艺栏目的成熟。1990年4月，中央电视台又与泰国正大集团联合制作、推出了冠名综艺栏目《正大综艺》。

之所以将这两个栏目作为一个标志，是因为《综艺大观》开播后，采用了“嘉宾主持”的方式；而《正大综艺》则采用了嘉宾竞答方式，后来节目进行多次改版，便出现了嘉宾各率领一个方阵，组队参加竞猜和竞答，而且也已使用了“嘉宾”的称谓。在历年中央电视台春节联欢晚会上，几乎都有特约嘉宾参加。1984年李富荣、张燮林的乒乓球表演，1986年于民刚与杨晟的婚礼，1987年费翔的母亲和外婆被邀请，1989年聂卫平的姐姐聂卫珊和被她救助的安徽小保姆到场，且引出了著名的歌曲《爱的奉献》，以及以团队形式成为嘉宾的《西游记》剧组、中国女排教练和队员、马家军教练和队员等。

电视嘉宾现象的出现和被认可，与近几年来娱乐节目的繁盛、节目种类的增加密不可分，是近年来电视迅猛发展的一种时尚现象。电视节目广泛而普遍地邀请嘉宾参与节目，也就自然形成了一种风潮与趋势，进而成为一种电视现象。这种现象人们称之为“嘉宾现象”。

二、嘉宾产生的原因

经济的发展，社会的进步，人民生活水平的快速提高以及广播电视自身体制的变化等，都使得当前广播电视传播的局面、媒体与受众之间的关系发生了显著的变化。电视节目的极大丰富改变了先前“我播你听、我播你看”的局面，传媒之间，节目之间竞争加剧。随着节目水平的普遍提高，电视节目纷纷上星，新的一轮竞争加剧，也就使得节目的制作者和传播者更加注重节目的质量，以期满足受众的需要，并赢得更多受众的支持。有线电视的出现和迅速发展，使受众可以看到更多频道的节目；频道的增多给节目提供了更多的机会，分工的细化，技术的进步，使节目质量大幅提高。这时，受众成为节目真正的主人，手拿遥控器，掌握着节目的命运。

广播电视发展的历史，也可视为受众由“媒介崇拜”向“媒介批评”进步的历程，而且这一进程近年来步伐明显加快。受众从一个媒介的接受者渐渐成为媒介的评论者，他们不再仰视媒介，而是平视。他们不再满足于你播什么我听（看）什么，而是有了越来越多的自主权。一方面是法律意识增强，作为节目的消费者，他们有权听、看到优秀的节目；另一方面，随着人民物质生活水平的提高，人们精神生活的水平也相应提高，而且欣赏水平与日俱增。可以这样说，提供最优秀的节目，是媒介的义务；欣赏最优秀的节目，是受众的权利。

市场经济的发展，同样要求一部分广播电视节目以商品的形式进入市场流通。这一方面是指在宏观的节目市场中，你的节目有卖点，有买家，这样才可能实现正常运作和良性循环；另一方面，即便是微观的未进入市场流通或买卖的日常播出的节目，也同样有效益问题，即节目的广告收益、收视率或收听率。优秀的节目能够带来更多的广告，从而又使节目更加优秀，这已经被《东方时空》等栏目证明是不争的事实。与其让人推下海或赶下海，不如自己主动跳下海求生存。这种居安思危、求生存、求发展的危机意识应是题中之意。

嘉宾现象正是在这种背景下产生的。

在电视并不普及的过去，能够上电视是一件荣耀的事情，是可以击节相庆、奔走相告的。做“嘉宾”是大众不敢奢望又颇为羡慕的事。在通常条件下，一般只有不多的几种人才可以上电视做嘉宾：领导、英雄人物、模范、典型、先进人物、文体明星、专家学者、知名人士等。因而，观众才可能对电视产生神秘感和媒介崇拜心理。做“电视明星”，可以说，基本上是与大众无缘的。

而随着电视在我国的飞速发展，节目形态、节目观念、节目内容都在悄然变化着。特别是1993年5月1日开播的《东方时空》栏目，标志着嘉宾现象“大众化”的开始。其中的《生活空间》栏目就将普通百姓生活作为表现对象，使寻常人的寻常事在这里变得温馨而惬意，充满人情味儿和人文精神。此后，群起效尤，逐步形成了相当的声势和规模，更涌现了众多的百姓电视明星。而且，在这一过程中，在媒体和受众的相互关照下，普通人在电视中的表现愈加出色，节目更加精彩。如今，大众嘉宾已成为电视嘉宾现象中一道亮丽的风景。

三、嘉宾的功效分析

嘉宾的功效，首先表现为节目重心的转移。

所谓节目重心，指的是节目的出发点和落脚点的问题，即以编导为中心还是以受众为中心。由编导随心所欲的我播你看，到在相当大的程度和意义上实现受众至上，应当说是产生了一种“乾坤大挪移”的效果。随着市场经济的发展，观众成为媒介生存及发展的“衣食父母”，因而，风水回转到了受众一边，但这并不意味着受众可以超越已有的约束和规范。受众保有的是节目的观赏权、参与权、批评权，而这些权利中，观赏权由来已久，而参与权与批评权则是近些年的事了。特别是受众对节目可以选择之后，就自然变得挑剔。媒介批评的普及虽然出现了“岔气儿”和“走火入魔”的两极分化、贫富不均的“扁担”效应，但毕竟受众已经不满足于被动地接受了。既然乾坤已经挪移，就要转动它，要它呈现出有生气、有活力的形态。在这里，当然需要引导、帮助受众合理、科学、有效、善意地进行媒介批评；另一方面，又要对受众的有益批评心领神会，身体力行，这样，才会有一个锦绣前程。

嘉宾的功效表现之二，是受众主体意识的张扬。

至少在嘉宾现象出现之前，受众主体意识的张扬在一定程度上受到了限制。主体意识体现为受众成为电视节目的主角并占据了较大的“戏份”，从质量到数量上都比先前有大的提高。其次，主体意识体现为个性的张扬，即大家可以将富于创造力和个性的东西让更多的人分享。换句话说，以前，是以“求同”为主，而如今，把“求同”和“存异”放在同等重要的位置上了。

我们从前是崇尚“讷言敏行”、信奉“出头的椽子先烂”、“枪打出头鸟”的。而如今，个性和独立的主张得到最大程度的重视，连广告都在倡导“白里透红，与众不同”。从服装、化妆、言语、行为等方面，都无处不体现着这种意识，都恨不得领引潮流、造就时尚，都恨不得自己是唯一的分子，不再排斥特立独行与出位猖狂。共性被认同，而个性也被尊重。受众大可按照自己的意愿规划自己的行为。生活的风格、色调、方式都呈现得淋漓尽致。

受众主体性的张扬还表现在媒介针对不同的受众群，设置了相应的节目，逐步走向受众“分众化”，也可以做到“雅俗分赏”、“老少分宜”、“教乐分立”，当然，这不妨碍“大众化”节目的继续存在。这样，各种人群都可能在媒体中找到自己的定位节目。

嘉宾的功效表现之三，是电视节目视角的调整。

而今，在电视中露面，已不再是一件稀奇的事，当事者不再会因为面对镜头而局促拘谨，局外人也不会对此驻足旁观。这表明受众已由媒介崇拜实现了可喜的升华和超越，是一种觉醒和进步。他们不再仰视媒介，不再将“匣子里就是这么说”，“匣子里都广播了”奉若神明了。尽管目前还未在更大的范围和范畴内实现媒介批评（在“编导做电视，专家评电视，观众看电视”这个循环中，真正介入批评的大约只是专家层面，观众的批评并未形成群体意识和自觉行动），但基本实现了媒介与受众的平视与平等，处于由媒介崇拜向媒介批评过渡的中间状态。自然、平视、平等不是一种单向行为，一个巴掌拍不响。这是一种观念的变化，社会大环境、政治生活、经济生活、社会生活乃至人们的日常生活都发生了巨大的变化。这就要求媒体要“低空”甚至“超低空”直至着陆作业，而非俯视或高瞻。心相隔，地相远，高亦即远，而今低了，也就近了，视点到了同一水平线上，也就好做文章了。平视，意味着媒介和受众在一条水平线上，谦逊、平和、对等、礼貌、不卑不亢。既大度豁达，又独立自尊，在一个开放的空间里自由挥洒。这是时代发展的需要，是由媒介自身处境决定的，平等对话，是受众的权利，也是媒介的义务。

四、嘉宾的类型分析

杨斌先生在《把脉嘉宾——电视节目嘉宾现象透视》一书中将电视嘉宾分

成：主角嘉宾与配角嘉宾、必然嘉宾与偶然嘉宾及或然嘉宾、主动嘉宾与被动嘉宾、台前嘉宾与幕后嘉宾等。

（一）主角嘉宾与配角嘉宾

1. 主角嘉宾

这类嘉宾是节目的主角或主体，他们是节目的灵魂和基础，是“承重墙”。比如众多的娱乐节目，像我国台湾的《康熙来了》节目，多聘请明星做嘉宾，而主持人也是明星。在节目中，明星嘉宾与明星主持的对垒，往往会妙趣横生。作为主持人的小S，耍宝、演戏、唱歌、走台步，几乎无所不能，所以自然也不会完全乖乖地做嘉宾的“配角”。这从某种程度上来说，她有时是节目的“配角”，有时又是“主角”。可见，主角和配角的位置是可以互换的。

2. 配角嘉宾

此类嘉宾在节目中不是“领衔主演”，甚至连“友情出演”都排不上，但他们在节目中的“闪光点”足以为节目锦上添花。比如，中央电视台的《乡约》栏目的《猎鹰的故事》（中央电视台第七套节目2010年6月5日播出），通过驯养猎鹰的情况延伸到文化产业振兴民族经济的问题，将抽象的问题具体化，而这一简单的问题又呈现出复杂的局面。在主持人与嘉宾和现场观众谈论了许久之后，主持人问一位大爷：“别人的鹰都戴着眼罩，它（指着这位大爷的鹰）为什么不戴?”老人答道：“它已经5岁了，马上要放回大自然，让它开开眼界。”顿时激起全场的笑声和掌声。

还有一类嘉宾，可能因节目的限制，未被冠以“嘉宾”之名，但其身份已经足以说明他就是嘉宾。比如一年一度的奥地利维也纳新年音乐会的来宾、我国中央电视台一年一度的春节联欢晚会的座上来宾等。

（二）必然嘉宾与偶然嘉宾及或然嘉宾

1. 必然嘉宾

“必然嘉宾”有着不可替代性，就是说非他莫属。比如，邀请具有历史意义的或唯一性质的嘉宾，就不可能退而求其次。像“××第一人”、首创、冠军，还有就是某一事件的唯一当事人或主人公。

比如，中央电视台第1套节目的《艺术人生》栏目，通常邀请在演艺界卓有成就的艺术家或演员、作家、导演等作为嘉宾。当然，同时，也必邀请其合作伙伴或朋友帮衬，介绍必然嘉宾的艺术风格、特点、成就，并不时穿插作品，如介绍姜昆时，则请姜昆的首位搭档、著名相声表演艺术家李文华做点评。这里，姜昆是必然嘉宾，而李文华则是偶然嘉宾或称或然嘉宾。

还有，湖南电视台2010年6月19日的《快乐大本营》，请来了电影《枪王之王》的主要班底：导演尔冬升，主要演员古天乐、吴彦祖、林雪等，当然这些都是必然嘉宾。

另外，一些重要节目，需要的嘉宾要有权威性、排他性，有时具有确定性，也就是非他莫属。在这种情况下，也就不可能有自发嘉宾，而只能请确定或指定的嘉宾来承担相应的任务。

一言以蔽之，当选题确定之后，那些不可替代因素也就成为必然嘉宾的特点。如邀请新中国的“第一”，那恐怕别无选择，这种嘉宾就成为“你是我的唯一”了。

2. 偶然嘉宾和或然嘉宾

“偶然嘉宾”是指由于特殊与偶然因素而成为嘉宾的，是可以替代的。比如游戏节目现场的观众可能因抽奖被“抽”成嘉宾，比如从场外众多的参与节目互动的热心观众中随机找到一位或几位到节目现场做嘉宾，甚至不远千里将他们请到电视台。这体现了尊重受众、鼓励参与的精神，是反响热烈的一种举措。不过，有幸成为这样的嘉宾机会不多。

“或然嘉宾”就是说这个嘉宾有可能成为嘉宾但不一定总能成为嘉宾。铁打的坐椅流水的嘉宾，有时候嘉宾的椅子还没有坐热就换了主人，“替补”、“备份儿”随时恭候。当然，不以成败论英雄，重要的是体现参与性。所以，或然嘉宾同样是嘉宾，享受嘉宾的“待遇”。如中央电视台的《幸运52》、《星光大道》以及各地娱乐节目中都有这类嘉宾存在，嘉宾像走马灯一样轮换着。有些娱乐节目的打擂栏目的擂主境遇也大致相同。这其实正符合了现今竞争年代的特点，没有终身嘉宾的位置和荣誉，这样可以保证在节目运作的每一个环节和过程中，都是最强档的嘉宾阵容“在线”，活力十足，时刻保持节目有着激烈的竞争态势和可视性，而非温吞水、糊涂汤。

应当说，必然嘉宾对于节目的心理准备要强一些。他们与节目成败的关系也更密切一些。所以，必然嘉宾常常是有备而来，但可能心理负担也随之增加。从这个意义上讲，有些节目中普通观众的表现超过受邀请的嘉宾，也就不奇怪了。这就如同体育比赛中名不见经传的小卒会爆出冷门，成为黑马，将名将挑落马下一样，因他们在心理上的放松，反而使他们在参与节目过程中的表现超过了必然嘉宾。所以，必然嘉宾并非节目成功或必然保险的砝码，而偶然嘉宾与或然嘉宾如果运用得当，则可能由于他们的超水平发挥，而使节目的满意度超乎想象。

（三）主动嘉宾与被动嘉宾

1. 主动嘉宾

所谓“主动嘉宾”可说是“嘉宾有约”，即事先媒介与嘉宾有约定、有策划，不是无准备之仗。这其中又有媒介主动和嘉宾主动之分。

媒介主动指的是媒介通过自身渠道获取相关信息，主动与嘉宾联系并邀请其为节目的嘉宾。有的是一拍即合，无须多费唇舌。很多观众敢于、乐于而且善于在媒体露面，展示自己，与大众交流。而有的观众基于各种原因和理由，则有些趋于保守，不便、不愿、不善在媒体露面。这时，如果媒体就此放弃，则一切作罢，但事情往往并非如此，媒体坚韧不拔，孜孜以求，终成正果。更有一些现在我们看来十分精彩的节目当时几乎胎死腹中。比如许多新闻访谈节目中，被访者有时会因处于某种心理上的顾忌或心态的变化，改变主意不想参加节目。这个时候，就需要节目组成员尽量与被访者商量，通过谈心、聊天的方式，促使其改变心意。如果被访者是小朋友，还可以与其一起玩以建立信任感和亲切感，从而打消被访者的心理顾虑，消除心理障碍。当然，媒介主动也有前提条件，即媒介认为选题基础不错，是可能出彩的作品，否则，如果所有的选题都费这么大的周折和心力，怕也是难以承受的。

嘉宾主动也就是上面提到的“自发嘉宾”，有些节目有意招贤，抛出“红绣球”，则可能一呼百应。观念的变化，使得人们过去“讷言敏行”的框框渐渐被打破，开放的意识逐步深入人心。某内衣公司要招聘一位女性形象代言人，消息传出，便有数千人前去报名。与此相比，到电视上一展芳容就更不在话下了。

在这种类型中，比较有代表性的就要算电视“直销爱情”类节目了。大家是带着一个共同的目的走到一起来的。到电视上面对着大众公开谈情说爱，哪怕不以谈成为目的，在观念上也是一个不小的突破。而且，这些被精挑细选的俊男靓妹，一律伶牙俐齿、能言善辩，有时简直令人怀疑，似乎国人一夜之间前进甚至前卫了许多。这类节目的嘉宾十之八九是不请自来的。

除此之外，还有当媒介就某一话题征集嘉宾时的毛遂自荐、在演播现场的积极参与以及提供线索等方式产生的主动嘉宾。

2. 被动嘉宾

所谓被动嘉宾是指当事人本不愿做嘉宾或成为节目构成的一部分，但因电视镜头成为不速之客，或媒介中人有不情之请，总之，在极不情愿的情况下，被动地成了嘉宾。

在演播室录制或播出的节目中，主持人手执话筒，在现场请嘉宾发表见解，说不准落到谁的头上。如果是谈话类节目，倒是不成问题，因为大家既然来就是为了一抒己见，有充分的思想准备，往往还跃跃欲试。而有些节目所请来的现场观众，并不善于表达或表现自己，不是晕灯就是晕镜头，谁知道怕什么来什么，主持人偏偏找上他，这时只剩下“晕菜”了。当然，还有另外一种情况，就是有些为节目提供资助的厂家或企业的代表，他们不知是否情愿，反正得出镜言语，想来不论是他还是观众，都是挺不舒服的，真是勉为其难。

在街头巷尾，往往有镜头或话筒不知什么时候就伸到了你的面前，拦截路人，不为谋财害命，但如果干预了人家正常的生活状态或耽误了人家的时间，那便如同鲁迅先生所说，无异于图财害命。

（四）台前嘉宾与幕后嘉宾

幕后嘉宾与台前嘉宾是相对而言的。这个“幕后”只是说明一种状态，而非职业属性，因为台前与幕后的位置和属性是可以互相转化的。有一些歌者乃至舞蹈、影视演员，当台前风光不再的时候，也便转入幕后，所以，所谓台前与幕后，是个可变因素，而非雷打不动。

幕后嘉宾转到台前还有另外一种可能，就是由于某期节目、某个栏目产生了轰动效应，或由于幕后嘉宾工作的优异与出色，或出于另外节目栏目定位的需要，让幕后嘉宾作为台前嘉宾出现。

比如，历年春节联欢晚会的主创人员在节目播出前后的一段时间就成了热门人物，特别是在节目播出后，可能作为嘉宾出现在一些赏析节目中。最近几年的选秀节目，大多请作曲、作词的“幕后工作者”做节目点评嘉宾。全国各大电视台都会在一些娱乐节目中推出自己本台的幕后工作人员当嘉宾或选手，比如湖南电视台的一档挑战节目《勇往直前》，有时就会请湖南电视台各节目的制作人、编辑等来参加。此外，有些节目的定位还是“走进（或走近）某某剧组、节目现场”，所邀请的嘉宾或受访对象，既有台前的也有幕后的。

第二节　主持人与嘉宾的关系

如今，有很多电台、电视台在大板块的主持人直播节目中邀请嘉宾共同主持节目，凭借嘉宾的社会地位和权威影响，从而以出奇制胜的方式增强宣传效果，来扩大节目的社会影响力。但是有些节目只有嘉宾不断地侃侃而谈，而节目主持人慑服于嘉宾的社会地位、名望和威信，唯唯诺诺，无所适从，完全居于从属地位，往往导致节目缺乏主线，嘉宾争相发言、大发议论、喧宾夺主，节目无人引导，出现了混乱和跑题的现象。还有一种情况是节目成了节目主持人大包大揽的独角戏，主持人海阔天空、自我标榜，让嘉宾在一旁坐冷板凳，无所适从，使嘉宾独特、积极的作用得不到应有的体现和发挥。上述两种情形都是没有正确处理好节目主持人与嘉宾之间的关系而造成的，因此，处理好主持人与嘉宾的关系是至关重要的。

一、主持人与嘉宾的关系类型

节目主持人是节目方针的体现者、内容的组织者和节目的主播者，即节目主持人是节目的设计者、策划者、组织者、主播者，是话题的驾驭者、引导者，是节目的主宰和灵魂，在节目中始终起着主导作用。曾任中央人民广播电台《空中之友》节目主持人的徐曼说："主持人参加了节目生产的全过程，从节目的主题确定，到节目的合成制作，成了节目的真正主人。"谈话类主持人直播节目中，节目主持人为了提高节目的影响力，增强节目的说服力，会特别邀请社会上的有关专家、学者、社会名流以及行政领导参与节目，按介入节目、参与组织策划的程度不同，嘉宾又可划分为两种类型：简单参与性嘉宾和嘉宾主持人。

嘉宾在节目中出现以后，主持人的作用会因不同情况而发生某些变化，我们首先看第一种类型的嘉宾的作用。作为简单参与者的参与性嘉宾不可能也不应该是节目的灵魂和中心，他们自始至终围绕主持人的思路和意图，在主持人的激发、引导下，发挥自己独特的友邻部分的配合作用。

对第二种类型的嘉宾来说，要区分嘉宾主持人的两种情况，一是专业主持人与嘉宾主持人共同主持节目，另一种是嘉宾主持人单独主持节目。

第一种情况，节目主持人是节目的主要策划者、组织者，是嘉宾的引入者，是话题的引导者，是节目的概括和总结者。嘉宾的所说所述，实际上是专业节目主持人意图的展现。嘉宾作为非专业人员，必须依靠专业主持人才能充分发挥其独特作用。从这个意义上来看，专业节目主持人是节目的中心和核心。如果节目当中嘉宾一直在长篇累牍地讲话，这时听众会感觉主持人“消失了”，主持人“离开”了节目，从而会使节目单调乏味，导致节目的呆板和权威的损害。第一，颠倒了主次，听众会有心理上的疑问：到底谁是主持人？第二，破坏情绪：怎么一下子变成一个人唠叨？第三，听众会觉得主持人一句话都说不出来，难道不是个大傻瓜吗？在直播室里，主持人是主，嘉宾是客，主持人一刻不能忘记这个身份，不该“出让”的权利，决不能让，这也是主持人“不离开节目”的原则。在具体实践中，邀请的嘉宾有时是专家、学者，有时是社会名流、知名度很高的明星，不论谁做嘉宾，主持人“不离开节目”的原则不能变。只有在谈论那些按情理节目主持人也可能不知道的内容时，或主持人理应不如嘉宾精通的内容时，嘉宾的讲话才能是较多的，但这当中也必须穿插节目主持人的问话、呼应态度，以示整个节目是在节目主持人的思路上展开。主持人绝不是无足轻重、随时可以被撇开的角色。曾经在一个新闻性的节目中发生这样一件事：一个嘉宾被请来陈述本市一件具新闻价值的突发事件，介绍结束后，这位嘉宾说：“好，听众朋友们，关于这件事，我就向大家介绍到这里，接下来的节目，还是由林涛主持。”俨然一个节目主持人。必须说，他说得很不得体。介绍是否结束，下面的节目由谁主持，这是主持人的权力，嘉宾反宾为主了。

第二种情况，专业主持人退到幕后，由嘉宾单独主持，这时，专业主持人的作用发生了重大变化，嘉宾实际上充当了专业主持人的角色，单独体现专业节目主持人的意图。这一种情况，专业主持人是话题的选择者、决策者，是节目内容的重要策划者，是对嘉宾稿件进行再加工处理的编辑者。这时，专业节目主持人的主导作用主要体现在选题、组稿、策划、组织、编辑上。专业主持人隐藏在嘉宾身后，充当“影子”主持人的角色，嘉宾是专业主持人意图的完全体现者，但主持人仍然是节目成功的软件因素，不可取代。主持人是节目与听众之间感情和信息交流的桥梁纽带，是谈话类现场直播节目中唯一能出声的“调度”。主持人必须全身心地投入谈话，恰到好处地“截流”，免得出现一个人滔滔不绝的尴尬；当谈话像野火一样被点燃了，主持人必须以重复或提问、证明等方法将嘉宾谈话的精彩之处加以放大，免得出现众说纷纭的情况；对于特别怯场或是表现欲不强的嘉宾，主持人应时常创造嘉宾讲话的机会，对开得起玩笑的嘉宾，主持人最好同他讲几句无伤大雅的笑话；对一些话讲得过头或是没把话讲到位的谈话，主持人要使谈话保持应有的力度和分寸感。在这样做的同时，主持人还得不时地盯住那只倒计时的钟，以秒计算地把握好时间。综上所述，可以看出，和嘉宾共同主持的谈话类主持人直播节目，不管哪种形式，节目主持人始终是节目的灵魂和中心。没有主持人，或者主持人居次要地位，这个节目就不能称主持人节目，只能算领导讲话，专家座谈或是其他传统意义上的节目而已。

二、主动与被动的关系处理艺术

节目嘉宾并不是完全的被动者，主持人要充分调动嘉宾的积极性、主动性和创造性，充分发挥嘉宾的无法替代的独特作用，为节目注入新的活力和爆发力。

例如：一个人有较严重的心理疾病，如果一位普通人告诉他应该怎样治，他往往不会相信，如果一位医生告诉他，他的病不能掉以轻心，也许他还不会相信，他坚持要看心理咨询专家门诊，而碰巧这位专家又是德高望重的话，他必定句句相信。以专家的名望介入信息，会使信息增值，使信息扩散更快、更广、给人的印象更深，影响更大。既然嘉宾主持具有专业主持人所无法替代的独特作用，那么主持人直播节目中的嘉宾绝不是一个陪衬，更不是一个摆设，而是与主持人共同组成配合默契的搭档。在节目运作中，主持人要善于调动和发挥嘉宾的积极性和创造性，使嘉宾在主持人直播节目中状态积极、妙语连珠地将话题逐渐升华而又紧扣主题，充分地体现主持人的意图。由此可见，主持人在与嘉宾共同主持的谈话类节目中起主导作用，主持人不能只是背串联词的角色，而是始终作为节目的一部分而存在。

主持人无法孤立于节目之外重新定位，所以，主持人必须自始至终参与到节目制作的过程中去，从构思选题到采访，乃至现场的驾驭，都必须身体力行。可以说做一个合格的主持人必须是在知识结构上成为“专深”与“广博”相结合的名副其实的“杂家”，这就要求主持人广泛阅读，博闻强记、融会贯通，由此才会厚积而薄发。有的主持人越俎代庖，滥发议论，甚至于因事先准备不充分，问话不到位，错话连篇；有的主持人自我意识过强，表现为喋喋不休，随意打断嘉宾的谈话或插话，使得节目支离破碎，没有完整性，这些都不利于发挥嘉宾的优势和作用。令人赞赏的嘉宾节目应是节目定位准确，主持人善于诱导、启发，嘉宾积极主动配合，扬长避短，相得益彰。

我们来看一下凤凰卫视《鲁豫有约》的节目主持人——陈鲁豫。她非常清楚节目的定位，在平等尊重的前提下拨动嘉宾的心弦，让嘉宾自愿说出观众想知道的答案。如《“神奇教练”马俊仁》那期节目。谈到马俊仁，人们不仅会想到当年“马家军”的辉煌，更多的是对“马家军兵变”感兴趣。于是节目一开始鲁豫就提到了这个问题：

陈鲁豫：“你觉得都是小孩？”

马俊仁：“哎，都是小孩，都会听我的。第二呢，他们爹妈不在这，我就应该像他爹妈一样。他们不对，我该说就说，我不说谁说，不说将来他们爹妈也骂我，他们长大也骂我，说了他们也不能生我气。因为我自己带病，几天不吃饭，那组里每顿饭就一个鸡蛋，这鸡蛋我不吃，这顿给你吃，下顿给你吃，我自己饿着肚子。有一次坐卧铺从这儿到青海，坐几天几夜，差四个小时到兰州了，我最后才买到一张票。他们晚上睡觉，不管大的小的，睡完觉，啪，衣服一蹬，被一蹬。我得晚上挨个给大伙儿盖上，盖完了回去再睡觉。国际上大比赛的时候，外边黑天白天，什么事儿都有，男孩，女孩也好……要想比赛睡觉，我得坐在门口的地下靠着那门子靠在地毯上，睡一宿，堵住这个门，不让人家伤着孩子，不让外边搅乱了，这边屋里头第二天能比赛好……1991 年、1992 年、1993 年，这三年最高峰的时候，我记得我回家三次，在家住两宿。”

本来马俊仁是不愿意谈及“马家军兵变”的事，但是鲁豫从马俊仁对弟子的感情出发，成功地触动了嘉宾的心弦，让他自然而然地说这么多年堆积在心里的话。

三、主持人与嘉宾关系处理的误区

主持人与嘉宾的关系把握和处理是一种双向交流的过程。因主持人的原因而造成的交流障碍，大体分以下几种：

（一）自视高人一等，过于武断、主动

有些主持人多少有些“背负青天朝下看”的架势，其具体表现是孤高、傲慢、冷淡、生硬，缺乏应有的礼貌和尊重，妄自尊大、自以为是，以师者、长者、能者、智者自居。这只能表现出自己的浅薄和不自知。具体体现在以下几个方面：

1. 语言与话题方面

（1）越俎代庖

这主要表现在主持人与嘉宾的话题当中。本应由嘉宾阐述的话题，主持人却在那里滔滔不绝，喋喋不休，而嘉宾因插不上话而闲坐一旁，好不尴尬。主持人的言语或许早已南辕北辙，离题千里。等到主持人踌躇满志、意尽而收的时候，已余时无多，嘉宾只好快马加鞭，分秒必争了。应当说，嘉宾带来的大多是重要的有效信息，弃有效信息于不顾，却一味任由主持人说一些“乏茶陈水”式的非必要言语，这种越俎代庖式的主持是无礼且无益的。

（2）主观臆断

主观臆断是指主持人代替嘉宾作出判断，凭一己主观的臆断取而代之，难免强人所难。如果是关键性问题和是非问题，使得嘉宾不得不委婉地加以纠正。便不可避免地形成了对峙的格局。再加上主持人语气、语态、语体等综合因素的组合，就难脱“专横霸道”之嫌了。而若这种情况较为常见的话，就很难说这位主持人是称职的了。

（3）抢话

当嘉宾或被采访对象正在阐述或回答问题时，主持人为了显示自己高明，便迫不及待地做“插入语”，结果或文不对题、漏洞迭出，或荒谬舛错、丢乖露丑。退而言之，至少打断了话题，扫了人家的兴致。在生活中，人们都比较讨厌“多嘴”的人，而这多嘴如果又有打岔性质，就更令人腻烦了。主持人并非百行通，应学会藏拙。

2. 语态方面

语态是体现节目主持人位势的又一方面。我们从日常人们的语态中便可看出对话人的关系，从中可见尊卑、长幼、亲疏、爱憎等关系与情感。体现在语态上的俯瞰便是以上视下、以长对幼、以尊对卑等。最明显和典型的表现形式是“师长”形象和“法官”形象。

所谓“师长”形象是指主持人总是好为人师。比如，在解答受众提问时，一些年轻的主持人却操起过于老到的架势“解疑释惑”，指点江山，煞有介事，使人觉得滑稽可笑。再比如，在抢答节目中，有的主持人会对回答正确的嘉宾赠以一句：“你回答对了，你真聪明!”很像是幼儿园阿姨对小朋友的口气。而当对方百思不解、答非所问时，又会毫不客气地训斥道：“你怎么这么笨!”全似教导自家孩子。

又比如，当采访犯罪嫌疑人或违章违规者时，有些主持人又似乎临时肩负起了“预审科长”的职责，出现这样的提问：

“你知道这是犯罪吗?”

“知道。”

“知道为什么还犯?”

虽然在这种情境中，不能像与其他嘉宾交流需要保持和蔼可亲、温文尔雅的态度和风度，但也不应把自己定位在法官上。在这一层面上，某些主持人的心理优越感很强烈，“使命感”与“责任感”促使其一身兼多任，肩负起多重角色。而实际上，这也是一种错位。

当然，这并不是说主持人就必须对嘉宾毕恭毕敬，一味恭维，而是在需要的时候也应当发表观点，不过要出言谨慎。天津人民广播电台经济频道的《午夜真情》节目，曾经接到一个因感情问题想要杀人的听众的电话，主持人黎明没有盲目地批评，而是站在听众的立场上劝慰，用真情打动了他。比如，他们中间的这段对话就很能体现主持人的正确语态：

李　中：“我不能活，我知道。”

主持人：“你知道为什么还要这样去做呢？你刚才也说了，你心里很矛盾，值吗？我觉得特别不值得。你自己轻贱你的生命，你的父母怎么办？你的孩子怎么办？法律能允许吗？难道你来到这个世界就为了这口气吗？你不觉得你自私吗？你跟这个女同志有感情，如果说你能够承受这一切，承受她过去的缺点，承受她过去不良的行为，你可以和她一起生活；如果你不能承受，那你就分手罢了嘛！如果你要是真的这样做了，你害的不单单是你自己，你连其他人也害了，你知道吗?”

主持人对嘉宾的语态还有一种表现，就是主持人要根据嘉宾的阶层、年龄、受教育程度、性别等因素来调整语态，因为对不同的嘉宾，话语方式是有所不同的。如异性间交谈，特别是男主持人与女嘉宾交谈时就要把握好分寸。而对待普通观众、普通百姓时，主持人也要注意，虽然是心态上充满平和，但若不留心用语习惯和状态，还是会出现交流障碍。《半边天》的节目主持人张越曾表示：“永远不跟他们（嘉宾）说书面语言。”“我觉得你要想让嘉宾有一个真实自然的状态，特别简单的办法就是你必须有一种特别自然轻松的状态。你要先明白，你为显得自己很有学问，不断地说着各种各样的书面语言，这样几乎就会把嘉宾吓死了。我对嘉宾坚持的首要一点就是我永远不跟他们说书面语言：‘那么请您就这个问题谈一下自己的看法。’完了，他肯定被吓着了，他非说社论不可了。本来中国人民胆就小，看见镜头就觉得不得了上电视了，上电视就得说些官方语言，你还吓唬他，那他肯定完了。所以你进入那种松弛的状态，你会带着他松弛，跟着你聊天。”当然，不同的采访对象、不同的嘉宾要用不同类型的语言来进行对话，与节目的风格、基调、宗旨相符。

3. 体态方面

体态语，是指由人体发出的具有表情达意功能的一套图像性符号，包括人的面部表情、身体姿势、肢体动作和身体位置的变化。

体态语虽然可以独立表情达意，但这里也主要指和有声语言复合运用时的情况。而表达俯瞰的体态语这里主要包括以下方面：

表情刻板、冷漠、傲慢；眼睛眯起、斜视，头部偏侧，表现出一种不屑；双手抱肘、背手；跷二郎腿；坐在转椅上左右摇摆，单腿或双腿乱摆，等等。这些在人际交往中都被视为禁忌，在大众传播中，主持人更应有所注意。但在实际操作中，节目主持人却并不尽如人意，在客观形态上显现出来的对嘉宾的俯瞰格局比比皆是。若出于无知，则可通过加强对形体学的练习加以修正；而若是主观上源于上面所讲的“优越感”，就另当别论了。

当然，表现在体态方面的俯瞰还有客观原因，即主持人与嘉宾在坐椅的安排上有问题，嘉宾的座位高度低于主持人的，也就造成嘉宾不得不仰视主持人，不然就无法交流。但无论怎样，这种居高临下的态势总会令主持人有不自觉的优越感，在嘉宾的言谈话语间难免会不经意地流露出强主压客的意识。

（二）诚惶诚恐，过于恭谦被动

有些主持人由于心理的原因对对方毕恭毕敬、诚惶诚恐或紧张慌乱。这中间又有无意与刻意之分。

无意的非常好理解了，如紧张等都可以引起诚惶诚恐。而刻意的主要指主持人在主持中故意起“抬轿子”的作用，极尽吹嘘拍马之能事，将自己降格到一个“追星族”的位置。要知道，主持人代表的是媒介的形象，其损害和败坏的也将是媒介整体的形象。因此，应特别注意这种倾向，保持自立、自爱、自强的形象。

（三）过疏或过亲，没有保持恰当的距离

主持人对待嘉宾应表现得谦逊、平和、对等、礼貌、不卑不亢。既大度豁达，又独立自尊。这要求主持人以不变应万变，以静制动。同时，更要求主持人

有高度的自信，特别是在与大人物交谈的时候。这种自信建立在深厚的业务功底和超强的心理素质的基础上。

中央电视台主持人水均益采访美国前国务卿基辛格就是一个成功的范例。充分的案头准备和心理准备使得苛刻的采访条件悄然解冻，僵硬的问答变成有趣的智力游戏。自然，也就将初始的不对等关系逐渐拉平、拉近。

但这也并不意味着主持人与嘉宾关系可以表现得太随意，满口“哥们儿”。在节目中，主持人与嘉宾到底要保持多远的距离为适宜呢？美国学者、近体学创始人霍尔把人的交际距离分为四种类型，即第一类“亲密距离”，如恋人、夫妻、母子等，保持从身体接触到18英寸（约0.46米）的距离；第二类是“个人距离”，熟人、朋友、同事之间的一般熟悉关系，身体距离为18英寸到4英尺（约1.2米）；第三类为“社会距离”，即一般社交场合陌生人之间的关系，距离为4到12英尺（约3.7米）；第四类是“公共距离”，如演讲厅和课堂等一些正式的社交场合，距离为12英尺到目力可及、听力可至。由此便很容易看出大致的人际关系。进而，我们又可从交往人的体态语中大略分辨出尊卑长幼等。按照前面霍尔的说法，若是主持人和一位嘉宾交谈，可以保持1米的距离，这样既可以无拘无束地交流，又不至于因距离过近而显得太亲密、缺乏空间感（搞成促膝谈心式的也似不妥）；若是几位一起交谈，则可各保持在0.5米左右的距离，在空间布局上较为合理，既不紧又不疏。如果主持人和嘉宾距离过远，如2米左右，就不利于沟通，显得疏远。

主持人与嘉宾一般都是“坐谈”的，因此，身边总是有一个访谈台，而访谈台的形状也是影响主持人与嘉宾位势的因素之一。也就是说，主持人与嘉宾不宜坐在同一水平线上，而应有一个夹角。这样，主持人和嘉宾间可以相互照应，免去了左顾右盼、瞻前顾后的不雅行为举止，特别是在人数稍多些的时候。访谈台可以做成椭圆形、T形、弧形、半圆形、曲尺形等。

（四）主持人与嘉宾的关系错位

“错位”不同于“易位”，主持人与嘉宾关系的合理易位是有积极意义的。有的时候，节目请来的嘉宾本身就是知名主持人，为了节目效果，嘉宾与主持人就会“易位”。所谓“易位”，就是嘉宾和主持互换位置，嘉宾做主持，主持成为嘉宾，这是节目一开始就事先声明好的，这样做的目的就是为了增加节目趣味。而“错位”是指嘉宾与主持在节目进行中失去了应有的状态，嘉宾不像嘉宾，主持不像主持。

主持人与嘉宾关系的“错位”是一种不正常的现象。比如，嘉宾无视主持人与观众的存在和感受，沾沾自喜、津津乐道、离题万里，谈起话来忘了主题与内容，主持人想拉都拉不回来。

在主持人处理与嘉宾关系时，造成以上误区的主观原因可有“主观上的无意”与“主观上的故意”之分。比如，某主持人采访一刑事案件，在6名犯罪嫌疑人中询问谁是主犯，问道：“你们哪‘位’是……”需知，“位”是敬语，这里显然属于语误。

而主观上的故意则是因为与对方不具备平等对话的可能，只是由于媒介提供的机会和偶然才使其有此殊荣。因此，不免心虚，便以自大和过度包装的自尊来加以掩饰，但又欲盖弥彰，使错位更加凸显。

四、让嘉宾为节目“服务”

要办好有嘉宾共同主持的节目，主持人应着手做好以下几个方面的工作：

（一）精心选题，物色嘉宾，掌控节目

首先要精心选题，选择广大听众非常想了解而又不了解或认识模糊（模棱两可）的话题，选择那些与广大听众休戚相关或关系到国计民生的话题。确定好选题之后，主持人要围绕选题的内容进行全面详尽的采访，并认真查阅相关资料，进行知识准备和背景调查。在有了第一手比较充分的材料的基础上，认真挑选物色嘉宾。选择嘉宾可以从三个标准来考虑，一是嘉宾必须是所谈论的这个话题方面的专家；二是选择嘉宾必须合适、适当（指知识层次与听众的亲近性或接近性）；三是嘉宾必须具有较好的语言表达能力。

（二）积极准备，加强沟通，妙语编串

当选择好嘉宾后，要尽可能地与嘉宾进行交流，加强双方之间的思想沟通。主持人清楚详尽地向嘉宾阐明自己的节目意图和宗旨，和嘉宾一起共同协商、研究节目，共同策划，共同写稿，如果采访材料不够，主持人还要细致地补充相关的知识材料。这样在节目运作播出中才能主宾相和、相得益彰。而事实上，主持人和嘉宾共同主持的节目，其播出效果是否尽如人意，很大程度取决于主持人在事先的知识材料的准备及主持人与嘉宾交流、沟通的程度，节目准备、编串分析得越细、越充分越好。

（三）注意引导，把握节奏，渲染主题

在主持人与嘉宾共同主持节目的过程中，主持人千万不要因为嘉宾是领导或某一方面的权威、专家就畏畏缩缩，束手束脚。主持人与嘉宾共同主持节目时，主持人应持不卑不亢的态度，对一切的嘉宾、采访对象一视同仁，平常心对待。不管是在哪种类型的嘉宾关系中，主持人与嘉宾都是一对独立而平等的个体，他们在权利和义务以及地位和人格上完全平等，二者之间的关系也应平等和对称。主持人既不应怠慢嘉宾、戏弄嘉宾，也没有必要迁就嘉宾或在嘉宾面前低人一等。这用凤凰卫视主持人陈鲁豫的话说就是："我把一个嘉宾找来，不是一定要压过他，或者他压过我，我就想把一场谈话的真实状态呈现出来。"不过在节目中，主持人始终是把握节目主题的"主人"，而嘉宾则是"客人"或"友邻"，"客人"的表现，很大程度上取决于主人的态度和行为，因此主持人要懂得尊重嘉宾，适当引导，把握全局，使嘉宾呈现出最佳状态，使节目精彩纷呈。在这个过程中，可以体现出主持人功力是否深厚、底蕴是否丰富。

（四）画龙点睛，统领全局，得出结论

在有的广播节目中，节目主持人总结不出来，在节目进行中又不善引导，一档节目主持下来，使听众稀里糊涂，如入云里雾里，茫茫然不知所云。主持人一定要有统领全局的能力，要有准确地分析判断和总结归纳的能力，在节目的结尾处，认真进行总结，引出结论，使节目有头有尾，从而加深听众对节目的印象。好的主持人直播节目在总结结论中总有画龙点睛之笔，短短几句话，节目的主题豁然展现，使听众回味至深。

第三节　节目氛围与嘉宾

节目氛围与嘉宾有着密切的关系，它可能影响嘉宾在节目中的发挥。当然，这种氛围的形成因节目类型而异，有来自客观的，也有来自嘉宾主观因素的制约。客观因素包括节目类型环境、场景、主持人和观众；而主观因素则是嘉宾的素质、年龄甚至嘉宾间的相互影响等。主客观因素相互作用，"交叉感染"，错综复杂。这诸多原因所形成的节目氛围对嘉宾在节目中的发挥、展示都会产生影响。但从另一个方面讲，毕竟客观因素的影响是外部的，它对嘉宾可能产生和施

加多少影响力，其实取决于嘉宾的心理素质和承受力。

一、节目氛围与嘉宾的关系分析

杨斌先生在《把脉嘉宾——电视节目嘉宾现象透视》中从以下几个方面分析了节目氛围与嘉宾的关系：

（一）节目类型的影响

不同的节目类型所形成的节目氛围有不小的差别，有些可能南辕北辙，背道而驰。比如新闻类节目与娱乐类节目的氛围就截然不同。节目类型所具有的一般规定性和普遍特点会使节目基本有着相对固定的氛围，它们对嘉宾有着一定的约束力。

1. 新闻类节目的氛围

新闻类节目一般都较为正规，可能所邀请的嘉宾也多是专家学者，所涉及的话题也都很敏感和令人紧张，所以，嘉宾大多是小心谨慎，不敢疏忽大意、越雷池半步的，否则后果不堪。所以，这类节目的氛围就是令人紧张、拘束、严肃的，嘉宾会严丝合缝、循规蹈矩地行事，唯恐有丝毫差错。这样，在一定程度上会影响部分嘉宾的正常发挥，而对于兴奋型的嘉宾来说，则可能会激发他们的“斗志”，反而会发挥超常和出色。

2. 谈话类节目的氛围

谈话类节目的氛围应当是轻松、宽松、平等的，不能令人紧张、沉闷和冷寂，倘若不幸形成了这种格局，必定是一场不平等的对话，可能等同于领导和下属的谈话，或首长接见的讲话。

从某种意义上说，谈话类节目是“非正式”的话语形式，太一本正经了不行，太放松了又趋于油滑，太刻意了则流于表演。所以，这种“公开龙门阵”给人的感觉似乎尚未“上路”，距离“靶心”总是差一点点，而在纠正的时候又往往过劲儿，于是，摇摇摆摆，难得定法。但大体上，节目氛围还是比较随意、让人能够畅所欲言，不过，后果自负，因为已经有一些人为此付出了沉重的代价。要是从节目氛围而言，正是因为节目让他们说出了媒介需要的实话，这就是氛围营造的合理。

3. 娱乐游戏节目的氛围

娱乐游戏节目给人的总体感觉应是热烈、尽兴、痛快、紧张。当然，娱乐节目所形成的紧张感，可能使嘉宾提笔忘字，出口“失语”，言不成句，词不达意。而这正是这类节目的魅力所在，如果游戏节目没有了必要和适度的紧张感，也就失去了吸引力，谁愿意参加慢条斯理、毫无节奏可言的娱乐节目呢。在观众倒计数的大声喊叫中，嘉宾既紧张又兴奋。比如春节晚会、相声晚会，很难想象在“静场录音录像”的情况下，会有什么样的效果。至少，嘉宾与观众没了交流，没有了游戏的紧张、刺激，节目也就失去了意义。

（二）节目氛围的客观因素

节目氛围的客观因素包括来自环境、场景的，来自节目主持人的，来自现场观众和源于节目素材本身的，等等。

1. 环境与场景

环境与场景指节目录制是在户外还是室内，户外是在陆地、空中、水上，陆地又分平原、高山、草原等不同的地貌形态和人文景观等；而室内又可能有演播室和剧院、会场之分，这些设施又有大小之别。总的来说，在户外，因为一般较为开阔、宏大甚至壮观，所以，其庄重、神圣、隆重感有时就较为浓烈。如“心连心”艺术团的历次演出、国庆之夜的盛大联欢等。在这样的环境和场景中，嘉宾一般都会将“基调”定得高一些。如果是在演播室内，则又得看演播室的大小。如果是大演播室的大型节目，同样需要户外的“基调”，只是可能会稍稍降一点儿；如果是小演播室的轻松谈话节目、新闻访谈等，就无须劳神费力地大肆张扬，可能和风细雨式的谈话更为恰当。

2. 现场观众的影响

现场观众制造的气氛有时让嘉宾舒服畅快，有时让嘉宾紧张得喘不过气来。比如在娱乐节目中，现场观众一般都会积极投身参与，他们的掌声、笑声，对嘉宾绝对是“催化剂”和“兴奋剂”，会让嘉宾有更大的兴趣完成下面的项目。即便是倒计数时，同样也因观众对节目内容的参与和介入，让嘉宾感到自己被关注而觉“升值”。

在谈话类节目中，观众有时对嘉宾的观点表示赞同或对嘉宾所叙述的事件深表钦佩，这时，嘉宾的感觉当然会比较良好；有时则不然，观众对嘉宾的观点或做法持异议甚至反对，嘉宾的状态必定会受到影响，且可能觉得很压抑，好像是大家拿他当了一个靶子，“群起而攻之”，必欲“灭”他一道而后快。如舌辩，能将人家驳倒，驳到哑口无言，体无完肤，才能收到效果。这其实违背了谈话的平等、宽松的要求和前提。

3. 节目主题的影响

在很多情况下，节目主题所限定的氛围对节目的影响是相当大的，对嘉宾的发挥也是个不小的制约因素。如春节晚会、相声小品晚会这样的节目类型，必定要规定为喜庆、热闹、欢快的氛围，虽然可能会制造一些动情点，让观众受感动，甚至有时会被感动得热泪盈眶，但主调和格局是喜庆的。而像古诗词朗诵会、歌咏大会等样式，就是庄严、神圣和充满激情的。

而作为一些小规模的节目，其基调和主旋律更是限制了节目的氛围，这在访谈节目中体现最为明显。通常，访谈节目的主题、基调都来源于嘉宾，从嘉宾的故事中挖掘主题，制定题目。如果这期访谈节目的嘉宾是像杨光那样的人，其氛围自然是同情而快乐；嘉宾是濮存昕那样的人，其氛围是严肃而深情；嘉宾是马云那样的人，其氛围是激情而豪迈……不同的主题自然会导致不同的氛围，这个氛围是节目的基调所决定了的，但有时预设的主题也会被现场的突发事件或一些失误而搞乱。因此，主题确定基调，基调限制氛围，要遵循这氛围，不要打破这氛围。

（三）影响节目氛围的主观因素

1. 嘉宾的到位表达

这涉及嘉宾的各种表达力问题，这里要强调的是如果嘉宾语言表达得引人入胜，可能使现场观众如身临其境，随嘉宾的叙述起伏跌宕，现场可能会鸦雀无声，也有可能会笑声掌声不断，或者催人泪下，这都是嘉宾语言感染力和功力的表现。在娱乐游戏节目中，嘉宾的上佳表现，包括体能、智能、艺能、学识、反应力、观察力、记忆力等，会使观众由衷钦佩，节目自然会有较强烈的反响，现场气氛定会活跃。

2. 嘉宾的年龄因素

嘉宾的年龄因素在一定程度上决定着现场观众和主持人的应对原则。虽然说在节目面前人人平等，好像没有年龄之差与性别之异，但毕竟人们在对待不同年龄对象时的心态是有差别的，不能错位。个体间可能会有一些不同，但在总体格局和态势上是会趋于一致的。如老年嘉宾的持重、中年嘉宾的稳重、青年嘉宾的朝气以及少年儿童的活泼好动，都是一种真实的天性和自然的本色。仅以少儿为例，崔永元在某年的“六一”特别节目中，曾对现场小嘉宾们“课间休息”式的氛围无可奈何，而有趣的是，他也并未制止和约束他们，而这氛围却恰恰是最真实和自然的，如果这些小调皮鬼们都像小大人儿似的正襟端坐在席，就显得滑稽和虚假。现场观众对不同年龄嘉宾的态度和“口径”都会随之自动调整。

3. 嘉宾间的相互影响

既然是嘉宾间的影响，必然不是孤家寡人，而是“大家谈”。且这种影响有负面的，也有正面的。这种影响有时是情绪上的，有时是语言方面的。在谈话类节目中，数位嘉宾如果吵成一锅粥，全没了章法和规矩，不仅失了身份，而且话题也就无法继续下去了。如中央电视台2000年“3·15”晚会中，播放了一段上海电视台录制的谈话节目，主题是“超市里的偷盗”，其中，一位超市从业者说，对于超市小偷，“宁可错抓一千，也不放过一个”，此话一出，就像热油锅里浇了一瓢水，顿时炸了锅。几位嘉宾拍案而起，予以反驳，双方当时情绪非常激动。如果不是主持人立即出来打圆场，否则怕是难以收拾了。而如果话题辩论没有对手，也是没趣。

在节目中，一个嘉宾的情绪突然波动或紧张可能对其他嘉宾都有影响和感染，这就如同心理暗示或条件反射一样。例如在游戏节目中，嘉宾可能会犯同样的错误、按照同样的思路去思考问题。

特别是颁奖典礼上，嘉宾更容易相互影响。如果一个嘉宾动情哭泣，其他嘉宾也很难保持冷静泰然，往往会出现一个接一个地动情下去。但是，如果有一个嘉宾突然冷静僵硬起来，接下来的嘉宾很容易手足无措。这就出现了现场与设想的场景冲突，人们很容易惊慌失措，从而影响到节目的顺利进行。不过，此时若主持人能巧妙地调节一下气氛，结果就会大不一样了。

二、幽默——节目气氛的调味品

从语言艺术的角度来说，幽默表现为一种知识，一种诱惑，一种魅力，是一种缓和矛盾、协调关系、活跃气氛的润滑剂。正如美国心理学家特鲁·赫伯所说，“它是一种最有感染力，最具有普遍意义的传递艺术。”

幽默是语言艺术的精粹，是人类智慧和文明的产物。生动幽默的语言能为讲话增添欢声笑语，使之更富有情趣。听众普遍喜欢幽默风趣的语言。有人说幽默是谈话的“添加剂”和“催化剂”，它能为一次圆满的谈话添加愉快的情感，给受众留下一次欢欣的回忆。

人们运用幽默生动的语言可以机智地应付各种复杂艰难的场面，往往会收到出奇制胜的效果。在节目进程中经常出现意想不到的意外，尤其是技术故障和表演者的意外表现，这就需要主持人头脑灵活、反应机敏。2009 年央视春晚进行了第二次带观众联排也有技术意外，舞蹈《蝶恋花》需要 LED 屏幕的配合，在登场之前，电脑技术方面出现问题导致节目卡壳。还好董卿幽默地打圆场：“这个技术是第一次应用到舞蹈中，既然是第一次，就要面临许多问题。我们稍等一下。我觉得今天现场的观众都是最幸运的，你们看到的这个（失误）是别的观众看不到的，是真正的幕后。”这就通过幽默话语巧妙地化解了尴尬气氛。

诙谐幽默的语言可以打破僵局，出现柳暗花明的境况。

幽默也会帮助人们摆脱困境，赢得人心。主持人何炅在主持《快乐大本营》时，有一回一个名为“5566”的娱乐组合来参加节目。这个组合之前是 5 名成员，但来到节目现场的只有 4 位。何炅在做环节结束的介绍时，不慎说成了：“我们对这 5 个大男生（被众人打断）……”在被其他主持人指出纠正是“四个”之后，何炅故做无辜状，无奈地说：“你们不知道我也加入‘5566’了吗?”现场一阵笑声，何炅用自己的幽默机智成功“化险为夷”。可见诙谐、幽默、调侃，像一种润滑剂，使得主持人摆脱尴尬，也增加了节目轻松的气氛。

幽默常常能使人化干戈为玉帛，处尴尬境地而轻松自如，为融洽气氛、协调关系起到意想不到的作用。总之，作为主持人，幽默感是必不可少的一种素质。这尤其表现在有嘉宾参与的现场主持中。

幽默的技巧和方法很多，下面介绍几种主要的方法：

（一）自嘲法

在有些场合，当你置身于难堪境地时，如果过分掩饰自己的失态，反而会弄巧成拙，使自己越发尴尬。而以漫不经心、自我解嘲的口吻说几句取悦于人的话，便可活跃气氛，摆脱困境，消除难堪。

2006 年的“金话筒奖”颁奖晚会上，获奖的董卿现场演唱了歌曲《感恩的心》，很多观众注意到，穿着高跟鞋的她上台时走路的姿势非常别扭，几乎是在一步一步往前蹭，引起台下很多人窃窃私语。仔细观察发现她右腿上有多处明显伤痕。原来，董卿来天津之前在云南大理录制《欢乐中国行》时，不小心在石阶上踩空，从高处滚下腿部多处受伤，而跟在她身后的其他人当时都没有来得及做出反应，直瞪瞪地看着她摔倒。当时，节目录制被迫中断，董卿也被送到医院进行紧急治疗。虽然没有生命危险，但是董卿却有多处皮外伤，腿部也是严重摔伤。好强的董卿在进行简单治疗后，坚持录完这期节目，随后赶到了天津。当晚董卿需要别人搀扶才能行走，大家都担心她因腿疼而坚持不下来，为了不影响节目录制，她让医生给自己的腿打了封闭针，坚持登台领奖并演唱。对于当天在大理摔下石阶，董卿为自己“打圆场”说：“为大理的景色‘倾倒’，倒在了三塔寺下。”这样的圆场一下子化解了尴尬，博得观众的同情和理解。

自嘲幽默术是一种高层次的幽默手法，也是最有效的幽默方法之一，具有很高的使用价值。自嘲无非有两种：一是嘲笑自己的短处如自己的长相；还有一种是嘲笑自己做过的蠢事。

自信是人的一种生存要素，而幽默本身就体现一种不为命运所羁绊的自信，这种自信最突出的表现就是自嘲。自嘲体现一个人对自身价值和所处的环境有自知之明，这是一种可贵的内在精神，具有很强的内聚力，能够使人们实现从相斥到相容再到互补的转化。

（二）歪解法

歪解就是以一种轻松调侃的态度，随心所欲地对一个问题进行自由自在的解释，硬将两个毫不沾边的东西捏在一起，造成一种不和谐、不合情理、出人意料的效果，在这种因果关系的错位和情感与逻辑的矛盾之中，产生幽默的效果。

一本正经地从事实出发、从科学出发、从常理出发，实话实说，就不会产生幽默。说咸鸭蛋是盐水煮的不是幽默，而说咸鸭蛋是咸鸭子生的就会产生幽默。

歪解幽默术常用于自嘲。2009 年朝鲜国家电影乐团经典电影歌曲演唱会在北京世纪剧院开演。崔永元是演唱会的艺术总监和主持人。谁知中途话筒忽然失声了一段时间，尴尬的崔永元只好自嘲道：“看到大家对朝鲜电影歌曲的热情，我高兴得在后台随便抢了个话筒上场，没想到却不出声。我算是明白了个道理，一场专业的演唱会是不让说话的，就像我这样，想说就没声儿。”

（三）夸张法

夸张法是通过对生活中丑的因素的极力夸大、渲染，来揭示生活中某些不合理与不和谐的现象，对自己、他人及社会现象的嘲讽和规劝，从而产生幽默。

夸张渲染幽默术特别需要一种调侃、达观的态度，充满讨厌情绪的夸张那不是幽默。

如湖南电视台主持人汪涵，就很擅长用夸张的语言，演化出幽默惊奇的效果。有一次汪涵在主持节目中对采访者说到“让她往这圈圈里钻，那不就是往火坑里跳”。“往火坑里跳”这就是夸张，“往这圈圈里钻”会有难度，但并非

“火坑”，夸张一下就渲染和加强了语意。

（四）拟人法

拟人幽默术，是创作童话、动画和寓言的常用手法。我们所说的拟人幽默法，就是从童话王国、动画世界里寻找幽默感。

生活中有些东西是没有情感的，缺乏动机、目的和手段。而拟人则是赋予这些东西强烈的感情色彩和某种动机，把某些无意识的结果变成有意识的自觉行为，幽默往往由此而产生。

（五）迂回法

迂回幽默术就是真假并用、褒贬并用、正反并用，以曲折的、间接的而且带有很大的假定性的说法，把你的意见稍作歪曲，使之变成耐人寻味的样子，通过歪曲形式来使对方领悟你真正意思的一种幽默方法。这种手法往往能够达到“山重水复疑无路，柳暗花明又一村”的效果。

在“香港小姐”半决赛中，主持人问：“请问杨小姐，假若你要在下面的两个人中选一个做你的终身伴侣，你会选择谁呢？这两个人一个是肖邦，一个是希特勒！”杨小姐毫不犹豫地说：“我会选择希特勒。”杨小姐的回答引起了听众和记者的骚动，有人问：“你为什么选择希特勒呢？”杨小姐从容地回答：“我希望能感化希特勒。如果我嫁给希特勒，第二次世界大战肯定不会发生，也不会死那么多人了。”

肖邦是著名的音乐大师，而希特勒则是一个惨无人道的战争贩子。“嫁给希特勒”，谁也没有想到她有如此令人惊异的回答。正当听众极为不解的时候，杨小姐却来了一个180度大转折，使听众不禁对她机警的回答、敏捷的思维感到由衷地佩服。

迂回法的幽默技巧，关键在于迷惑对方，然后给对方一个完全相反的解释。而这个解释要事先埋伏在迷惑他人的语言中，而这种埋伏的语言必须是有可能做正面和反面两种解释的。

当然，说话幽默的方法还很多，诸如悬念法、双关法、反问法、偷换概念法等。其实，幽默的方法并不神秘，只要主持人注意观察，处处留意，就一定能够学会并使用到节目中。关键是要有一种自信乐观的人生态度，幽默豁达的济世情怀，这样就能以你的幽默感染嘉宾，从而增强你的主持魅力。

三、玩笑——调和关系的润滑剂

热烈、热闹、轻松、自然是许多主持人在节目气氛上的追求。尤其是一些综艺节目，游戏节目更需要主持人运用技巧去制造气氛，开玩笑（主要是和嘉宾）是一种常用的手法。

开玩笑是生活的调味品，开玩笑可以减轻疲劳，调节气氛，缩短你与朋友和同事之间的距离。彼此之间产生矛盾时，一句玩笑话可以化干戈为玉帛，消除积怨。开玩笑也可以用作善意的批评或拒绝某人的要求。

（一）玩笑禁忌

开玩笑要把握尺度，掌握分寸，若玩笑开得过火会给人一种被耍弄的感觉，弄不好“说者无意，听者有心”，会加深或引发与他人的矛盾。

开玩笑要注意对象，大大咧咧的人可以经常和他开个玩笑；和过于严肃、喜欢安静的人开玩笑就要注意一些。开玩笑还应注意内容，既不能开太庸俗、太低级下流的笑话，否则会有损于主持人在观众中的形象，也不能拿嘉宾的生理缺陷或隐私来做笑料，因为有些人最害怕别人揭自己的伤疤，一旦有人冒犯他，他的自尊心会让他产生很不理智的行为。这恐怕是犯了开玩笑的忌讳，没有掌握好说玩笑话的分寸。

比如，每个人都有自己的隐私，而且每个人都不允许别人触及自己的隐私。当然更不允许别人拿自己的隐私开玩笑。主持节目的过程中，如果你在开玩笑时违犯了这一游戏规则，就会变成一个不受欢迎的人。

某电视节目主持人在主持一档《开心碰碰车》节目时，有一位从现场观众中上台的胡小姐说昨天配了一副眼镜，于是拿出来让大家看看她戴眼镜好看不好看。这件事使主持人想起一个笑话，他就立刻说出来：“有一个老小姐走进皮鞋店，试穿了好几双鞋子，当鞋店老板蹲下来替她量脚的尺寸时，这位老小姐——我们要知道她是近视眼，一看到店老板光秃秃的头，以为是她自己的膝盖露出来了，连忙用裙子将它盖住，她立刻听到一声闷叫：‘混蛋!’店老板叫道，‘保险丝又断了’。”接着是一片哄笑声，孰料胡小姐当时脸都红了。

其中的原因不难明白。说者无心，听者有意，在主持人来想不过是说起一则近视眼的笑话，然而，胡小姐则可能这样想：“你取笑我戴眼镜不要紧，还影射我是个老小姐，我老吗？我才 26 岁！”

所以，说笑话要先看对哪些人说，先想想会不会引起别人误会。像上例，主持人严重地伤了一个人的自尊，这是始料不及的。此外什么样的玩笑应该在什么场合开，也是很重要的。如果把场合搞混了，就会发生问题。我们在开玩笑时，一定要先看清场合，看这种场合下是否可以开这种玩笑。一般来讲，严肃、静谧的场合，言谈要庄重，不能开玩笑。而在喜庆的场合，则要注意自己所开的玩笑能否使喜庆的环境增添喜悦的气氛。如果因为这个玩笑而使人扫兴就不好了。工作时间，一般不宜开玩笑，以免因注意力分散影响工作，甚至导致事故。

再者，开玩笑要有轻有重，而“重”的玩笑多半是开不得的，它只能在比较特殊的场合才能开。若在一般场合开比较“重”的玩笑，可能就不再可笑了，甚至会变质成悲剧。朋友聚会，为了活跃气氛，应该选择一些比较轻松的玩笑开，如果不是特殊需要，切不可开比较“重”的玩笑。

开玩笑应注意许多分寸，这里归纳了九个要点：

1. 高雅不俗

开玩笑是运用幽默的语言，有技巧地进行思想和感情交流的艺术，这就要求语言必须纯洁、文雅。污言秽语，不仅使语言环境充满丑恶的气味，对听者也是一种侮辱，至少也是一种不尊重。同时，也说明自己水平不高，情趣低俗。

2. 男女有别

男性与女性对语言情境的承受能力是不同的。一般来讲，男性对语言情境的承受能力较强，一般的玩笑不会导致男性的难堪；而女性对语言情境的承受能力较弱，一般的玩笑常使女性感到难堪。所以，开玩笑也要“男女有别”。切不可对女性开过“重”的玩笑，使女性感到难堪“下不来台”。

3. 长幼有序

长幼有序，是中华民族的一个传统美德。开玩笑，也要注意长幼关系。幼者对长者开玩笑，要以尊敬长者为前提，切不可把长者本身的缺点或不足当笑料。

4. 分清亲疏

开玩笑不能逢人便开。一般情况下，与自己比较亲近、熟悉的人在一起，开玩笑是可以的，即使“重”一点儿，也不会影响友好关系。但与自己比较疏远、陌生的人在一起，就不宜开玩笑。因为你对这个人的个性、经历、情趣、隐私等不了解，可能会在开玩笑中“冒犯”了对方，引起对方的反感，不利于今后的互相了解和友谊的发展。当然，用玩笑调节与陌生人相处时的拘谨气氛的情况也有，但必须注意玩笑的内容、方式等。

5. 尊重人格

每个人在生理上、心理上、行为上或能力上，都可能有不足之处，这些不足会使自身感到遗憾、烦恼或者是痛苦。一个有良好道德修养的人是不会把别人的这些不足之处当笑料的。如果你以他人的这些不足之处来开玩笑，揭人短处，你将深深地被人们憎恶，同时也证明你是个“缺德”的人。

6. 因人而异

性格不同，决定开玩笑的内容、方式和情境也不同。一般情况下，与性格开朗、大方、豁达、健谈的人开玩笑时，可以在内容、方式和情境上更广泛一些，否则就要注意把握分寸。尤其对那些性格内向、多虑多疑的人，一般不要开玩笑。同时，要注意对方心境。心情愉快、情绪热烈、语言气氛活跃时，可以适当地多开玩笑，“重”一些也无妨；当对方心情郁闷、情绪低落、不爱交谈时，就不宜开玩笑了。当然，用玩笑把对方心中的郁闷赶走的情况也有，但要特别注意把握分寸。

7. 符合身份

人在复杂的社会关系中，所处的社会地位是经常变化的，身份也会随之变化。与之类似，主持人在主持不同的节目时，对其身份特征的要求也大有不同。在主持娱乐节目中，为了活跃气氛，适当幽默对节目大有裨益。但是，在新闻类或严肃类访谈节目中，主持人就不能信口玩笑了。所以，在开玩笑时，要注意把握好分寸，不要有失身份。

8. 符合场合、环境

一般来讲，严肃、静穆的节目场合，主持人言谈要庄重，不能开玩笑；而在喜庆的节目场合，主持人则要注意自己所开的玩笑能否给喜庆的环境增添喜悦的气氛。如果因为你的玩笑，而使人扫兴就不好了。

9. 要适可而止

一般来讲，开玩笑都想达到一种令人回味无穷的幽默效果，为此，有人竟用过分的语言去开玩笑。其实，玩笑能否令人回味无穷，在于巧妙、含蓄的构思，精辟、深奥的哲理，浅显、滑稽的表现形式，幽默的引证，以及特定的矛盾，特定的情境，等等。用过分的语言去开玩笑，难免出现污言秽语。不宜过频地开玩笑，应该适可而止。

还要注意的一点就是，当你不慎在开玩笑时“冒犯”了他人，如嘉宾或观众等，应该向对方诚挚地道歉，并力争挽回局面。

（二）开玩笑的方法

具体来说，开玩笑来活跃气氛的方法大致有以下几种：

1. 夸张般的赞美

如汪涵在主持《超级女声》时，某超女上台，汪涵突然用“天上掉下个林妹妹”来迎接，渲染出一种新奇的气氛 “天上掉下个林妹妹”是一句用了夸张手法的熟语，“天上”只能“掉”雨、雪、冰雹，怎能“掉”“林妹妹”？无疑这是夸张手法；再者，“林妹妹”是《红楼梦》中的美女，对上台的超女是一番暗地称赞，收到了喜剧效果。

2. 巧妙析姓辨名

在气氛不活跃时，可以针对一些人的姓名进行别致的解释，其效果往往会出人意料。

例如，中央电视台《焦点访谈》的主持人敬一丹，在一次到西北采访某受风沙侵蚀破坏的村庄时，走到一家院里是沙、门口是沙、屋顶漏沙的人家，恰巧听到女主人在叫他的儿子“沙沙”。她好像觉察到了什么，忙问：“为什么起这么个名字？”女主人回答：“因为出门是沙，进门还是沙。”紧跟着敬一丹又问站在旁边的邻家小姐姐的名字，得知这位小姑娘叫“翠翠”时，她说了这样一段话：“这个小姐姐名叫‘翠翠’，沙窝里的孩子起出这样水灵灵、绿莹莹的名字，能不看出乡亲们的盼头吗？”用“沙沙”和“翠翠”两个小孩的名字向观众呈现出当地沙漠化的情况以及百姓的期盼，这也是巧解姓名的精彩一例。

3. 寓庄于谐

很多时候，主持节目时需要庄重，但自始至终保持庄重气氛又会使在场气氛过于紧张。而寓庄于谐的交流方式，即用幽默、诙谐的语言表达较重要的内容，比较自由，在许多场合都可以使用。

再以汪涵为例，主持风格以幽默见长的他，是怎么在较为庄重、严肃的节目中突出自己的优势和特色的呢？如 2008 年 8 月第七届中国金鹰电视艺术节在湖南长沙举办，开幕式文艺晚会由汪涵和董卿担任主持。当董卿问及汪涵第几次主持金鹰节时，汪涵一开口就来了一个幽默，说：“如果下一届再主持的话，我就是‘八戒’了。”这话用的是借代、别解的修辞方法，利用谐音将下一届即第八届金鹰节中的“八届”，别解为“八戒”，让人产生联想而生笑意，取悦了受众。晚会按照导演预定的程序继续进行，董卿也开了个玩笑，说汪涵对电视是“自作多情”。这“自作多情”一语从中央台主持界的“当家花旦”口中道出，似含贬义，实则褒奖汪涵对电视业的深情厚意。

4. 故意提出荒谬的问题

生活中，总是一本正经的人会给人古板、单调、乏味的感觉。交谈中，不时穿插一些朋友们意想不到的、貌似荒谬而实则极有意义的问题，是一种很好的活跃气氛的方式。也许会有人时常问你一些荒谬的问题，如果你直斥对方荒谬，或不屑一顾，不仅会破坏交谈气氛、人际关系，而且会被人认为缺乏幽默感。学会提出引人发笑的荒谬问题并能巧妙应答，有助于良好社交气氛的形成。

5. 即景发挥

与人交谈，眼前常有各种“景”：茶杯、香烟、茶几、对方的服饰等。如果能根据眼前的“景”来加以发挥，就能活跃谈话的气氛。这一招常常是很见效的。

凤凰卫视《名人面对面》主持人许戈辉，在一期访谈全球著名小提琴演奏家西崎崇子的节目中，即景提问效果就十分好。许戈辉在西崎崇子的家中发现墙上有很多做装饰的蝴蝶，就借机问道：“我看到你家墙上有很多做装饰的蝴蝶，我猜测每当你演奏时它们都会变活了呢！”西崎崇子答道：“会的。今天的天气不是太好，有时候在香港，屋外会有很多蝴蝶。”许戈辉又问：“你的花园里有吗？”西崎崇子说：“没错。”许戈辉继续问道：“真正的蝴蝶？”西崎崇子回答说：“跟我一起住。”众所周知，西崎崇子以小提琴《梁祝》闻名于世，这首曲子也有一个美丽的英文名字——《蝴蝶恋人》。而许戈辉借西崎崇子家里墙上的蝴蝶引出话题，深得西崎崇子的心，使谈话顺利而生动。

以上五种方法只是经常用的活跃气氛的方法，除此之外，只要你注意，总能找到合适的活跃气氛的其他方法。

第四节　把握嘉宾情绪，调动参与热情

主持人要密切关注现场嘉宾的情绪，随时把握节目的进程。嘉宾也许因为节目影响或兴奋或消沉，这时就需要主持人进行适当的调节，使嘉宾的情绪与节目合拍。那么应当怎样调节嘉宾的情绪呢？首先，节目主持人应当具备认识他人情绪的能力。

一、认识他人情绪的能力分类

人们经常将“察言观色”看成是一个贬义词。实际上，它反映了一个人认

识他人情绪的能力，是人际交往中的一项重要技能。

许远理、李亦菲两位学者在他们合著的《情绪智力魔方》中将人们认识他人情绪的能力分为以下三种水平：

（一）敏感型

特点是能够准确地认识他人的喜、怒、哀、乐等不同的情感反应；能够破译他人内心深处所隐藏的情绪；能够听出他人语言中的弦外之音。这种类型的人善于处理各种复杂的人际关系，在事业、家庭等方面较易掌握主动权。但这种类型的人也很容易走向另一个极端，自作聪明，对他人品头论足，在不适当的场合和时机戳穿他人的掩饰，若这样就适得其反了。

（二）适中型

特点是能够分辨他人的积极情感和消极情感，也能够认识到他人对某人的亲疏关系以及对某事某物的兴趣和爱好，但是不善于细心观察和剖析他人的内心感受，缺乏对别人情感的微妙变化的关注。这种类型的人给人的印象是忠厚、老实、值得信赖，因此，容易被他人接纳。这就是“糊涂”自有糊涂的妙处，但要注意不要被别人伪装的情感愚弄和欺骗。

（三）迟钝型

特点是对别人的喜、怒、哀、乐无动于衷，缺乏同情心，很少主动地帮助他人，并具有攻击性倾向。这种类型的人是典型的情感自我中心主义者，他们不知道何时结束交谈或挂断电话，只听他一个人喋喋不休；任何时候的话题中心都是他自己，全然不顾及他人的兴趣。在这种类型人中有一部分可能具有情感障碍症，最好去看心理医生或采取其他治疗措施。

二、认识他人情绪的途径和技巧

（一）通过对方的眼睛捕捉情绪信息

眼睛被誉为“心灵的窗子”，表明它具有反映深层心理的功能。眼睛的动作一向被认为是最明确的情感表现。一般说来，你越喜欢的人或物，就越爱用眼睛来同他接触。因此，解读眼睛的动作语言时应该从注视的时间、方式和方向（包括闭眼和眨眼的时间和方式）以及视线交流的角度等方面去提取情绪信息。

1. 观察眼神捕捉对方情绪信息

（1）与人交谈时，视线接触对方脸部的时间应占全部谈话时间的30%～60%。超过这一平均值者，可认为对谈话者本人比谈话内容更感兴趣；低于此平均值者，则表示对谈话内容和谈话者本人都不怎么感兴趣。

（2）倾听对方谈话时，几乎不看对方，那是企图掩饰什么的表现。在女性更为明显，往往内心喜爱对方，又不想用直视方式表露出来，只能用不看对方的方式来抑制深层心理中的欲望，结果是“欲盖弥彰”，反而把自己的内心活动暴露出来了。

（3）眼神闪烁不定反映出精神上的不稳定或性格上的不诚实。

（4）不愿双目交接者，是由于心中隐藏着某件事而有所愧疚。

（5）回避对方的视线，是不愿被对方看到自己的心理活动。

（6）瞪大眼睛看人是对对方感到极大兴趣的表示。

（7）眨眼也属于注视方式之一。眨眼一般每分钟 5 ~ 8 次，若眨眼时间超过一秒钟就成为闭眼。时间超过一秒钟的眨眼表示厌烦，不感兴趣，或表示自己比对方优越，有藐视或蔑视的意思。

（8）在一秒钟之内连续眨几次眼，是神情活跃，对某事物感兴趣的表现；有时也可理解为由于个性怯懦或羞涩，不敢正眼直视而做出不停眨眼的动作。

2. 注意对方瞳孔的变化捕捉情绪信息

瞳孔的放大与缩小属于微身体动作。一般说来，瞳孔的放大传达出正面的信息，缩小则传达出负面的信息。例如，产生爱、喜欢或兴奋等的情绪时，瞳孔就会放大，而产生戒备、愤怒的情绪时，瞳孔就会缩小。

瞳孔的信息是无法用意志来控制的。在古代人们已经认识到瞳孔的放大和缩小的含义。古希腊和古代威尼斯的女性懂得用扩瞳药使自己的眼睛变得更加明亮，更加深情。现代的企业家、政治家以至职业赌徒为了不使对方觉察到自己瞳孔的变化，往往喜欢戴上有色眼镜。

（二）通过对方的嘴巴捕捉情绪信息

嘴巴是说话的工具，也是摄取食物和呼吸的器官之一，它有吃、咬、吮、舐等多种动作形式。这些动作也传达丰富的情绪信息。

1. 紧紧地抿住嘴唇，往往表现出意志坚决。如果抿紧嘴唇，且避免接触他人的目光，可能表现他心中有某种秘密，此时不想透露。

2. 嘴唇常不自觉地张着，呈现出倦怠疏懒的模样，说明他可能对自己所处的环境感到厌烦。

3. 撅起嘴是不满意和准备攻击对方的表示。

4. 注意倾听对方谈话时，嘴角会稍稍向后拉或向上拉。

5. 遭到失败时，咬嘴唇是一种自我惩罚的动作，有时也表示自我解嘲和内疚的心情。

6. 不满和固执时，往往嘴角下拉。

（三）通过观察分析面部表情捕捉对方情绪信息

人的面部是最受注意的部位，也是传递信息和反馈信息最敏感、最及时的部位。

沮丧的脸，抑郁悲伤的眼神，表明这是一个刚遭受到挫折的嘉宾或采访对象；眼神闪烁不定，面部表情一张一弛，表明嘉宾或采访对象心存警觉，可能有意隐瞒某些内心感受；眼神温和并有希冀之光，脸部肌肉较多放松，则表明嘉宾或采访对象是心怀诚意地来要求帮助的；眼神怯怯，并有企盼、渴望的表情，表明嘉宾或采访对象急需从主持人那里得到帮助，同时这可能是一个缺乏实践能力的嘉宾或采访对象；眼神凝视傲慢，面露不以为然的表情，则可能是一个难以对付的怀有敌意、带着为难或挑衅目的而来的嘉宾或采访对象；眼神茫然无定、面无表情，则可能是一个心理不健全的嘉宾或采访对象。

随谈话的深入展开（间或有中断），主持人应根据嘉宾或采访对象的面部表情变化，及时调整谈话的内容与方式。整个谈话的过程是发展的，变化的，嘉宾或采访对象的表情会随着谈话的深入而有所变化。譬如，一个原本温和、顺从的嘉宾或采访对象，当谈话涉及其本人不光彩的经历时，他的内心可能会立刻反应：“我值不值得将真实情况告诉对方?”“对方是否能为我保密?”“会不会因此而责备我?”这一系列内心活动在面部表现为转移视线、避开主持人的目光，面部呈现出紧张不安的状态。一般说来，视线稳定、眼神内敛，面部肌肉放松、嘴唇自然合拢，这表明话题讨论或采访交谈进展较为顺利，双方处于共享、专注、尊重的状态。一味地表达自己的观点，无视对方内心感受，这是沟通交流中的大忌。体察入微，才能去伪存真。

（四）通过声音捕捉对方情绪信息

美国心理学家莫拉宾认为声音所传达的信息可达38%，这里所说的声音包括两部分：一是语言的声音；二是非语言声音。两者在谈话过程中都传递嘉宾内心的信息。

1. 语言的声音也称副语言，它包括声音的音质、音量、音调、语速。一般说来，音质是相对稳定的，它与个人的生理状况有较大的关系。音量可大可小，相对而言，音量大则表示强调或强烈的感情，如愤怒、辩解；音量小则可能出于下意识的保密或失望不快。音调可高可低，音调的高低往往在一个句子中反映出来。表示陈述，则语调平和；表示疑问，则音调由高到低；反问则音调由低到高。语速可快可慢，语速由慢变快，往往反映出来访者内心的焦虑。有些嘉宾连珠炮一样不停地说，除了本身说话习惯的影响外，反映其内心欲一吐为快的焦急心情。这时，主持人要用缓和的声音提醒嘉宾："对不起，可不可以说慢些?"来控制其语速。语速降慢，则表明兴奋程度降低，或陷入思考，或对自己所谈的没有多大把握，或刻意想让主持人听清楚，这要结合其他基本因素加以判断。声音的停顿表明嘉宾在思考下一步说话内容，或静观主持人的反应。

2. 非语言的声音，即发出的不成词的声音。如为打破沉默状态，嘉宾可能会用咳嗽来过渡；为解除初见时的紧张气氛，嘉宾可能会对并不好笑的话发出大声的笑；有些女性嘉宾，为表示伤心与悲痛的心情，会哭泣或呜咽；为放松自己，嘉宾会下意识地吸气；为表示内心对某事的轻蔑，嘉宾会嗤之以鼻；为表示无可奈何，嘉宾会发出叹息；有少部分嘉宾还会习惯地从嘴里或鼻孔里发出某种声音。这些非语言声音在谈话过程中，也反映着嘉宾内心的真实感受，主持人也应注意倾听。

（五）通过对方的颈部动作捕捉情绪信息

颈部是接连头部与身躯的关键部位，也是传达情绪信息的关键部位。例如，表示赞同、欣喜、有兴趣时，颈肌肉带动头部做上下点头的动作，反之则摇头。表示兴奋、自信时，头总是昂起的，在苦恼、消极或精力不支时往往会垂下头来。

1. 点头与摇头所表达的意思，由于文化的不同会产生相当大的差异。同样的表示肯定与否定有三种形态：(1) 世界大部分地区和民族所通用的类型，肯定时点头，否定时摇头；(2) 保加利亚型，肯定时则左右摇头，让对方看见耳朵，否定时则先将头后倒，然后向前弹回（印度某些地区也是这种类型）；(3) 叙利亚型，肯定时头先向前倒，然后弹回，否定时头先向后倒，然后弹回。

2. 点头除表示"是"、"肯定"之外，有时仅是向说话者表示同意的意思。认真的、有节奏的点头，是向对方表示"我正注意地倾听你的说话"。若是机械地随声应和，频频点头，至多表示形式上的敬意和礼貌，实际上是对说话的内容不感兴趣。

3. 用点头应和来表示“拒绝”和“否定”的意思，更多见于女性。比如在对方说话告一段落时，她一边“嗯、嗯”着，一边连续点两次头，这个动作表明她不一定对谈话感兴趣，往往是一种“拒绝”的反应。

4. 在听对方说话的过程中，一边轻声点头应和，一边使上身稍微或渐渐偏离对方，这表示对方的话题偏离了主旨，引不起自己的兴趣，反之对方的话题切中主旨，引起自己的强烈兴趣时，便会做出幅度较大的应和动作，使对方不自觉地受到感动，交谈会更融洽，双方情感交流会更加强。

5. 侧着脖子（侧着头）的动作可表达好几个层次的意思：

（1）表示疑问——你说的是什么意思呢？

（2）表示无从做出决定——怎么办呢？

（3）表示对话题开始感兴趣——喔，原来如此！以后呢？

6. 低着头听人说话，是严厉地评价对方说话内容的表现，多半倾向于否定。

7. 垂头是体力与精力不支的表现，垂头加丧气，则是忧郁和苦恼情绪的反应。

8. 歪着脖子，表明性格上的不成熟。

（六）通过四肢动作捕捉情绪信息

四肢包括上肢和下肢，通过对四肢的动作分析，我们可以判断出对方的心理活动或心理状态，也可以借此把自己的意思传达给对方。

1. 手臂交叉放在胸前，同时两腿交叠，表示不愿与人接触；微微抬头，手臂放于椅子上或腿上，两腿交于前，双目不时观看对方，表示有兴趣来往。

2. 握拳是表现向对方挑战或自我紧张的情绪，以拳击掌是向对方发起攻击的信号。

3. 用手指或铅笔敲打桌面，或在纸上乱涂乱画，表示对对方的话题不感兴趣、不赞同或不耐烦。

4. 在谈判场合，常常咬自己指甲，说明他感到与对方的关系不肯定，或者彼此关系不佳、生疏。

5. 两手手指并拢放置于胸脯的前上方呈尖塔状，表明充满信心；手与手重叠放在胸腹部的位置，是谦逊、矜持或略带不安的反应。

6. 握手时对方掌心出汗，表示对方处于兴奋、紧张或情绪不稳定的状态；

若用力握对方的手，表明此人好动、热情，凡事比较主动；手掌向下握手，表示想取得主动、优势或支配地位；手掌向上表示性格软弱，处于被动、劣势或受人支配；用两只手握住对方一只手并上下摆动，往往表示热情欢迎、真诚感谢或有求于人。

7. 用脚尖拍打地板，或抖动腿部，表示焦躁、不安、不耐烦或为了摆脱某种紧张感。

8. 足踝交叉而坐，往往表示心理上压制自己的表面情绪；张开腿而坐，表明此人自信，并有接受对方的倾向。

9. 架腿而坐，表示拒绝对方并保护自己势力范围；而频频交换架腿姿势的动作是情绪不稳定或焦躁、不耐烦的表现。

（七）通过腰、腹部动作捕捉对方情绪信息

腰部在身体上起着承上启下的作用，腰部位置的“高”或“低”与个人的心理状态和精神状态是密切相关的。同样，腹部位于人体的中央部位，它的动作带有极丰富的表情与含义。

1. 鞠躬、弯腰，表示谦逊或尊敬之意。再者，心理上自觉不如对方，甚至惧怕对方时，就会不自觉地采取弯腰的姿势。

2. 腰板挺直，颈部和背部保持直线状态，则说明此人情绪高昂、充满自信、自制力强。相反，双肩无力地下垂，凹胸凸背，腰部下塌，则反映出疲倦、忧郁、消极、被动、失望等情绪。

3. 双手横叉腰间，表示胸有成竹，对自己面临的境况已做好精神上或行动上的准备，同时也表现出以势压人的优势感和支配感。

4. 凸出腹部，表现出自己的心理优势，自信与满足感；抱腹蜷缩，表现出不安、消沉、沮丧等情绪支配下的防卫心理。

5. 解开上衣纽扣而露出腹部，表示胸有成竹，开放自己的势力范围，对对方不存在戒备之心。重新系一下皮带，是在无意识中振作精神、迎接挑战的信号；反之，放松皮带则反映出放弃努力以及斗志开始松懈，有时也意味着紧张气氛中的暂时放松。

6. 腹部起伏不定，表现出兴奋或愤怒；极度起伏，意味着即将爆发的兴奋与激动状态而导致呼吸的困难。

7. 轻拍自己的腹部，表示自己有风度、雅量，同时也反映出经过一番较量

之后的得意心情。

（八）通过背部动作捕捉对方情绪信息

背部是与胸、腹部相对的部位，胸、腹在身体的前面，比较容易传达人类的情感、情绪与意识；而背部在身体的后面，它的掩盖和隐藏的功能大大超过了传达的功能，但背部又不可能把人的情感、情绪全部掩盖起来；背部只能掩盖人的表情的明显部分，而泄露出来的部分反而更加深刻地反映出被掩盖部分的本质。例如：一个向隅悲泣的女性，我们虽看不见她的表情，但从她一抽一耸的肩背，可以想知她的伤心悲苦的程度。有生活经验的主持人，可以从毫无表情的背部读解出各种信息。在戏剧舞台上或电影中，一些有名的演员都是以“背部有戏”著称。

我们可以从三个层次上去解读背部的动作语言：①从背部本身的形态上去读解；②从背部转的方向去探讨其中的意义；③从背部与他人背部接触时的方式去分析它的含义。

1. 背脊代表一个人的性格和气节。挺直背脊的人往往性格正直，严于律己，又充满自信；但在另一方面，思想可能比较刻板，欠缺弹性。

2. 与此相对，采取驼背姿势或低头哈腰的姿势表明此人具有闭锁倾向和防卫倾向。这种人虽然有不善自我表现、慎重和自省的一面，但主要是表露自己精神上的劣势：即愤世嫉俗、孤僻、畏惧、惶恐、自卑等心态。

3. 挺拔地站在舞台上或讲台上的演员或教师，从他的姿势可以想到他所受的严格训练和自我约束。

4. 端坐的姿势也是一种自我约束的表现。在对坐中，挺直背脊，一直保持端坐姿势者，等于在他与对方之间筑起一道无形的墙。日本人经常采取端坐的姿态，这种姿态若不是出于礼节，那就是拒人于千里之外，表示不可亲近、不愿迁就的意思。

5. 背向着对方或转过背去，一般可理解为表示拒绝、不理睬或回避。有某些女性，转过背去的动作有暗示等待男性来说服的意思。

6. 打电话时转过背去（有时还用一只手遮着话筒），多半是在谈论带有秘密性的事（私事）。因为背向他人即用背部挡住他人的介入，以消除自己心理上的不安。

与他人的背部进行接触（或他人与自己的背部接触）的方式有拍背、触摸背部等动作，这类动作是由猿猴之间表示亲近关系的搂抱动作演化而来。在人类社会中，这类动作是身体接触中最少“性意义”的动作。

7. 同性亲友之间互相拍背，往往表示有同感，有共鸣，为了鼓励、催促和怂恿。

在同性中，不大亲密的朋友之间也常见用于接触背部的动作，在这种情况下，可认为是关心对方或有进一步加强人际关系欲求的动作。

8. 在异性之间（特别是在假定性对象之间），男性触摸女性的背部，表达了一种既渴望有进一步的交往、又唯恐对方拒绝的心情。有时也表达试探性地说服对方的企图。

（九）通过腿部动作捕捉对方情绪信息

腿部虽属身体的下端，但它往往是最先表露潜意识情感的部位，一般地说，可以总结出以下几种情况：

1. 小幅度的摇动腿部或抖动腿部，传达着不安、紧张、焦躁的情绪。

2. 一条腿自然地架在另一条腿上的女性表示对自己的容貌、身材有自信。

3. 无论男女，频频交换架腿姿势的动作是情绪不稳定或焦躁的表现。

4. 标准式架腿动作，即一条腿整齐地叠放在另一条腿上，通常是左腿叠在右腿上，一般在无意识中表示拒绝对方，并保护自己的势力范围，使之不让他人侵犯。但不可把标准式架腿动作一概解释成紧张、保守或防卫的态度，应同其他姿势或情境结合起来，方能做出比较正确的解释。站着时两腿交叉也属于防卫或封闭的姿态。

5. 美国式架腿动作，即将一条腿的足踝架在另一条腿的膝盖或大腿上，显示出一种兴奋、竞争或辩论的态度。

6. 并排而坐的两个同性或异性，如果这两个人都架腿，并互相构成一个封闭的势力圈的话（如坐在右侧的人将右腿架在左腿上，坐在左侧的人将左腿架在右腿上），则可以从中看出那么几层意思来：（1）这两个人的关系比较好，若是谈话，大概谈得比较融洽或投机；（2）他们构成的封闭圈表示将第三者圈在外边，或表示此时不愿被人打扰；（3）如果这两个人是一对情侣，这个封闭圈就表示他们之间的关系已经相当亲密。

7. 你若针对某个主题向对方说明时，对方开始架腿，这个动作实际上表示对方对你的谈话主题不感兴趣。如果你在此时还继续你原来的话题，对方就会频繁地变换架腿的动作，表示不耐烦了。

8. 张开腿部而坐是一种开放型的姿势或动作，表明此人有自信，有接受对方的倾向。

9. 把腿搁在桌子上（多见于男性），用桌子连接自己的腿，以此扩大自己的势力范围，这个动作表明此人有较强的支配欲和占有欲，而且在平时的待人接物上多半会有傲慢无礼的表现。

（十）通过足部动作捕捉对方情绪信息

足部是指膝盖以下的部位，它可以表现与欲求、个性和人际关系有关的情绪信息。在我国和西方国家，人们无论是坐着或站着，足部都是容易看见的，所以足部动作所传达的信息也容易被对方看到。日本人则不同，人们端坐或盘腿坐在“榻榻米”上，足部动作全部被封闭起来，这是足部的动作语言受到文化影响的一个例子。中国古代和西方女子的曳地长裙，也使足部动作语言的传达受到限制。一般地说，足部动作传达情绪信息可以总结出以下几种情况：

1. 摇动足部，或用脚拍打地板所表达的意思与抖腿动作相仿，也表示焦躁、不安、不耐烦，或为了摆脱紧张感。人们为什么用足部来表达焦躁不安呢？原因大致有：

（1）在公开的场合或容易受人注目的场所，如果不愿意把内心的焦躁不安明显地表现在脸上或者用手或身躯做出大幅度的动作，只有用离开他人眼睛最远的、最不显眼的部位——足部来表达。

（2）用情绪智力魔方——情绪智力的九要素理论解释，消除生活中的压力所造成的紧张感，一般是用较大幅度的身体动作（如伏案写作时间长了，就要伸伸腰，挥动胳膊，或做几节体操；心情烦闷时，出外散步），而在站立或坐着的情况下，又为了尽可能不引人注目，只有选择动作幅度小的足部来消除紧张感。

（3）人在预感到要遭到他人侵犯或有他人要进入自己的势力圈时，如果对此要表示拒绝或不耐烦时，往往用足尖拍打地板的动作来预告自己的心情或意向。向这样的人询问或讨论问题往往会得到不愉快的结果。

2. 女性的架腿动作在西方被认为是不大雅观的，所以有教养的女性用两腿并拢、脚踝交叉的坐法替代架腿。这种姿势不仅外观优美，而且传达出的表示拒绝的含义也比较含蓄而委婉。

3. 女性膝盖和双脚并拢的坐姿，表现防御性的心理状态，且使对方产生严肃感。

4. 男性足踝交叉的坐姿，往往表示在心理上压制自己的表面情绪，如对某人某事采取保留态度，表示警惕、防范，或表示尽量压制自己的紧张或恐惧。做人事公共关系工作的人总是要设法解开这种姿势，以造成开放而亲近的气氛。

5. 无论男女，摇晃架在另一条腿上的足部是心情轻松的表示。如果进一步用脚尖挑着拖鞋或鞋跟摇晃，这就有了较强的放纵的含义，如挑逗、诱惑等。此外，足部的附属物——鞋或鞋跟起着延伸足部语言的作用。足部的鞋默默地表现着一个人的个性、性格与人际关系。

6. 鞋底的磨损程度与一个人的性格有关。性格外向、生活态度积极的人，其鞋尖外侧容易磨损。反之，鞋头内侧磨损较多者，属内向性格。两侧都有磨损者，属温和型或平衡型。

7. 鞋尖的指向可表现人际关系的亲密程度。譬如说，有甲、乙二人站着谈话，他们的鞋尖相对，距离不远，而且基本上在一条直线上。我们可以判断出他们二人的关系比较亲密或极为亲密，因为他们二人的鞋尖构成了一个封闭的共有势力范围，不容他人介入。

如果甲、乙二人鞋尖的位置呈直角或60度左右的角度，那么这二人的关系不会是深厚的，因为从甲的位置只能看到乙的侧脸，乙不会看到甲；即使乙扭过头来与甲面对面交谈，但鞋尖没有转过来，也就是身体没有转过来，所以甲、乙二人鞋尖构成的势力圈留下一个第三者介入的缺口。

（十一）通过整体形象捕捉对方情绪信息

所谓整体形象，指除前面所提到的面部表情、动作、声音等外，还包括通过观察嘉宾或采访对象服饰、体格、体态、发型、化妆、谈吐、举止等，对嘉宾或采访对象做出一个综合整体的判断。例如，从体格上是孔武有力的，还是弱不禁风的；从谈吐上是开朗豪爽的，还是怯生生的；衣饰是整洁庄重的，还是俏丽鲜艳的；举止是大方得体的，还是畏缩拘谨的；化妆是浓艳鲜丽的，还是淡抹素雅的，等等。

当然，某些经验缺乏的主持人有可能被一些表面的现象所迷惑，或犯先入为主的错误，但经验丰富的主持人能透过表面的现象看到真实的信息。

第五章
新闻节目的驾驭艺术

第一节　主持人新闻报道的驾驭

一、掌握新闻节目的政策性、思想性

新闻节目中评论占很大比重，掌握新闻评论的政策性与思想性就显得尤为重要。在具体内容评述的时候无论是一事一议，还是追踪挖掘，都需要记者敏锐透彻的观察力与锋芒犀利的观点去立意，更需要记者深思熟虑与客观公正的态度去评判。应当说，这种分寸感是检验记者综合素质的一把尺子，而期间让事实说话，用目击者（当事人）的观点去增加评述的说服力、权威性，则是较稳妥的电视评论方式。

新闻讲求真实、客观，在报道的过程中要尽量少地加入个人感情，换句话说就是用事实说话，多用动词、名词，少用形容词。同时，我国新闻事业又是“党的喉舌”，这就决定了在评论的过程中要时刻注意党的政策和舆论导向。如何把真实与导向兼顾？这就需要主持人高超的采访技术和敏锐的政治嗅觉，尽量少地直接表达自己的观点，而是让当事人来讲述。

例如，2008 年甘肃电视台《今日聚焦》栏目对三鹿奶粉事件进行的评论，就十分恰当。这期节目的标题为：《祸起三鹿奶粉》。下面把节目的文本引来作范例：

演播室：

今年以来，位于兰州市区的解放军第一医院接连收治患肾结石患儿 14 例，月龄大多为 5～11 个月，患儿病情严重，部分患儿已发展为肾功能不全。这 14 名婴儿有着许多相同点：都来自甘肃农村，均不满周岁，都长期食用同一品牌奶粉。与此同时，江苏、陕西、山东、安徽、湖南、湖北、江西、宁夏、河南等省

份也出现了多名婴儿发生肾结石的事件。9月9日，记者在接到有关投诉后立即开始调查采访，就在记者采访的同时，9月11日，卫生部公布初步调查结果：问题出在婴儿食用的三鹿牌奶粉，并高度怀疑石家庄三鹿集团有限公司的三鹿牌奶粉受到三聚氰胺污染。

解说：

这是9月10日记者在中国人民解放军第一医院泌尿科采访时看到的一幕：上午十时，只有8个月大的小金霞在做完肾结石手术后被推到了病房。记者看到，小金霞只有大人手掌大的脸庞一片蜡黄，看上去身体极度虚弱。因为孩子太瘦小，大夫和护士费了好大的劲才将电脑监控设备的各种接线连接到小金霞的身上。据小金霞的父亲讲，这已经是小金霞的第二次手术了。

同期：

李想军（小金霞父亲）：9月5日早上8点多做了第一次手术。今天是第二次手术。也是早上8点多开始做的。

记者：这次做完是不是结石就取完了吗？

李想军（小金霞父亲）：没有！肾上面还有一个石头。三个月以后还要检查，还要做手术。

解说：

从6月28日到9月11日，仅中国人民解放军第一医院泌尿科收治的患肾结石的病儿就有14名，其中有些甚至还是双肾结石。患病儿中最小的只有5个月零27天，最大的为11个月，所有孩子的症状都表现为2~3天无尿，肾功能不同程度衰竭，有些年龄较小的婴儿血钾达到8.17，超过正常人50%，随时都有可能因心脏骤停而死亡。经过医院全力抢救，目前在中国人民解放军第一医院泌尿科治疗的婴儿都已脱离危险，有6名已经出院。

据了解，肾结石的发病率很少见于婴儿，在短时间内有如此多婴儿患病，实属罕见。

记者采访时了解到，患病的婴儿都来自我省武山、永靖、岷县、永登、秦安等县农村，由于母亲奶水不足等种种原因，这些不足周岁的婴儿都在食用三鹿品牌的奶粉，这种400克装，市场零售价大约在18元左右三鹿奶粉在当地销路十分好，几乎成为这些农村新生儿父母的首选。在病房采访时，一位患儿家长给记者拿出了孩子生病前吃的奶粉，记者看到，包装袋上写着“三鹿慧幼”字样。

同期：

记者：这种奶粉什么时候开始吃的？

患病家长：生下来一个多月就开始吃了。刚生下来时吃的炼乳，炼乳吃了一个月以后，就一直吃的这个奶粉。

解说：

据同病房的患儿家长讲，他们的孩子也一直吃的是这种奶粉。太多的巧合让家长们把怀疑的目光聚集到三鹿婴幼儿配方奶粉上。

同期：

患病家长：刚发现的时候不知道还有这么多孩子也患病，只知道自己的孩子生病。到医院以后，已经有好几个了。我们住进来以后，又来了好几个，我就开始怀疑（奶粉）了。都喝的一个奶粉，一个品牌，一模一样。

记者：都是三鹿奶粉？

患病家长：嗯！都是三鹿奶粉！

记者：你家小孩喝了多长时间了？

患病家长：一生下来就喝着呢！

解说：

9月11日，就在社会各界对三鹿奶粉是否导致婴儿患病原因的怀疑声中，甘肃省卫生厅召开了“关于部分婴儿泌尿结石病因调查情况的通报”的通报会。通报称：早在“7月16日，省卫生厅接到某医院电话报告，称今年该院收治的婴儿患肾结石病例明显增多，近几个月已达几十例，经了解，均食用某某牌配方奶粉。”通报同时称“接报告后省卫生厅立即抽调人员进行了调查。目前全省共上报病例59人，死亡1例”。省卫生厅表示“对配方奶粉和患儿食用的奶粉均采样后送国家某单位检测，样品还在检验之中。”

同期：

杨劲科（甘肃省卫生厅新闻发言人）：之后疾病预防控制机构，开展流行病学调查，结果还在统计核对之中，目前还不能确定与配方奶粉有直接关系。邀请卫生部派专家，对调查工作进行现场考察和指导。专家认为病因复杂，为多环节，多因素所导致。目前对流调方案正在进行修订。

解说：

就在省卫生厅新闻通报会召开9小时后，国家卫生部新闻办证实：近期甘肃等地报告多例婴幼儿泌尿系统结石病例，经相关部门调查，高度怀疑石家庄三鹿集团股份有限公司生产的三鹿牌婴幼儿配方奶粉受到三聚氰胺污染。三聚氰胺是一种化工原料，可导致人体泌尿系统产生结石。

随后，石家庄三鹿集团股份有限公司也于11日晚发布产品召回声明，称经公司自检发现2008年8月6日前出厂的部分批次三鹿婴幼儿奶粉受到三聚氰胺的污染，市场上大约有700吨。

9月12日，本栏目记者第一时间赶到了位于酒泉市的三鹿集团好牛乳业——酒泉好牛乳业食品有限公司。目前，该公司婴幼儿奶粉生产线已停止生产。据厂方负责人讲，石家庄三鹿集团婴幼儿配方奶粉受三聚氰胺污染是因为河北奶源基地受到污染，目前，三鹿集团好牛乳业——酒泉好牛乳业食品有限公司奶源基地是否受到污染正在等待国家相关部门进一步检测。

同期：

周浩义（三鹿集团好牛乳业——酒泉好牛乳业食品有限公司董事长）：

现在我们就奶粉这一块今天已经全部停产了。我一会就去给政府打报告，要求政府的相关部门，针对这件事情，对我们进行全面的检查、检测、认定，最终总会水落石出。

解说：

三鹿集团好牛乳业——酒泉好牛乳业食品有限公司目前有三大系列23个品种的产品，其中有三鹿系列奶粉、液态奶、发酵型酸奶、自然情系列奶粉、优酸乳等。

演播室：

9月12号，在外地开会的省委书记、省人大常委会主任陆浩接到有关部门报告后，高度重视，立即对因食用三鹿奶粉导致一些儿童患病问题作出批示，要求有关领导同志和部门立即采取有力措施，及时妥善处理。

解说：

批示指出：因三鹿奶粉质量问题，我省有部分婴幼儿健康受到损害。据了解，我省酒泉市有一公司也生产该品牌产品。鉴于该产品有严重质量问题，应立即采取以下措施：

1. 立即停止该产品在市场上销售并按规定召回；

2. 我省相关企业立即停止该产品的生产，由执法部门进行全面检查；

3. 对因食用该产品导致患病的儿童要全力组织救治，对食用过该产品的也要组织体检；

4. 有关情况及时通过新闻媒体向社会发布。

9月12号，甘肃省食品安全委员会办公室也发出公告，公告指出：根据相关部门调查，高度怀疑石家庄三鹿集团股份有限公司生产的三鹿牌婴幼儿配方奶粉受到三聚氰胺污染。为保障公众饮食安全，在全省范围内停止销售和使用2008年8月6日以前生产的该品牌婴幼儿配方奶粉。

到记者发稿时为止，张掖、酒泉、天水、定西、临夏等地的当地工商部门已对2008年8月6日前生产的三鹿婴幼儿配方奶粉采取下架和就地封存处理。

记者现场：

同期：

张伟（解放军第一医院泌尿外科主任）：截至今天（9月13日），我们门诊接诊了110名婴儿来查体，有些是因为有症状，有些是因为仅仅吃了这一类奶粉，家长有怀疑或者是感觉不太对来查体的。这样的话，110名婴儿中，我们今天发现，有可疑的和确定是结石的近20名。今天住院的病人截至目前是一共20名。我觉得2岁以内的小孩，如果是长期服用过三鹿牌婴儿奶粉，应该按照卫生部的要求，在当地医院进行B超和尿的检查，如果没什么问题，大家就可以放心了。

解说：

就在今天下午六点，国务院新闻办召开新闻发布会，认定这是一起重大的食品安全事故。为此，国务院做出了一系列重大决定：

第一，立即启动国家重大食品安全事故Ⅰ级响应机制，成立应急处置领导小组。

第二，切实加强医疗救治。对因服用三鹿牌奶粉而患结石病的患儿实行免费治疗。

第三，对全国婴幼儿奶粉生产企业全面开展质量检查，并及时公布检查结果。对发现有质量问题的奶粉要立即全部召回，坚决停止销售，宁可遭受一些经济损失，也要保护人民健康。

第四，尽快查明真相，依法依纪处理。

演播室：

民以食为天，对于嗷嗷待哺的婴儿来说，配方奶粉成了他们除母乳外唯一的食品，但是，谁能想得到，问题竟出在奶粉上。“全国食品工业百强、产销量连续14年实现全国第一、中国500个最具价值品牌之一”，这只是三鹿的部分头衔。一个号称销量全国第一的国家免检企业，一群无辜的婴幼儿，突现出一个企业的诚信和良心，也暴露出了国家相关监管部门的问题所在。目前，国务院调查组已经到达甘肃，我们相信这一事件会马上水落石出，我们也相信有关部门会对受害者给一个公正的处理结果，对所有公众给一个满意的解释。《今日聚焦》将及时关注和披露这一事件的进展情况。感谢收看，再见。

这期节目之所以成功，一方面是由于评论的是当时社会上的热点问题，但更重要的是由于这期节目把握了语言的平衡，让事件的各方都有表达观点的机会，不偏不倚，公平对待使新闻评论的可信度大大提高。整期节目的组织也到位，前期的事实陈述，穿插各方人员的采访，最后主持人的点评，使节目连贯一体，充实有力。更值得我们注意的是，在采访的过程中，记者没有掺杂任何个人感情，也没有故意的导向性问题，完全让患者家长、三鹿高层、政府官员、治疗医生来陈述和表达，让新闻的真实性大大提高。最后，主持人带有总结性、结论性的强有力的点评，是在前面大量事实的铺垫下进行的，可信度大影响力强，舆论导向和分寸感都十分好，就事论事，而未波及党的利益，也未伤害到人民对党的感情。

——作者：甘肃电视台 杜晓华、丁建雄、王亚龙、寇颖、杨海芸、盛荣（引自中国记协网）

在整个评论过程中，主持人、记者通过解说与点评始终牢牢把握好宣传的“度”，注意政策性。既充分肯定党和政府对三鹿事件所采取的积极措施，又通过现实中的典型事例对国家相关监管部门提出质疑；既强调了当前应如何积解决和处理三鹿奶粉所导致的一系列问题和如何给受害者一个满意的交代，又提出了一些现在存在的隐性难题和食品业的弊端，给人们以深层思考。这无疑大大增加了节目的针对性和现实意义。

二、注重对新闻报道过程的驾驭

新闻报道的过程也是事实采集的过程，它是发表新闻评论的基础，因此加强对新闻报道过程的理解有利于驾驭节目。

这里所说的过程从叙事学的角度看，包含两个层面的含义：一是生活本身的自然流程，其中蕴涵的许多矛盾和冲突构成了生活本身的故事性因素；二是主持人采访调查报道事件的过程，将生活本身的故事性因素经提炼和概括，变成有起因、有发展、有高潮、有结果的故事。因此，从叙事学角度讲，过程即故事，而从接受美学的角度看，“过程”又指的是观众对事件的认识过程，这一过程具有很强的参与性。电视新闻对事件的报道往往是在“进行时态”中得以完成的，事件本身发展过程的动态性和不可预知性，必然引起观众的认识心理期待，客观上增加了节目的可观性；与此同时，记录报道过程的完整性，既增加了评论性节目的客观性，又发挥了过程本身无可辩驳的论证作用。比如，在某篇报道中，主持人在采访中了解到了某文物局领导用文物发掘款在文物保护区内修建豪华住宅的情况后，就请该文物局某领导带她参观一下，并让摄像师提前开机，当他们走到住宅区的院子时，主持人仿佛不经意地问：“这些房子是什么?”那位领导毫无戒备地回答：“这是几位领导的住宅。”主持人又问：“建这些住宅花了多少钱?”领导说：“几十万。”主持人又问：“这些钱从哪儿来的?”领导开始面带难色，音调一下子低了几度，说：“几位领导集了几万，剩下用的是文物发掘款。”主持人追问：“这里能修住宅吗?”领导尴尬地回答：“文物也要有人看管。”

这段调查的过程一气呵成，观众看罢能立即明白这些人正利用管文物之便，大“吃”文物。

看似平淡的过程却负载了如此丰富的信息，引发了观众的思考，其中起核心作用的是主持人。主持人要凭借新闻敏感选择记录新闻事件的典型过程，也就是能反映新闻事件本质的过程，而且要强化过程的论证力量，同时还要求主持人对所记录的过程进行恰当编辑，如对比编辑、矛盾编辑等。

前边已经指出，从叙事学角度看，“过程即故事”。故事围绕事件展开，同时也离不开事件中的人物，因为，从本质意义上说，人是社会的人，个体是表现着社会性的个体，社会则是以个体特殊性相交和联结而成的。个体活动是社会活动的表现和浓缩，个体体验也是社会体验的表现形式。

电视“面对面”的传播优势，使得观众容易对一个个典型人物的命运产生情感关注，最终受到感染，具有很强的说服力。只有注重对新闻报道过程的深入理解，主持人才能挖掘出事件发展过程中人物的情感内容，选择客观事物中最动感情的人物和事件来表现，及时抓住客观事物本身存在的情感高潮点并加以渲染。

三、新闻背景分析是新闻报道的灵魂

新闻背景是新闻节目的核心，新闻节目的前因后果都来自它，因此主持人要

清楚对新闻背景的分析。显然，仅靠“过程”或“故事”是难以独立完成解释、分析、预测的，仍然需要新闻背景的介绍，如历史记载和新闻事件所处的地理环境、存在条件以及与新闻事实有内部、外部联系的事物。这些背景资料提供了新闻事件发生、发展、变化的历史和现实依据，是电视新闻节目不可缺少的理性结构，可以极大地拓宽电视新闻节目的视野，丰富报道信息量，有助于观众对所报道事件的全面、深入了解。

我们来看看 CBS《拯救凯丽》的背景运用。《拯救凯丽》讲述的是一个刚刚七个月大的女婴由于肝坏死，急需器官移植，几经波折，其外祖母的部分肝脏成功地移植在小凯丽的体内，使凯丽获得了新生。整个节目紧紧围绕这一手术过程展开报道，情节起伏跌宕，扣人心弦，然而报道者并没有就事论事，而是将镜头聚焦于美国社会，深入广泛地探讨了器官移植这伦理道德问题。片中展示了移植器官者从精神到肉体上的痛苦以及获救后的喜悦和所面临的经济困窘；还有捐献器官在医学和伦理道德方面遇到的障碍，反映了为获得可移植器官而四处奔走的工作人员在从事这项救死扶伤的神圣工作时所承受的精神压力；反映了一些志愿者为由于器官移植而陷入困境的病人义务募捐服务。整个片子以“拯救凯丽”为线索，负载了广泛丰富的信息，使观众从宏观上全面了解了器官移植问题的方方面面。

目前，很多电视记者已经强化了自己的新闻背景意识，能够根据对新闻事实的准确判断，有目的地搜集和使用相关的背景材料。特别是中央电视台《焦点访谈》就将“新闻背景分析”作为其中的一项栏目定位。

第二节　新闻节目现场的主持驾驭

如果说选择话题是新闻节目主持人的前期主持艺术，那么如何驾驭话题则是新闻节目主持人的现场主持艺术，是面对被采访对象、面对受众的“面对面”的主持艺术。现场主持艺术需要通过调控意识、受众意识和个性主持得以具体体现。

一、现场把握的技巧

现场把握技巧本质上即要求新闻节目主持人通过各种手段（包括采访、解说、点评、图像、声音等)，客观地向受众提供有关新闻事件和新闻人物的事实。

主持人新闻报道的现场也就是采访现象。现场采访的过程是非常重要的，如果要准确理性地把握这些过程，就要使采访者与受众双方都能拥有一种共同的情绪，营造出和谐的氛围。

第一，认真做好采访前的准备工作是至关重要的，也是必不可少的。采访前不认真准备，仓促上阵，结果往往是事倍功半，有时既影响了报道的时效，又给被采访者增加了麻烦，甚至可能造成采访的失败。准备工作有许多，从广义上讲，是一切知识、理论、政策、背景材料的准备；从狭义上讲，就是对采访对象、新闻事件的起码的了解。美国记者麦克逊说过：“在我将要去谒见某一要人以前，我早已熟悉这位要人的一切了。”假如你要去采访某一个人，就要通过不同方式、不同渠道事先了解他的经历、性格、嗜好、习惯、特长等，以便掌握尽可能多的情况。如果你要去就某个新闻事件进行采访，就要通过各种途径事先对此事件的前因后果、目前状况等有个整体把握和了解。经验证明，前期准备越充足，采访过程才会越成功。

第二，要把握对方心态并加以调整。主持人面对的采访对象在话筒前、镜头前往往会呈现出各种不同的心态：有的特别紧张，很难和主持人配合；有的非常放松，采取一种随便应付的态度；有的过于急躁、固执、不太愿意接受采访。凡此种种，主持人需要主动热情、随机应变，想方设法调整其心态，让他理解、信服、尊重你，全身心投入采访，积极与你配合。

第三，主持人选择什么样的新闻话题，从何角度评述，如何讲透，是主持艺术中的一个重要课题。选择热点、焦点话题并非都是批评、揭露，主要是指群众关心的话题。一类是国家大事，如重要会议、国内外重要新闻、新政策与新法律出台等；另一类是社会问题，如物价问题、社会治安、反腐倡廉、社会公德、农民负担过重、中小学乱收费等。对前一类问题的报道，主要是抓深度和时效，要抓住新闻事件本身所包含的更深层的问题，选择一个更能吸引人的角度，或着重新闻背景分析，或主要由大众来评说，或由专家解释，以深度优势来弥补时效劣势。

2010 年 1 月 18 日国务院召开全国安全生产电视电话会议，部署 2010 年安全生产工作。会议召开前，《焦点访谈》于 16 日推出《普阳钢铁公司瞒报事故追踪》，曝光河北普阳钢铁有限公司煤气泄漏中毒事故中存在的瞒报死亡人数问题。

国家安全监管总局高度评价这期节目，认为节目对瞒报事件进行了独家披露，有力配合了全国安全会议召开。有关司局负责人透露，这次会议将就普阳瞒报事件进行重点剖析，并进一步强化相关安全措施。

中央电视台《焦点访谈》节目以前片头的四句话“时事追踪报道，大众话题评说，社会热点透视，新闻背景分析”概括了其“领导重视，群众关心，普遍存在”的选题宗旨。采用的报道方式有：追踪调查式、分析解释式、归纳评论报道式。

《焦点访谈》有90%的选题在观众中、在社会上产生较大反响，比如2010年6月播出的节目中有以违法拆迁问题为话题的《贫困县的大拆迁》；以探寻媒体道德的出路为目的的《媒体该坚守什么》；以警示环境污染治理问题的《污水处理厂何以排污》；以提倡科技创新的《科技创新引领未来》等，可谓题材广泛，表达透彻，评论精深。

第四，保持良好和谐的谈话气氛以及合理安排节目内容也是取得预期效果的重要环节。

营造谈话氛围。主持人要注意提出话题和采访时现场提问的方式。要根据采访对象的不同经历、性格、职业、地位、文化程度等，采用不同的提问方式和交谈手段。有的直截了当，有的一针见血，有的循序渐进，有的婉转含蓄。其目的是使现场始终保持一种和谐的良好氛围，使采访和交谈能得以顺利进行。

控制节目流程。每次节目都要有严格的时间限制，主持人要在规定的节目时间内完成事先设定的内容，就要掌握好话题转换的契机，控制好谈话快慢的节奏，掌握接纳电话的人数等。整个节目的信息量要安排合适，既不能前紧后松，也不能前松后紧，要做到合情合理，恰到好处。

主题思想要始终贯穿于整个节目之中。凡参与谈话的受众，总是乐意谈他喜欢与熟悉的话题或事先早就准备好的话题，而不愿谈其他方面的话题。作为主持人要更多地考虑到本次节目主题的需要，及时引导，随时把握主题方向。在直播热线电话中，主持人在电话交谈过程中，需要反应灵敏，及时反馈，成为信息交流与主题方向的驾驭者。

第五，充分把握自我。新闻节目主持人要能把握情感的“度”。新闻节目主持人常常容易受到新闻事件和打热线电话听众情感的影响，或感动，或愤怒，或爱憎分明，这是十分正常的情感的自然流露，也是理所当然的事。但如果分寸掌握不当，过了“度”，那就不适当了，这就要自我控制。对此，中央人民广播电台著名节目主持人傅成励曾有切身的感受，他说：“《午间半小时》节目强调以情动人。与听众交流首先要在思想内容上与听众产生共鸣，达到一致，而在感情表达上要掌握‘度’。宁可不及，也不要过火。”又说：“我们在言情状物的时候，应考虑听众的接受程度。如果自己沉浸在文章里出不来，忘记了与听众交流，这不是主持人的正常状态……从美学角度看，感情毫不节制地喷发，不如‘厚积而薄发’，含蓄深沉胜过直白浅露。”这样说也并非要主持人严肃而不苟言笑，而是说表情达义时要自然流露，张敛有度。

二、现场评论的技巧

（一）突出评论效用

与传统电视评论不同，新闻评论性节目更多的是进行参与式的评论，这可以通过各界人士和观众的群体参与来共同完成。在报道或评述中，主持人、记者巧妙地激发了观众的参与，通过广泛地参与表达了观点的一致，同时保持了观点的客观性。

但要注意的是，多人参与往往会因不同的个体世界观、人生观、价值观取向不同造成观察问题的角度、深度参差不齐，从而造成结构条理不清的混乱状态，这就迫切要求记者去引导、归纳、点评，将评论效用用一个核心归拢的方式突出出来。

目前，在电视新闻评论性节目中，有意识地增加“评论”的分量已成为电视新闻界的共识。在电视新闻深度报道中，记者很少旗帜鲜明地表明自己的观点，对事实发表议论，更多的是依靠专家、当事人的品评，记者的观点常常蕴涵在对事实的选择和运用中。电视新闻评论性节目则必须在陈述事实的过程中，由记者在必要的地方画龙点睛式地发表议论，加强由事实的过程引出的深邃内涵。

（二）加强评论力度，提高评论技巧

电视评论是以较长时间，就某新闻事实，多侧面地做深入剖析的评论。它有明显的立场、观点，具有较强的指导作用。

最初的电视评论或是采用报纸评论的原稿，或是由播音员播读电视台主编或编辑写好的稿子，缺乏电视传播的特点。近几年，我国电视屏幕上涌现出了一批既有深度又有电视特色的评论，特别是《焦点访谈》这样的评论性栏目的开办和日渐成熟，既树立了电视评论在观众心目中的权威性，又锻炼了一批能够自己

撰稿、自己主持的电视记者队伍，使一批在观众中知名度较高的记者逐渐走向主持人的位置。他们形成了具有“面对面”交流特色的电视评论，权威性和影响力日益扩大。电视新闻成熟的标志——电视新闻作为舆论中心的地位得到了进一步巩固。接下来，我们看一下电视新闻评论主要有哪些要求。

第一，电视新闻评论要切中要害。

切中要害就是要求新闻评论能够有针对性地进行评论，切忌泛泛而谈。电视评论不能直陈观点和思想，不能泛泛地传达、阐述某项政策、某种精神、某一理论，而应选择典型事件，剖析典型事件，通过个别事物引出整体意义，透过事物表象展示其本质内涵。不管主持人评论阐述的主题多么重大，思想多么深刻，内容多么丰富，都要找到一个切入点作新闻由头，这个切入点可以是特定的事实和事件，也可以是某种社会现象。如此，评论才能有的放矢，立论和论证才有说服力。

第二，眼界要宽广，立意要深刻。

加深立意，是我们追求的理想新闻模式。评论立意，即选择主题、确立中心观点，要求记者从全局出发，站在宏观的角度，去辩证地思考新闻事实或现象，找到带有普遍性的东西，并围绕它展开议论。从新闻事实本身出发，引申到事实背后的关系网络、政策法规、根本问题，不是刻意提升或扩大事件，而是深入剖析、挖掘最核心的关键点，就此关键点进行评论。新闻评论想要吸引人，立意一定要深，眼界一定要广，不深不足以触实质，不广不能够观全局。因此，想做好一个电视新闻评论节目，就一定要立意深、眼界广。

（三）论据要切题

论据能否切题，要求论据质量不但要好，而且要能使新闻评论产生说服力，充分证明自己的论点，以让受众心悦诚服。其代表性、典型性尤为重要。

比如，中央电视台2010年7月28日《焦点访谈》播出的《权威解读最新汛情》一期节目，即对2010年6月、7月中国各地频频发生程度严重洪涝灾害进行解读。全国的汛情如何？今年的防汛抗洪措施有哪些特点？下一步防汛形势如何……面对这些大家最关心的问题，怎样才能给观众带来最可靠最权威最及时的汛情情况呢？节目通过采访了国家防汛总秘书长、水利部副部长刘宁，给观众进行最权威的解读。节目中刘宁秘书长全面分析了防汛重点。在回应观众十分关心的三峡工程在这次防汛过程中的作用时，他介绍到，三峡工程发挥了关键性的工作，对上游的来洪进行了调控，使得下游的泄流得到有效控制。为了充分说明这一点，刘宁还提供了几组数据，以更有力地说明通过三峡工程的调控是非常有成效的。其实，通过采访权威的专家，提供最准确的数据信息，这样得出的汛情资讯确实有更强大的说服力，让观众感到节目的真实可靠。

（四）论证要有节奏，有层次

电视评论围绕主题进行多层次、多角度的分析论证，必须逻辑严密、条理清晰、层次分明，这一点对“稍纵即逝”的电视传播尤为重要。电视评论的结构逻辑性强，文字语言具有思辨性，将有助于形成舆论力量。以上文新闻评论《祸起三鹿奶粉》为例，它先以大量相似性新闻事件（即我国众多省份都出现了多名婴儿患上肾结合的事件）引出质疑性问题，并通过卫生部的初部调查结果间接提出论点，然后通过采访相关当事人——患病婴儿的家长，展开了第一层的论证，说明三鹿奶粉确实与婴儿患病有关；再通过采访甘肃省卫生厅新闻发言人、三鹿集团好牛乳业——酒泉好牛乳业食品有限公司董事长、解放军第一医院泌尿外科主任并摆出甘肃省委书记的批示和国务院的决定，展开第二轮论证，婴儿患病事件与三鹿奶粉有关程度还不明确，但党和政府非常关注此事和关心受害家庭。最后，得出了栏目要表达的观点。

（五）表达与表现方式追求多媒体化

电视评论使表达能够多媒体化，加深形象性和力度。现在的新闻评论节目，非常注重现场采访与演播室评论相结合，运用外接连线、同期声、解说等多种方式，使节目更有现场感和节奏感。多方言论，使节目更加生动，更加引人入胜。

一般说来，新闻评论性栏目的主持人需要有记者的意识和头脑，中国人民大学新闻学院展江同志曾经对美国三大广播电视网——哥伦比亚广播公司（CBS）、全国广播公司（NBC）和美国广播公司（ABC）最重要的新闻节目中的15位著名主持人基本素质，特别是他们成为主持人之前的新闻工作经历进行了研究，发现15人做记者（编辑）的时间平均在20年以上，特别是CBS的克朗凯特和丹·拉瑟都曾经在报纸、电台做过记者，并且都有过多年的驻外记者经历。正是凭借自己的学识修养、创作才能、敏锐的洞察力，他们驾驭着《60分钟》一步步走向成熟，使之成为世界知名的新闻节目。在中国电视屏幕上，水均益、白岩松、董倩等人就是随着电视新闻评论性栏目的不断成熟而成长起来的，特别是近几年，《东方时空》、《焦点访谈》、《新闻会客厅》等栏目的巨大成功使他们通过荧屏走进了普通百姓家。他们对重大新闻事件、社会问题的报道和评述，给人们以成熟的记者形象，栏目也因主持人所展现的魅力而更具权威性。电视新闻评论性节目与优秀主持人的“名人效应”形成了互动，大大提高了栏目的社会影响力。

电视新闻评论和名牌主持人之间的积极互动，在大幅度提高栏目整体影响力和权威性的同时，也使主持人的魅力得以展现，反过来促进栏目的进一步向前发展，并产生了“名人效应”。

总而言之，主持人的评论不能离开节目的主旨和方针，要与节目风格相一致，这样才能将现场评论的质量提高，才能发挥主持人的艺术魅力。

三、驾驭主持的心态

无论是采访领导、专家、名人，还是普通的平民百姓，所提出的问题、谈话的内容都必须是受众关心的感兴趣的。主持人要尽最大努力使访谈内容在受众中不知不觉地产生共鸣。实践证明，主持人有情有义才能心系受众。

当今美国名主持人查理·罗斯和拉里·金的成功之道是，不向被采访人提出过于尖锐的问题，而是设法从谈话中引出一些观众爱往下听的话题。罗斯特别善于在节目中不时地用重复提高的方式把对话引回到某个重要而使观众产生兴趣的话题上。“你是不是说……”“你的意思是……”他常借助这种提问手法，使自己在访谈过程中掌握主动权。被认为最能干的美国新闻访谈节目主持人泰德·考佩尔则认为，新闻访谈“最重要原则是使观众与你息息相通”。就是说主持人应知道观众在看你主持的节目过程中在想些什么，以及下一步会期望你把访谈向何处引导。

比如中央电视台经济频道的早间节目——《第一时间》，着力营造早间的“氛围”——轻松、温暖、明快、向上和早间的“味道”——经济味、早间味、人情味，传承节目民生定位、民生视角，富有亲和力的早间语态。在创新节目包装、新闻的处理方式和表达上，希望打造中国人的民生资讯早餐，意在尽量贴近观众的收看心态。

总而言之，新闻主持人节目要从内容和形式两个方面着力体现受众意识。内容上要注重新闻性与贴近性的结合，要在“新”字上寻找选题，报道受众应知而未知欲知的新闻、新人、新事、新方向、新趋势；要注重贴近性、针对性，报道群众关心的感兴趣的热门话题、热点新闻。形式上要采用平民化的表现手法，以群众眼光看待问题，要选好新闻报道的角度，要从群众的角度去报道；在平凡经历中去发掘闪光点，使其具有普遍意义。总之，主持人要处处心系观众、听众，“以平常心去体味，以平常话去表达”，主持的节目才能受到群众喜爱。

《焦点访谈》的主持人敬一丹对此有深刻的体会，且看她的一段精辟叙述：“我经常谈的是经济话题，我对自己有一个要求：经济话题由我来谈，不能把话题说得像经济专家，求深度，让观众觉得很艰涩；而要以平常心去体味，以平常话去表达，深入浅出，找到贴近观众的切入点。”

受众理念应深入到新闻主持人内心，要“以平常心去体味，以平常话去表达”，要“经常与观众站在同一起点上”，“找准贴近观众的切入点”，这是受众意识的集中的高度的体现，对新闻主持人如何增强受众意识、受众观念颇有启发。

第三节　主持人新闻传播意识的张扬与驾驭

一、尽显个人魅力，理性引导受众

节目主持人的个人魅力可以直接对受众产生引导作用，因此主持人要发扬自己的个人魅力，理性地引导受众。在主持节目中，要把叙事、说理与权威人士的评说相结合，把群体参与的众多话题、观点与点评引导有机结合，以期达到逐步取得共识之目的。这就需要主持人反应灵敏，应变能力强，具有驾驭控制节目的能力。

新闻评论类主持人节目直播前与直播运作之中分别是静态与动态的过程，前者可以按部就班地完成，后者则需要程序进展、素材运用和听众的交流与嘉宾的配合等。嘉宾是否发挥自如？听众参与水平的高低？时间掌控、论点引导是否顺利？这些都在千变万化之中，需要灵活应变。要求主持人要全局在胸，随机而动，灵活引导，按计划完成预定目标。例如，中央电视台的《小崔说事》等节目。这种形式中，嘉宾与主持人一起引导节目进程，推动节目发展。这种形式多以主持人和嘉宾的谈话贯穿始终，主持人和嘉宾进行讨论，使节目产生一种亲切的交流感和现场感，显得亲切自然，容易让荧屏前的观众产生一种身临其境的参与感。主持人在与嘉宾的对话中引导话题逐步深入，最后达到问题的本质，让嘉宾和观众的心灵受到某种启迪和震撼。这种形式的节目，对主持人的知识素养、驾驭现场能力和引导能力有较高的要求。这种方式中，主持人与嘉宾的对话都看似即兴而发，因此即使有时表现得不太协调，观众也可以理解和接受，很少责难和苛求。

主持人既串联节目，又代表观众向嘉宾提出问题，引导节目进程；嘉宾既回答主持人的提问，参与节目进程，同时也作为观众代表反问主持人一些问题。因而这对主持人的知识素养、驾驭现场的能力有较高的要求，主持人也有较充裕的时间来展示自己的才华和机敏。例如，沈阳市推行市民公德“八不”，即“不随地吐痰、不乱扔垃圾、不损坏公物、不破坏绿化、不乱贴乱挂、不乱穿马路、不在公共场所吸烟、不说粗话脏话”。记者先期在街头采回一些音响素材，安排在《午间热线》节目中播出，并设立话题：“‘八不’难做到吗?”其实这“八不”是每个公民应该遵循的起码的行为规范。但话题公布后，热线电话接连不断，听众情绪激动。这些情绪，似乎偏离了话题的主题——“‘八不’难做到吗?”针对这种情况，主持人采取迂回引导和侧面引导的方法，把听众的注意力慢慢地巧妙地拉回正题上来，拉到从每个人自身做起有没有可能，说明推行市民公德“八不”是不难做到的。

主持人要做到游刃有余地驾驭节目应具备以下条件：

要有牢固的喉舌意识、导向意识和坚强的党性，始终要以正确的舆论引导人，正确把握好舆论导向，弘扬主旋律；

要有较高的马列主义理论水平和分析判断是非的能力；

要富有正义感、同情心，敢于说真话，坚持真理；

要敢说敢做，拥有对人民对社会负责的职业道德；

要有高度的社会责任感、时代使命感，成为党、政府和群众之间的桥梁；

要有灵敏的新闻嗅觉和娴熟的宣传艺术；

要具有丰富的知识底蕴和一定的专业知识；

要思维敏捷，具有快速的应变能力；

要讲标准的普通话，有较强的口头表达能力。

二、诚信为本，赢得受众

主持人要以诚信为本，这样才能赢得受众，主持人要清楚作为媒体成员应该怎样才能取得受众的信任。

首先，主持人要向受众提供货真价实的新闻。这种信任感来自新闻媒体的信念——真实是新闻的生命，来自新闻媒体与受众的默契——我所提供的、你所获得的都是真实的新闻，来自新闻主持人真诚面对受众的态度，这种信任感是新闻媒体生存的根本，是新闻主持人立足的根本。

其次，主持人应向受众提供与众不同的新闻。这种信任感来自主持人超人的能力，来自新闻媒体的实力。这种信任感将明星主持人与普通主持人区别开来。明星主持人的超人能力往往直接决定受众对主持人的信任度，从而直接影响受众对主持人的支持率。因此，培养受众对主持人信任感的决定性因素是主持人的态度与主持人的能力。

受众对主持人的信任感不是一朝一夕形成的，而是逐渐培养起来的。主持人在演播室发表精彩的时事评论培养了受众对其分析思考能力的信任；主持人在演播室对嘉宾或现场观众从容自如的采访培养了受众对主持人的组织控制能力、人际沟通能力、话题驾驭能力的信任；主持人在新闻现场精彩迭出的采访报道培养了受众对主持人的新闻背景运用能力、现场观察能力、现场反应能力的信任。可见，受众对主持人的信任感是靠主持人的实力而不是权力换来的，因此是非强制性的。

以人类第一次登月的实况报道为例。在这次报道中，克朗凯特以扎实的现场报道击败了对手，再一次向观众展示了 CBS 的实力。作为 CBS 登月报道的总主持人，克朗凯特对 1969 年 7 月“阿波罗 11 号”宇宙飞船登月的实况报道倾注了巨大的热情和心血。他做了大量的调查研究，摘录汇总的有关情况写满了厚厚的笔记本。公司十分看重这些材料的价值，将克朗凯特的笔记本复印多份，发给参与登月报道的所有编辑人员。他对这次航天计划的每一个细节都了如指掌。在宇航员阿姆斯特朗和奥尔德林实施登月计划期间，CBS 连续报道了整整 30 个小时，克朗凯特以惊人的毅力一直坚守岗位，只有 3 个小时不在。对航天科学知识的熟悉使他能够对复杂的技术原理作深入浅出、通俗易懂、生动有趣的解释，以至于观众认为他也是航天专家。其他电视网的新闻节目主持人却厌烦这一报道的技术性太强，只是念念报纸摘要敷衍了事。克朗凯特滔滔不绝、精彩绝伦的报道演讲，几乎倾倒了全美国的观众，也吸引了全世界几亿双关注的眼睛，进一步提高了他在人们心目中作为国家守护神和护卫者的形象。克朗凯特先前通过五年艰苦的努力稳定了 CBS 新闻的收视率，登月报道又一次强化了观众对克朗凯特的信任感，强化了克朗凯特作为美国新闻权威的形象。是受众的信任感奠定了主持人成为新闻权威的基础。没有信任感就没有权威感。

三、亲切自然、真诚平和、团结受众

主持人要做到轻松自如地驾驭节目还必须做到亲切自然、真诚平和。如《鲁豫有约》的节目主持人陈鲁豫，就给观众一种邻家女子、亲和的感觉。她说话温柔，更像聊天，她的访谈感性，富有感情。陈鲁豫在采访过程中，一般像一个恬静的晚辈或朋友，仔细地聆听经历人生风风雨雨的前辈对已经飘逝的过去的追忆。几乎每一集中，陈鲁豫的眼神都表现得异常专注，听到动情与激动处，泪水盈眶，神情感伤。她的提问舒缓亲切，似乎仅仅是帮助受访者回忆过去，找寻历史。因此，陈鲁豫的提问带有较强的故事性或情节性。采访中，主持人陈鲁豫很少有很“正式”的提问，这种看似“拉家常”的谈话方式却能引发嘉宾的热情表达。

《鲁豫有约》的采访更像个表演舞台，中间一个黄色大沙发，为主持人和嘉宾准备，场下是300多名观众。节目组试图设计出一个亲切热情的谈话气场。有时为了调动谈话现场的气氛，主持人陈鲁豫在采访开始前，通常会对着下面的观众问：“你们觉得他帅吗?”“帅!”整个现场的气氛立刻被调动起来。这种气氛会给人的意识、思维活动和一般的心理状态带来某种强烈感和刺激。

主持人与受众之间形成了怎样的关系模式取决于媒体的性质和风格。比如说当媒体与受众之间的关系被设定为“父子”关系时，主持人会自觉不自觉地表现出居高临下，而当媒体与受众之间的关系被设定为成人之间的朋友关系时，主持人会自觉地用平等口吻对待受众。广播电视几十年的实践表明，后一种模式更成功。早在“默罗时代”，美国就开始强调电视的“个性”应当给人温暖感、愉悦感、亲切感，新闻节目和包括政治性节目在内的其他节目都应当体现这种“个性”。英国独立电视新闻（ITN）重点节目《十点新闻》主持人特雷弗·麦克唐纳认为，该节目最重要的指导思想是新闻“既不能狂妄自大，又不能太一本正经”。

欧美一些电视新闻节目的演播室按客厅或书房的风格设计，并配以温暖的色调，与观众夜晚在家里看电视的情景很相似，给观众较强的放松感、温馨感。在CBS新闻杂志《48小时》节目中，主持人丹·拉瑟经常在仅使用台灯或壁灯的“书房”里向观众讲述“今天的故事”，整个“书房”充满暖意。英国BBC第一套节目的《6点新闻》是该台的黄金时间“新闻联播”，这档新闻的演播室用红色地毯、椭圆形原色木桌、暖色调射灯等使人联想到“柔和”、“温馨”等愉快的词汇。《6点新闻》主持人赫·爱德华是BBC最受观众欢迎的主持人，适当的化妆使他在外形上酷似最让英国妇女心动的美国电视明星乔治·克鲁尼，他赢得了“家庭主妇的选择”的称号，和蔼可亲的样子和威尔士口音都帮了他的忙，因为在人们的印象中，威尔士人温和而富有情感。20世纪90年代末，英国掀起了“为电视新闻换张面孔”的改版热。英国两档主要的夜间新闻分析节目都在1999年1月改版。一档是BBC的《新闻之夜》（Newsnight），另一档是《四频道新闻》（Channel4 News）。《新闻之夜》改版的最重要理念是在演播室创造一种夜晚的温暖感、温馨感，于是，原来的主色调蓝色换成了青绿色和褐红色，明亮的灯光降低了亮度（调查表明观众不喜欢从前明亮的灯光和颜色），主持人的光亮的黑色工作台也已经被不规则五边形木面桌取代，栏目名称以紫色为背景重新用细线书写。据《泰晤士报》1999年1月6日报道，演播室的改革产生了积极的效果，观众青睐电视新闻的新形象，收看《新闻之夜》的观众从110万增加到了140万人。改版后的《四频道新闻》色彩更加现代，布景不再那么正式，为非正式访谈准备了紫色的沙发，主持人可以在演播室自由走动，有时候还可以走到新闻部的工作区，该节目的主持人彼得·斯诺说：“我可以更自然，更像我自己。”

新闻节目主持人出场传播应在受众中产生这样的心理感受：你追求真理、捍卫正义，我尊敬你；你说真话、道实情，我信任你；你提供权威信息、做出权威论断，我佩服你；你露出笑脸、捧出真心，我喜欢你。这一切心理感受的最终效果是：我是你忠实的受众，我支持你。

四、树立新闻媒体权威

媒体总是代表一定的立场，因此媒体必须具有权威性。这种权威性与行政命令的权威性不同，媒体具有由威信带来的非强制力的影响力。比较而言，受者接受行政命令的权威性有较强的被动性，而接受新闻媒体的权威性却有较强的主动性，因为受者无法选择前者却可以选择后者。非强制性权威需要更长时间培养，其影响也更为深远。以新闻节目主持人为代表的新闻媒体不是凭借权力而是凭借可靠的、高质量的信息获得人们的尊敬。

主持人一定要树立起新闻权威吗？

首先，媒体的权威性是由受众的要求决定的。一方面，环境变化的无限性与人们实际活动范围的有限性的矛盾，使当代人越来越依赖媒体所提供的信息了解自己的生存环境甚至做出决策。另一方面，信息渠道与信息量增加的无限性与人们实际可用于获取信息的精力与财力的有限性的矛盾，使人们对权威信息来源的需要成为现实。最权威的信息来源必将获得最高的支持率。

其次，一个媒体是否具有权威性乃是最有力的竞争要素。虽然新闻权威的影响深远，它会变为一种心理定势左右受众的收视行为，但新闻权威的非强制性决定了这种权威的可替代性、决定了超越现有权威、建立新权威的可能性。这又刺激了媒体之间争夺权威地位的竞争。如今，以互联网为象征的新媒体与传统媒体的较量增加了媒体竞争的复杂性与激烈性，竞争的结果是谁将保持原有的权威性、谁将成为新的权威。虽然“小众化”的市场分化趋势使垄断权威成为媒体越来越难以实现的梦想，但是，成为权威仍然是媒体孜孜以求的目标和奋斗的动力。

第三，通过建立主持人权威来震慑受众。主持人的权威感可以透过庄重的服饰、坚定的眼神、严肃的表情、深沉的语调、播音环境的营造等方式体现出来，但这些只是权威感的“外衣”。权威感的真正内核是受众对主持人节目长期的指向性选择所产生的对主持人的信任感、尊敬感。对新闻节目主持人而言，权威感可以说是最高境界的信任感。受众一旦认可了主持人的新闻权威地位，就会因为信任主持人而信任他所提供的信息。主持人的权威感又能强化受众选择的指向性，为支持率的良性发展提供保障。媒体争夺明星主持人的根本目的就是为了赢得主持人的权威效应，因为他们的权威性无疑直接关系到新闻媒体的权威性，正所谓“名人效应”。

第六章 谈话节目的驾驭艺术

第一节 谈话节目的总体驾驭

对于现在的观众而言，哪类电视节目才能抓住他们的视线呢？在晚会热、电视剧热、纪录片热之后，有人预言会是电视谈话节目热，像欧美的“talk show”。谈话节目，国内电视观众对它并不陌生，从20世纪60年代的《电视台的客人》开始，类似于谈话节目的形形色色的座谈屡见不鲜。1992年以后，一些电视台先后开办了演播室或直播室节目，把现代意义的电视谈话节目展示给观众，此类节目一出现就深得观众的喜爱，其中中央电视台1996年开播的《实话实说》更使谈话节目呈现出如火如荼的态势。《实话实说》开播以后，从中央到地方，各地电视台纷纷效仿，先后推出自己的电视谈话节目，如上海电视台的《有话大家说》，湖南电视台的《有话好说》、《财富大家》、《真情》，天津电视台的《时代智商》，等等。还有国内较早开设的谈话节目《12演播室》，也曾制作了一批广为青年观众喜爱的节目，为谈话节目的发展在选题和形式上积累了经验。

谈话类主持人节目有其特定的概念与内涵，它是指通过一种人与人之间自然亲切的交谈方式来实现大众传播的特定功能的节目形态。谈话节目集人际传播与大众传播的优势于一身，能较好地体现广播电视传媒的优势。本节将就如何提高谈话节目的主持艺术、谈话节目主持人应掌握哪些方法技巧做专门探讨。

一、谈话节目的类型

（一）互动型

它的典型形态就是开通热线电话，让听众就某一话题发表见解，整个节目大时段，基本没有栏目切换。所谈的可以是任何听众关心的话题，在家庭氛围中谈起的话题大部分都可以在这类节目谈起。

（二）板块型

一般是多功能的，当然也有单一功能但多栏目设置的。如中央电视台《第一时间·读报》就是综合板块节目中的一个话题栏目。这类话题的特点有：一是节奏较紧凑；二是指向明确，信息比较密集；三是其听众基本上比较专注收听；四是其话题以新闻性、社会性、专门服务性的为多。

（三）服务型

这类节目有开通热线的，也有不开通热线而在演播间交谈的，但均在深夜播出，以为听众需求提供服务为宗旨。这一类节目比较典型的有两种：一种是热线倾谈节目，也有人叫它热线谈心节目；另一种就是专家咨询节目，有开通热线交谈的，也有不开通热线而以演播间交谈为主的板块节目。

（四）交谈型

这一类节目在广播谈话类主持人节目中占有相当大的比重，特别是在文艺台、交通台等专业台的节目中为数更多。它的特点是谈话内容比较轻松，节目形式比较活泼，将教化功能与娱乐功能、服务功能有机地融为一体，话题主要是人生方面的，另外还有知识传授性的话题和服务性的内容。

二、谈话节目的形式

谈话人（包括特邀嘉宾、现场观众）在演播室里，就某一主题在主持人的引导下阐述和讨论观点的节目，就是谈话节目。主持人与谈话人是节目的成员，问题与观点构成节目的内容。从表现形式上可分为四类：侃谈式、辩论式、访谈式、综合式。

（一）侃谈式

即主持人邀请不同身份特点的嘉宾在演播室内各抒己见。其特点是沟通、交流、协商，气氛轻松。此形式适于讨论人们普遍关注又无尖锐分歧，期望深入探讨以求达成共识的问题，比如一些文化热点、新潮时尚等。

（二）辩论式

即谈话人的观点会出现明显的分歧，主持人以客观的态度引导各方充分论述。其特点是紧张、冲突、辩驳、求胜。适于讨论社会问题、生活难题。

（三）访谈式

类似于专题采访，是主持人持自己观点与访谈对象一对一地交流探讨。不过不同之处是主持人不但有问也要有评，应有自己的论点和见解。其特点是简明、深刻。适于就某问题与权威人士或专家探讨、解析、评述。

（四）综合式

交替综合使用各种丰富的电视手段，以求谈话节目立体化、多色彩。其特点是丰富、活泼、谐趣、流畅。适于谈论轻松有趣的生活类话题。

另外根据播出形式又可分为录播与直播，它们各有利弊，应根据节目需要具体分析选择。

三、谈话节目的优势与特点

（一）互动传播，双向交流

主持人与特邀嘉宾、现场观众和被采访对象构成了一个很好的谈话现场，共同营造了现场谈话氛围。因为这是一种面对面的双向交流，所以互动性强，而且所谈的话题均是在互相讨论乃至辩论的过程中完成的。彼此是一种双向的互动传播，不是简单的一问一答。在这个过程中大家相互交流、影响、启发、激励。传播学理论认为：传播不仅仅是传播者向受传者传递信息的单向过程，而是具有信息交流的双向性质，传播者、受传者总是处在互动之中。传播者、受传者的角色是互相转换的。

那么，谈话节目里的互动性与双向交流性是怎样的呢？让我们来看看《对话·女人经商》里的主持人对羽西化妆品公司副总裁靳羽西、伊士曼柯达公司全球副总裁叶莺进行这样一段对话交流。

主持人：羽西也特别同意，有梦就一定要去追。

靳羽西：没有梦的人是多没意思啊。

主持人：所以你觉得叶女士是一个有意思的人？

靳羽西：我感觉她特别有意思。

主持人：特别有意思。其实有意思的还在后面呢，1997 年的时候，我们看到您又跳了，这次又有了新的选择，跳到了柯达公司。

叶　莺：进入柯达公司，实在并不是我的生命旅程当中曾经计划的一件事情。

……

主持人：其实每次，当叶莺女士回头看的时候，她都不后悔，如果羽西是你，在经历过她那么多次的选择的话，你会怎么来看待自己每一次的选择。

靳羽西：我做的每一件事，都是我自己主动地去做选择，我做选择的时候，机遇应该是一个原因，但是这个不是最重要的原因，对我来说最重要的问题就是，我问我自己有没有才能去做这个工作。

主持人：这个问题我还是帮你问叶莺，你到柯达的时候，有没有像靳羽西这样想说，我有没有才能能够承担起这样一份工作，柯达看中你的是什么？

叶　莺：说实在的，我从来没有去想过，我有没有这个才能来做这件事情，就是决定去做了，至于柯达看上我的是什么，我觉得那个不是很重要的，我觉得重要的是我看上柯达什么，它跟我之间有什么共同的东西。因为，看上我的人……

……

主持人：没有痛苦，有没有人，现场有没有曾经在选择面前遭遇过痛苦的，把你的痛苦告诉我，这位小姐。

观　众：我想问一下叶莺女士，我现在就面临着这样一个选择，我朋友有一个很好的企业，他希望我能过去，我现在从事的是IT行业，但是这个行业跟我这IT业是隔行的，还有一个就是，他给了我一些许诺，包括职位和报酬，那么我现在面临的选择就是，一个是我现在的年龄，我觉得好像已经到了禁飞区了，就是，家庭也会（反对），比如父母或者爱人他也会说，三十多岁的女人了你还蹦跶什么呀，然后孩子还小，那么来自父母的压力就是说，你有孩子、你有房子的贷款各个方面的压力。我自己喜欢挑战，但是我又害怕震荡的这种心理，因为它有很多风险，跨行业的这种不熟悉的风险以及未来的许诺，它是不是现实的东西，所以我就不知道，叶女士，在你选择的时候，有没有来自这方面的这种心理上的震荡和压力？还有这种社会和家庭责任的这种压力？

听完主持人与两位不同人生经历的“成功女人”嘉宾的对话，每个观众必然会做出不同反应，引发场内外观众的众多思考。女人经商是好是坏，主持人不下定论，而是与嘉宾谈、与观众互动来得到答案。与单向的灌输相比显然这种互动的双向交流、三方对话的传播效果要好得多。

（二）个性突出，思辨性强

谈话节目的话题要有争论性、对抗性，以针锋相对的观点来进行激烈辩论才是谈话节目的本色。要选择与人们生活紧密相连、贴近生活的话题，来吸引听众、观众的注意力，但同时注意话题又必须在家庭、社会等范围内存在矛盾和困惑，这样才能引起人们激烈讨论，各抒己见。因而谈话节目话题的生命力取决于以下两点：其一，选题是否紧扣人们既关注又困惑的现实生活问题或社会问题；其二，讨论的深度是否达到了令人有所感悟并消除或减少困惑的程度。这就要求策划者和主持人不仅要会提出问题，还要会组织讨论，对所讨论的主题有深层次的把握，以使所提出的问题能得出较高水平的结论。

谈话节目顾名思义要突出“谈”、“说”、“聊”，忌播、念、读。它为嘉宾、现场观众提供了一个说话的场所，作为主持人要“鼓励人们说话和说实话”，要学会耐心倾听别人说话。

谈话节目贵在给现场注入一种生活化的气息，营造真实的轻松的谈话氛围。正如崔永元所说：“正常的谈话有很多种，我选择的是心平气和、和风细雨式的。虽然两个人的观点相反，但并不妨碍他们做朋友，这就叫正常的谈话。好的谈话是一种享受。我不希望在谈话现场有崇拜，我与嘉宾是完全平等的关系。正常的谈话要求用平时习惯的语言说话。节目的策划设计也要符合正常谈话的逻辑、脉络。”

谈话节目中每个主持人都会有属于自己的风格，就好像生活中的每个人都有不同的个性特点一样。谈话节目主持人也是一个真实的普通的人，切忌模仿他人，贵在表现自我本色。当有人向崔永元问起谈话节目主持人有没有风格时，他说：“我认为所谓风格就是你自己，节目中的人和生活中的人没有不同，否则就有装饰成分。强调个性、自我，可能会有缺点，但这些缺点也可以当做特点来看。谈话节目要塑造一个真实主持人的形象，这个形象与一个普通人没有区别。”

（三）真实可靠，平民本色

谈话节目将真实性视为灵魂和生命。首先要确保事实的真实和传播的真实。特邀嘉宾、现场观众、主持人都要实话实说，忌说假话、空话、套话；还要真实地传播，即谈话过程要真实，指不可重复，不可预先排练，要一气呵成。要防止嘉宾、观众彼此认识，预先沟通观点。唯有真实的话语，真实的说话过程（不重复），真实的人和事，才能在荧屏上、话筒前呈现正常状态下的交谈，才能真正实现情感和观点的真诚交流，也才会以感人的力量赢得受众。

从思维方式看，主持人要突破“编导”节目的思维模式，树立起“还自身和对方以真实状态”的节目理念，从而体现节目的真实性。主持人最忌端起架子说话，要以一个普通人的形象出现，用自己平时习惯的方式谈话，在谈话过程中要真诚、坦诚，既不要去追求自身的高大完美而影响彼此交谈，也不要去模仿他人，而是让对方以平常心态和主持人平等交谈，这样才能取得良好的传播效果。

平民性是谈话节目的价值追求和审美追求。所谈的话题应是贴近生活实际的热门话题，易为老百姓接受。在节目进行过程中，要让参与者持自己的观点，就热门话题来展开激烈的讨论，主持人不要主观地用自己的想法来引导谈话，应该让场内外观众听众去做出自己的判断，同时要注意的是内容一定要蕴藏着时代气息。节目创作人员要始终把审美的目光注视着当前的改革现实，要防止它成为专家论坛，专家可以坐在观众席上作为主要观众，适当的时候可以发表意见。因此，应该坚持如下原则：一不是官方论坛，二不是专家论坛，三是谈话过程主要由老百姓去完成。

凡谈话节目都应该有听众观众参与。广播谈话节目听众可以通过热线电话参与讨论，发表意见；电视谈话节目，除特邀嘉宾外，凡现场观众都可参与讨论。目前的不足是，节目参与者大都是事先指定的人选，人们更希望现场观众自由参与，这样谈话气氛更热烈。谈话节目作为一个电视栏目，给了每个人一个平等表达自己思想的权力，体现了另一种思维方式和一种人文关怀，所以说演播室要具备客厅一样的谈话气氛，让每个人能在这里很好地表达自己。

四、谈话节目的具体操作

谈话节目不是一般的闲聊神侃，它有其复杂的运作过程和自身的规范。要把握好它的一个大概步骤：

（一）选择一个恰当的话题

既然是谈话节目，话题的设置显然是制作节目的根本和核心，在很大程度上，话题的选择决定了谈话节目的成功与否。因而，谈话节目的话题必须有吸引力，有可谈性，既为人们普遍关注，又有深刻的内涵；既可生动有趣地谈论，各种论点又都能给人启示。话题设置并非直接把某个问题拿出来讨论，如何立论设题是关键。好的谈话节目的话题在选择切入点上都注意到集中而扩展面丰富。在设题方法上也有一定的灵活性，为使话题可说、能说、好说，有一基本方法可参考，即社会问题文化化、文化问题生活化、生活问题理念化。也就是把复杂的社会问题置于文化背景上，把深奥的文化问题化为具体的生活现象，把具体的生活问题概括为种种理念，或避实就虚或避虚就实，以达到我们设题谈论的目的。

文章的特色在于著文的立意、角度和写法，这在话题的选择和设置中也是一样的，在你选择论点、讲述时，既要注意它的规律性，又要灵活巧思。

（二）选择一个合适的嘉宾

话题设置是编辑部门的主要工作，但也不要忽略了嘉宾的选择，因为谈话节目是靠主持人、嘉宾、现场观众共同完成的，嘉宾的选择无疑很有份量。节目是否谈得生动、活泼、简洁、深刻，这也取决于嘉宾是否心中有数、言之有物。除非必须选择的当事人或绝对权威，有四类人可作选择嘉宾的参考：

第一，以专业性强选择嘉宾。因为其研究成果和学术威望以及社会地位足以令人信服，其观点往往有独特性、权威性，在节目中可担当阐述、解释和总结的任务。

第二，以人文内涵选择嘉宾。此类人一般有丰富的社会阅历和广泛的生活素材，往往可以以例服人，在节目中可担当补充实例、典型评论的任务。

第三，以主流意识选择嘉宾。此类嘉宾的知名度和社会威望会有一定的感召力，常常会使观众“以貌取人”，增加信任感或增加兴趣。

第四，以表达水平选择嘉宾。此类嘉宾能言善辩、灵活风趣，可增加节目的趣味性、吸引力。

对于电视节目来说，新鲜感是很重要的。要避免选用一些“职业侃爷”，观众希望看到一些新面孔，听到一些新言论。这就要求编导、主持人要广交朋友，了解各类人物的不同特长，把握好每期嘉宾的选择。

（三）确定现场的参与观众

现场观众在谈话节目中的作用不同于其他类型节目的观众。他们是各种观点的接受者，但他们的反应又可刺激现场嘉宾的观点。没有现场观众的谈话节目类似于“空谈”，应选择有参与热情、理解力强、表现欲强的观众。

（四）采用灵活多样的访谈形式

谈话节目虽以谈话为主，但也并非一侃到底，有研究表明，听觉的舒适度在 3 分钟内，视觉的舒适度在 7 分钟内，过了此限度就容易疲劳。在实际操作中也发现，时长 30 分钟的节目，在 12 分钟到 13 分钟时就容易涣散，此时若以各种手段突破一下，反而更容易集中注意力继续谈。所以说在节目过程中应灵活运用丰富多彩的电视手段为谈话服务。在谈话节目中将嘉宾谈话、外景采访、现场游戏、音乐电视、片花隔段等综合运用，会丰富表现力，增强吸引力。

（五）确保录制设备准备到位

在演播室内要设法消除谈话人的紧张和顾忌，使其能够自然发挥。嘉宾的顾忌大概来自镜头和话筒，因而谈话节目的机位与话筒设置尽可能不要给嘉宾以精神负担。机位应相对固定，尽可能不在嘉宾面前晃来晃去，并用长焦抓拍为好。话筒也以纽扣式为好，让人忘了话筒的存在而可以脱口而出。当然观众席上的话筒必不可少，以备随时录入观众的反映，切不可为了声音的“干净”而省略了观众情绪的反映。

五、谈话节目对主持人的要求

在我国谈话节目的实践中，正反两方面的例子都让人们认识到这样一个事实：虽然谈话节目特别是电视谈话节目是节目制作群体通力合作的成果，但是由于即兴谈话的不可预知性、主持人在谈话中的引导、控制作用，无不清楚地说明主持人在谈话节目中的核心地位和灵魂作用，因此有人说，“谈话节目是真正意义上的主持人节目”。从主持人的基本素质、文化积累、生活阅历、人生感悟，到敬业精神，到前期投入，直至现场主持，都会给节目带来重要的影响。有些电台、电视台谈话节目一哄而起，找个伶牙俐齿、能言善辩的就上，有些涉世未深的年轻女孩捧几本“人生格言”、“人生指南”之类的书就在节目中给人“指点迷津”开起了药方、当起了“救世主”，这实在是谈话节目主持人的一大误区。主持人的驾驭主持不加掩饰、无可逃遁地映射出主持人的自身素质和人格品性，同时更使人意识到主持人在前期准备阶段投入的重要意义。

“脱口秀”来自于美国的“talk show”，颇有出口成章之意。无论名称如何，语言表达是此类节目的主干。在主持谈话节目时，主持人能够有更大的空间去发挥自己的个性和才能，去娴熟地驾驭节目。从某种意义上讲，谈话节目是主持人节目走向成熟的标志，所以谈话节目要求主持人有很强的驾驭节目主题的能力、机敏的反应能力、娴熟的语言表达能力。

（一）思维缜密、活跃是主持人的首要素质

仔细分析主题的内涵实质、递进层次、轻重虚实、特点意义；分析主题的表象与背景、涉及的层面，从政治、经济、心理、社会等学科的切入点如何分析评论，从而理出主持人的基本思路。明晰思路之后要制定基本的谈话层次，如何开头，分几层展开，如何结尾。

（二）主持人要有调度和驾驭能力，做到与嘉宾和受众和谐统一

为了保证嘉宾对谈话内容的新鲜感，在正式谈话时不要“彩排”谈话内容。但与嘉宾受众的磨合却是必不可少的，这对节目而言具有很重要的意义。与嘉

宾、受众磨合的目的在于沟通思想，让嘉宾领会谈话主旨，同时进一步了解所邀嘉宾对话题关注把握的程度、思维特点、语言表达能力等。此所谓“知己知彼，百战不殆”。

（三）主持人要有较强的口语表达和归纳总结能力

在认真仔细的案头准备之后，演播录制阶段主持人最重要的是在保持轻松缓和的情绪的同时，又要让大脑处于兴奋的状态，能够做出机敏的反应。演播时应该“棋看三步”，当提出一个准备好的问题，嘉宾稍答出主要思想，即参考嘉宾的思路提出第二个能使嘉宾全部展示观点或深层评述的问题，然后再提出既能引发思考并能往下过渡的问题。如此提前几分钟准备问题，给自己创造主动权。

电视谈话节目是以语言表现为主的，它的声画同步、现场直播使其比广播、报纸更能满足人们平等参与的愿望，这也是观众喜欢它的原因。随着社会的进步，政治上将更加民主化，社会也更工业化，生活也将全面现代化，人们遇到更多的社会、经济、文化、心理等等问题想说、要说，甚至不吐不快，电视谈话节目便为人们提供了一个释放自我的机会，而它自身也在朝着自己的方向逐步发展。

第二节　谈话节目驾驭的基本原则

一、做一个优秀的倾听者

主持人虽然是谈话节目的核心，但是节目主持人不仅要懂得把握重心，而且要学会做一个优秀的倾听者，这样才能将谈话节目主持好。因为，谈话节目是由互动交谈构成的，只有谈论双方均有诉听的机会，节目才能生动活泼。

（一）主持人要真诚地倾听嘉宾的讲话

这种真诚的心态是主持人工作的前提。在公众社会里，真诚是一个人赢得信任和尊敬的最关键因素，也是信誉和形象的基础。对主持人而言，更是如此。据调查，大多数观众对主持人的第一要求是真诚。他们认为，主持人与观众的交流应该是发自内心的，是充满真诚的，而不是逢场作戏、曲意逢迎。我国著名节目主持人沈力说：“电视艺术是家庭艺术，那么作为电视节目主持人，就应该成为电视观众家里的客人，成为观众的朋友。我常想，朋友之间最珍贵的是什么？是真挚的感情，能够平等相待、相互尊重和信任。”中央电视台的某位主持人也曾坦言：“对于主持人来讲，最大的技巧莫过于善良和真诚。”《今日说法》的主持人撒贝宁，也毫不掩饰地说道：“真诚是我之所以讨人喜欢的诀窍。”杨澜在总结美国著名黑人女主持奥普拉成功的原因时也发现，她成功的秘诀其实就是与观众真诚的感觉交流。可见，真诚的心态对于主持人来说是多么的重要。

（二）主持人要用心倾听来自嘉宾及现场观众的声音

谈话过程中存在各种分散注意力的消极因素。这些消极因素从客观上讲有环境噪音等的干扰，从主观上讲，有紧张等造成的影响。解决问题的办法就是在谈话过程中，主持人集中精力，积极认真地倾听，同时努力克服各种消极因素。主持人摆脱这些消极因素，头脑冷静，精神集中，态度认真地专心倾听来自嘉宾及现场观众的声音，把对方的话全部听进去是节目成功的前提。

只是专心地听见对方的话还是不够的，用心同时指主持人对于倾听到的内容要充分理解，并进行“强行记忆”。主持人应该让这些话成为头脑中的记忆，否则是很难与别人对话的。比如在节目现场，主持人应该学会在听完一些嘉宾或现场观众的自我介绍后，能够记住他们的姓名、工作单位等一些简单的情况。这些记忆体现在以后的谈话中，是对于嘉宾及观众的尊重，也会使主持人显得亲切自然。

（三）主持人要学会在倾听的同时思考

主持人对于听到的“素材”，进行现场“编辑”的过程，也就是思考的过程。这也相当于新闻写作中加工、编码的过程。

在倾听的同时，需要思考话语的衔接、贯穿以及如何去结束和切断嘉宾及观众的话。一场原本没有头绪的谈话，可能因为一个优秀的主持人的介入，就有了自己的灵魂。主持人正是在谈话中起到了这样“穿针引线”的作用。在一个话题应该结束时，自然的承上启下，开始下一个阶段的谈话；在嘉宾一时语塞的时候给予提示，铺垫，避免冷场的出现；当嘉宾滔滔不绝，甚至出现了不适于出现在电视中的语言，或已经偏离主题的时候，及时地予以制止，引导；当嘉宾和现场观众的对话发生冲突时，能够相应地协调气氛，加强场上各个环节之间的和谐等，都是主持人需要思考的方面。倾听，正是这样思考的基础。

当然在倾听的同时，还要通过思考，去发现更有价值的东西。不过，并非每一次节目嘉宾都能谈出比事先预想的更有价值的内容，但有些具有价值的信息，可能因为主持人没有留意倾听，或者没有及时发掘，被遗憾地错过了。如曾风靡一时的经典谈话节目——《实话实说》，其编导就指出，有的时候，嘉宾所说的超出了他们所计划的范围，这些信息却比他们计划的更有价值。这时，主持人通过倾听和思考，也意识到了这一点，并没有打断或是置之不理，而是积极地引导，发掘，充实和丰富了节目的内容。相反，如果遇到没有认真倾听、思考的主持人，节目也许会顺利完成，但是却空洞了许多。同时，作为主持人，其自身的魅力也会随之变得黯淡。

（四）主持人要尊重对方

这是谈话正常进行的必要条件。对方看得出来也听得出来你是否真正怀有敬意。若是你怀有敬意，讲话的时候，他们会听得更为专注，否则，不管你说得如何天花乱坠，或是如何惊世骇俗，也没办法让他们对你说的内容产生兴趣。

（五）主持人“听”的思维方式

主持人的思维要走在参与者和受众的前面，在“听”的过程中一要迅速对信息做出判断——观点、情感；二要对其话语内容走向做出预测——能够“听到发论句，预测后续句”；三要在瞬间决定自己接应的语言对策——继续追问？就此打住？另找不同观点的人说？总之，“听”的同时主持人还要从全局考虑：话题进展到了哪一步，是按准备方案走，还是需要进行调整？因此只有认真听，主持人才能准确理解对方的观点并迅速做出反应，不露痕迹地把主题步步引向深入。

（六）主持人要全面周到兼顾其他

观众的反应和现场气氛是不容忽视的。在电视谈话节目现场，主持人不仅要专注于说话人的谈话，还必须分配出小部分注意力“耳听六路，眼观八方”。如果有观众想发言，就要及时地把话筒递过去；如果有嘉宾情绪有偏离，就要及时进行引导；如果观众对谈话内容反应过激或过于平淡，就要及时对内容或方式进行调整……总之，在谈话节目现场，主持人要注意到节目现场的方方面面，并能照顾好节目的方方面面。

（七）主持人应当有目的地倾听现场的谈话

主持人需要认真地倾听，但在谈话中不能成为嘉宾的“俘虏”，主持人必须把握自己的目的，有目的地进行倾听，这也正是主持人作用的一种体现。让谈话围绕一个主题展开，主持人在与对方谈话的同时，考虑谈话的主题和达到这种目的的手段，以及如何通过自己的话语使主题清晰。而不是盲目地倾听，更不能陷入嘉宾的话语不能自拔。主持人要时刻清醒地意识到自己的身份和作用。

二、以平常心做平常人

主持人切忌以名人自居，以教育者身份出现，而应作为普通人与参与者平等交谈，成为参与者的朋友，热情地和他们一起讨论问题。平等是交谈的前提，耐心倾听是交谈应有的态度，任何成功的交流与对话，都是建立在双方平等，相互尊重的基础上的，主持人不能采取居高临下、发号施令、简单武断责难的态度。谈话节目主持人的职责是要满足人们思考社会问题、交流思想观点的社会心理需求，达到宣传主体思想，传播主流文化，引导观众思考的目的，通过形形色色的社会思潮和极富个性的个人观点，并以此形成思想观念的相互交流，从而起到促进人与人之间的沟通理解，开阔思维视野等诸多良好的社会文化作用。

主持人在观众听众面前树立一个正直的普通人形象要比“特殊”难得多。贵在平时要从如何做人开始，学会理解人、尊重人，要处处平等真诚待人，善解人意；在现场主持要放下架子，学会耐心倾听各种不同意见，不要轻易否定哪种意见；要从思想上树立起平民意识，知道自己与观众只是分工不同，在地位和智力上并没有差距，都是普通一员，即使穿着打扮也要体现平民角色，不搞特殊，善于在生活中把自己从主持人的位置上释放出来。

三、驾驭节目氛围

谈话节目主持人要善于为参与者营造一个适合相互谈话的现场氛围并且贯穿节目始终。节目刚开始时要设法消除参与者胆怯紧张的心态，让其以平常心参与谈话，说真话、实话，使参与者感到主持人是他们的朋友，不是老师，更不是名人。李咏在主持《非常6+1》的节目，有一次当探讨到模特台步的话题时，调侃道：模特走的是猫步。虽然我这条件走不了，但我有自己的优势——“狐步”。说完便表演式走起了所谓的“狐步”，顿时现场气氛热烈。李咏认为：“此时的嘉宾会更加以平等的眼光看主持人，也就是通过自嘲降低了自己的舞台地位，顺势提升了嘉宾的自信，自然也就增强了嘉宾的表演信心。”

四、准确把握节目轴心

有了良好的谈话氛围，只是为谈话创造了条件，这并不意味着就能谈得成功。这里存在着一个办好电视谈话节目不容忽视的问题。就是由于长期受传统思想观念的束缚，诸如“知之不言”、“讷于言”等影响，人们一般不太愿意在公共场合，尤其是电视媒体上多说话，谈话节目贵在“谈”。所以在节目的进程中，无论是介绍情况、现场提问、即兴点评乃至互相交流，主持人都要随时注意营造好轻松平和真实的谈话氛围，防止出现冷场的情景。谈话节目主持人不做观点的轴心，不要把自己的观点强加于人，不要轻易给各种观点下结论，要学会启发、引导，给人们提供深层思考。谈话节目主持人要始终成为谈话轴心，不是以“我谈”为轴心，而是要设法鼓励引导“大家谈”，使不同观点互相碰撞。节目的设计组织要符合谈话的逻辑，在具体操作过程中，主持人也可视现场情况做适当调整。但这里更重要的是一种观念和心态的调整，因为我们都知道在电视上自然地说话要比平时困难。这是因为受到了话题的选择、语言环境、电视技术等诸多因素的影响。

五、引导节目基调

首先，主持人要围绕节目主题组织听众观众讨论，重点问题深入讨论，详细分析；次要问题或与主题无多大关系的问题轻轻带过，巧妙回避，尽量少占时间；涉及游离于主题之外的话题，要及时扭转，及时引导到主题上来。主持人要以全新的思维方式来组织和引导节目，做到灵活反应，善于把握方向度。既要放得开，又要收得拢。讨论到什么程度，达到什么目的，主持人要心中有数。主持人对来自各方参与人士的不同意见、看法要仔细倾听，耐心解释，不要流露出不耐烦甚至不满的情绪。但对有悖于党的方针政策和国家法律的言行，主持人要旗帜鲜明，坚决抵制，要做好正面引导工作，及时排除消极影响，不能态度暧昧，含糊其辞；对一些不健康的情绪和不良思想，主持人要多做工作，积极引导，切忌随声附和。总之，主持人要始终保持高度的政治警觉，不盲从，不迎合，不附和，真正做到主导节目，引导受众。

其次，在一些节目，尤其是情感热线交流型节目中，听众常会含蓄不露，欲言又止。这是因为他们内心虽然有很多烦恼和苦闷，却又担心主持人不愿倾听。为此，主持人既要饱含同情，耐心细致地倾听，还要满腔热情地诱导他们畅所欲言，如遇到与听众不同的意见，切忌激动或态度生硬；对主持节目过程中偶然出现的一些差错要保持冷静、镇定的心态，及时调整自我情绪，切忌急躁慌乱，以免错上加错。在交谈说理时要多用自然流畅、生活化的口语，多用贴近生活的富有人情味的语言，忌用说教味重的灌输式语言。主持人多使用生活化的语言，有助于拉近自己和观众之间的距离，给对方以亲切感。主持人要把观众当成自己最知己的朋友，做到“目中有人，心中有情”，用真诚感人的爱心来交谈。这是自然情感的集中化、典型化。当然，为了有效提高传播效果，谈话节目主持人还要增强社会责任感，提高自身的文化品位，要以人格魅力和文化精神去辐射现实生活，使人们从中得到精神升华。如果只是就事论事，没有文化的穿透力和感染力，仅出于真诚的同情，提出种种好的主意，都无法使受众得到精神上的升华。

六、嘉宾选择与配合原则

广播电视谈话类直播节目一般都邀请嘉宾共同主持，那么如何选择嘉宾，如何与嘉宾配合默契则是主持谈话节目中需要认真解决的又一个课题。这些问题我们已在第四章“嘉宾驾驭”中进行了系统的阐述，这里仅作扼要的提示：

（一）嘉宾的选择

选择嘉宾切忌过多过滥，一定要慎重。如何选择嘉宾要掌握三条原则：①嘉宾必须要有权威性，是所谈话题方面的专家、领导、权威人士；②作风正派、人品好，道德修养好；③要有较好的语言表达能力，会讲普通话。

节目类型不同，挑选嘉宾的标准也不尽相同。一般来说，专家咨询类节目如医药、心理咨询、家庭咨询等，更侧重其专业知识、专业能力；人物访谈类嘉宾要有一定知名度，具有较强语言表达能力和现场应变能力。

（二）主持人要与嘉宾默契配合

主持人和嘉宾之间这种双向的交流沟通是十分重要的，事先要同嘉宾一起策划设计节目，让嘉宾心中有数。这样在节目运作过程中方能主宾配合默契，起到相得益彰的效果。

同时，主持人既要尊重嘉宾，信任嘉宾，又要主动引导，积极配合，充分发挥嘉宾的主动性、积极性，以便共同主持好节目。

（三）主持人在嘉宾面前要落落大方，不卑不亢

在主持节目过程中，主持人千万不要因为嘉宾是领导或某方面的专家、权威、知名人士而显得过于紧张、拘谨，应该心情松弛，从容不迫，洒脱自如，并及时补充，显示出应有的风度气质。

第三节 直播访谈节目的驾驭

直播节目的驾驭对主持人的要求是最严格的。直播访谈节目对主持人的要求近乎苛刻。因为直播访谈节目是将主持人与特定采访对象之间的访谈内容以直播

的形式传给受众。这样主持人必须具备极高的素质才能驾驭这类节目。直播节目虽然要求严格，但是它又是一种方便快捷的节目形式。直播访谈节目的多向交流缩短了媒体与主持人之间的距离，扩大了节目的影响力。

如果我们要想培养高层次的节目主持人，最理想的锻炼位置也许就是直播访谈节目。因为从某种程度上来说，直播访谈节目是一种真正意义上的主持人节目，是一种真正体现一个主持人实力、体现主持人综合素质的节目类型，它是主持人能力的试金石。

目前，直播访谈节目在我国的广播电视节目中所占比例越来越多。直播访谈作为一种传播手段和方式，作为板块节目的有机组成部分被广播电视节目所广泛应用。从它身上我们可以看到未来广播电视节目的发展趋势和主持人的发展方向，所以应当引起我们足够的重视。

一、直播访谈节目的作用和特点

与其他节目相比直播访谈节目以其传播迅捷、覆盖面广、深入受众的优势，将受众注意力在短时间内聚集在一个特定的目标上，以达到预期效果，通常被广泛应用于新闻类专题节目中。如答记者问、重大事件的记者招待会和重要专题现场采访和热线访谈等都是如此。

直播一般作为广播电视的传输方式，而访谈作为一种节目形式被我们的广播电视节目所广泛采用。中央电视台《面对面》作为访谈节目的代表栏目已获得社会和受众的交口称赞和普遍欢迎，但它毕竟是经过大量的前期采访和精心的后期制作而完成的非直播合成品。

就谈论而言，它是借助直播的形式完成的，但表现的是一个独立的采访艺术。它要求采访者（主持人）和被采访者（嘉宾）双方在规定的时间内默契地配合，达到预定的目的。直播访谈虽有充分的案头准备铺垫和精心设计的提问为纲，但对被采访者来说，因其表达的即兴性和被采访话题的无备，因其访谈过程的公开而无从修饰、无法更改，观众看到的是最原始，真实的一幕，这实现了受众在第一时间内实时、同程参与访谈的心理满足感，从而对被访谈的人物、事件及相关话题有更直接、更生动、更形象的直观感知，使受众的认识更为丰满、全面、深入、透彻。这也正是直播访谈的魅力所在。直播访谈能更有效快捷地展现现场本身。2008 年汶川大地震期间，中国中央电视台作为我国唯一的国家级电视台，也对这次地震做出了迅速的反应，在较快的时间里开始了长时间的、连续不断的直播报道——《抗震救灾，众志成城》。直播报道对于人们了解地震灾区的各种情况和救援行动、上情下达以及下情上达、发布权威的消息、辟谣、鼓舞全国抗震救灾人民的斗志等，发挥了主要的作用。同时，央视此次的直播也是我国电视新闻史上的一个重要事件，有些专家学者也说这标志着我国传媒业发展进入了一个新的阶段。5 月 16 日，央视播放了北京航校志愿者乘坐三角翼和动力伞航拍的汶川映秀镇，这是全世界看到的震后汶川的第一个整体电视画面。央视在这个时候显示出它的优势。通过央视较迅速的反应，以及第一时间播出的信息，使民众的知情权得到了一定程度的满足；对于团结全国人民、众志成城、抗震救灾起到了很大的作用。节目也起到了下情上达的作用。很多记者和救援人员通过节目，反映所处地区的受灾情况和所缺乏的物质，引起了高层和全国人民的关注，这对于促进救灾行动更有效率的进行有一定的帮助。还有一些观众也通过节目寻找亲人。直播节目还宣传了一些抗震救灾的知识。

直播节目对于团结全国人民抗震救灾起到了很大的作用。节目比较全面地报道了地震灾区的各种情况，这对于关心地震灾情的人们来说，无疑是一个很好的窗口。因此很多人在地震发生后就一直守在电视机前。而且节目也呼唤人们做一些力所能及的事，如捐款、捐物、献血等，共同抗震救灾。因此，直播节目对于团结全国人民、众志成城、万众一心，面对灾害起到极大作用。

同样的内容，报纸杂志也可以通过文字表达，电视新闻也可以由播音员二度创作，但没有直播访谈这种形式，我们就会少许多激动人心的振奋和展望未来的乐观以及震撼心灵的强烈感染！

二、主持人在直播访谈节目中的地位和作用

主持人在直播访谈节目中不能以自我为重心忽视嘉宾与受众。主持人进行访谈应当重在“访”，而不是“谈”，主持人应当始终把握自己的角色定位，抓住“访问”这条主轴，让嘉宾发挥谈的优势。

大多数受众觉得，对于某个特定的话题和特定的访谈对象，你这个主持人今天是否能问我心中之问，解我心头之疑是最关键的；而对于嘉宾，则只是希望作为一个人，作为某一方面的专家学者、行家里手，或一个领域有所建树的权威人士，释疑解惑，坦诚相对，表达到位。直播访谈节目主持人在节目的作用只应是把握节目主题和话题走向，而不应越俎代庖。

但这里需要说的是，弄清主角，明确定位，并非否认主持人在节目中的重要

性。摆正直播访谈节目的主角位置，其实也就是摆正主持人在节目中的准确定位。从把握主题节奏和导向的角度来说，主持人是直播访谈的操纵者和导演者，完整成功的访谈依赖于主持人的底蕴和综合素质。甚至可以说没有不合格的嘉宾，只有不合格的主持人，直播访谈节目的关键在于主持人对访谈话题和被访谈对象的准确把握和引导。

如某家电视台里有一位被作为重点培养对象的体育节目主持人，大凡有影响的活动台领导都尽可能让他上。在一次围棋重要赛事的直播中，对弈双方猜先完毕，聂卫平猜得先手，那位主持人竟然“落落大方，笑容可掬”地将话筒伸到了聂棋圣的嘴边：“聂老师，今天您猜到黑子，请问您打算让谁先行?”棋圣愕然，观众惊愕继而大笑。试想，如果让他来担当聂棋圣的访谈，聂棋圣又怎么可能会尽心尽力，这样的节目有什么理由能让受众洗耳恭听，心悦诚服呢?

这充分说明了一个优秀、成功的主持人首先学会如何把握好自己，知道在什么场合说什么话。一个不知道在什么场合，对什么人说什么话的人是可悲的，这同样也是一名主持人最犯忌的。一个有影响和有魅力的主持人首先应该是一个有思想的人，广采博闻、厚积薄发才能使被采访人把你当做一个真正的谈话对手而敞开心扉，畅所欲言。

访谈节目主持人最根本的要求在于善于读书，善于积累，善于思考。

首届亚洲大专辩论赛后，复旦大学名誉校长谢希德教授的点评“其实，在最佳辩手的每一句话背后都有一本厚厚的书在作底”正是对此观点的最好证明，唯其如此，才能使听者动容，闻者折服。无论什么节目，主持人都是播出的重要关口，也是媒体形象的最终体现者，从某种程度上说，主持人的水准将决定这档节目甚至这个媒体的传播水准。中央电视台《东方时空》主持人白岩松曾在一次座谈会上说，没有主持人的直播访谈就不称其为真正意义上的主持人节目。其实，无论是《焦点访谈》、《东方时空》还是《新闻调查》，它们都是让出镜者冠以“主持”名义，采取看着提示器“有稿播章”的形式来播讲。与其相比，以白岩松为代表的直播访谈主持更充分体现了自身的个性魅力，而越来越受到受众欢迎。直播访谈节目是一种应用前景极广泛的节目形式。直播访谈节目最能充分张扬出主持人的个性魅力，展现出他的艺术修养。所以说，直播访谈节目主持是一种具有真正意义上的对主持人实力的挑战。

三、嘉宾在直播访谈节目中的地位与作用

嘉宾在直播访谈节目中有着举足轻重的作用，他们是节目主体，他们的表达

贯穿着节目的始末，是节目的总线。他们的表现在节目中处于核心的位置。

在直播的“施工”过程中，主持人是兼顾“业主”和“物主”的混合体，而具体工程的“施工者”则是由嘉宾即被采访的对象来扮演的。

嘉宾的作用往往不仅限于充当访谈节目的主体，更多的时候一个合适的嘉宾即是一个引人入胜的话题，一档精彩访谈的绝好选题。

嘉宾的层次各不相同，不同层次的嘉宾会给节目带来不同的效果。然而，对于主持人来说，面对不同层次的嘉宾也要安排不同的访谈内容，预设不同的主题基调。比如，《鲁豫有约》在采访娱乐明星和文化名人时的基调、气氛和内容都大有不同。在不同层次的嘉宾身上挖“出彩点”，是对主持人能力的一大考验。嘉宾不仅是节目的主体，也是节目质量的重要保证，更是节目权威的主要支撑。像《对话》的嘉宾都是社会上某个领域的成功人士，这些人的话语本身就很有借鉴价值和吸引力，这些嘉宾可以说是《对话》节目权威性和成功的基础。

四、直播访谈节目话题的驾驭

直播节目如何选择话题、驾驭话题，既是办好直播节目的关键，也是体现节目主持人主持水平、主持艺术的重要标志。

（一）热点话题驾驭

直播节目的选题要以时代为背景，从宏观和微观两方面入手，要注意到问题的调整，把握好全局，要把时代社会的焦点、受众的热点和选择的重点三者很好地结合起来考虑。具体地说，直播节目应围绕以下三方面的话题进行选题：

首先，以社会现象的热点为基础。

对于一些社会焦点、热点问题，如房价居高不下问题、食品安全问题、反腐败问题、城市规划建设和环境保护问题等，特别要注意正确的舆论导向，以利于社会的安定团结。

其次，根据政治热点选择话题。

时事政治热点也是话题选择的主要方面，我国每年的两会、新出台的政策、新颁布的法规、重大人事的调动等，以及国际上的一些时事政治热点，都可以作为访谈节目的话题。不过，一般新闻访谈节目选择这类话题比较多。比如中央电视台的《新闻联播》、《朝闻天下》、《共同关注》等节目，都是紧跟时政热点事件，紧抓时政热点人物，全面解读政策法规、用被访者的话语呈现时政热点事实，用积极正面的态度引领舆论导向。

再次，以日常生活热点为依据选择话题。

生活类话题中向来热点很多，因为它的范围较广，且与人们的自身利益联系紧密，所以说是一个重要的切入点。改革开放以来，随着社会的不断发展，出现了大量的生活热点话题，如“消费热”、“美容热”、“健美热”、“保健热”、“旅游热”等，不失时机地抓住这些热点话题，或分析评说，或展开讨论，或启发引导，必然会吸引大批受众参与。

中央电视台财经频道的《消费主张》，是改版后的财经频道全新推出的消费节目。节目关注消费生活领域的动态变化，为广大消费者提供有价值的资讯、观点和判断依据。通过节目调查来揭示消费误区、警示消费陷阱、守护消费品质。节目将设立“消费体验员”，真实记录对产品或服务的体验，并对产品或服务质量进行客观公正的评价，为公众消费判断提供参照。

（二）深入理解谈论话题

主持人只有对谈论的话题有深刻的认识，才能真正地驾驭节目话题。对于新闻性话题节目而言，抓住其“新闻眼”是很关键的。这就需要主持人深入采访，善于捕捉信息，将问题谈得更透彻，从而吸引受众，在社会上产生一定的影响。服务性话题节目也是如此，一组服务性话题节目经过深入采访后也能使主持人娓娓而谈，让听众感到有如春风化雨，字字句句润心田。所以说搞好话题节目的采访，是主持人驾驭话题节目的基础，没有话题节目的采访，就无法主持话题节目，就像建筑一座大厦没有地基，这座大厦是无法建成的，这个观点已成为主持人的共识。

主持人怎样才能深入理解谈论话题呢？

首先，主持人要把握与话题相关的内容。主持人一定要对有关的单位进行深入的采访。主持节目不能够“纸上谈兵”，材料只是一个基础，光靠它是不够的，需要主持人真正深入地解析要讨论的话题，对材料进行加工，这样才能够成功地引起受众的兴趣，节目才能够引起人们的注意。人们往往对自己身边的事比较了解，所以在采访过程中，主持人一定要将话题内容与本地区实际情况有机地结合起来。

其次，主持人要与嘉宾深入讨论话题。把嘉宾请人直播室，由主持人主持节目，嘉宾和热线听众参与节目，是主持人直播板块节目经常采取的一种形式。要把这样的节目办得亲切自然，让听众积极参与，最主要的就是要根据话题内容深人对嘉宾的采访，了解和把握好嘉宾的谈话方向和内容，将话题拓展开来。这样上节目后，主持人心里有数，嘉宾心里也有数。最好和嘉宾策划一下，听众参与时可能提哪些问题，嘉宾怎样回答，这样话题节目才能主持得有声有色，活而不乱。有时一些新闻性强的话题要临时上，这时主持人准备采访话题的时间就不那么充分，由于时间紧，主持人可以通过电话采访，通过电话商定话题的主要内容，嘉宾谈几个方面的问题，商定后由嘉宾提供一份书面材料，主持人和嘉宾可按书面材料进行交流，以提高话题节目的时效性和准确性。

（三）话题的交流

话题交流是主持人驾驭话题的关键。交流的深度与广度是一组话题节目成功的重要条件，因此主持人要与嘉宾以及受众进行比较深入的话题交流。

主持人在话题交流过程中要注意以下的基本原则。

第一，以话题为主线与嘉宾深入交流。较问答式而言，交流是更好的选择。过去，有一些主持人习惯用录播的问答式主持话题节目，由主持人干巴巴地问，嘉宾一字一板地回答，这种形式很呆板，听众往往都不欢迎。只有主持人和嘉宾交谈时交流起来，由问答式变为交流式，才能吸引听众参与，才能活跃节目的气氛。主持人要把握好交流节奏，让双方说话比较合拍，不要一个人说话太快，而另一个人说话太慢。同时还要准确地掌握时间，如果一组话题节目准备和嘉宾交流的时间比较多，但由于热线听众参与的多造成时间不够，不要轻易地延长节目时间。处理办法一种是减少交流的内容，找一个合适的节奏，让嘉宾说出最主要的内容；另一种是让听众积极参与，时间不够，找一个合适的时间结束，第二天再接着开话题。主持人和嘉宾交流话题时，不要随便打断嘉宾的谈话，这样既不礼貌，显出素质方面的问题，又会打断嘉宾的思路，破坏节目的进程。主持人和嘉宾交流时如果两人同时抢话，两个人一齐说，效果就更差，听众就听不清两人说的是什么内容。主持人和嘉宾交谈时主持人说话不要啰唆。一些主持人错误地认为说话啰唆是自然亲切的一种表现形式，殊不知，这是大错特错的一种误区。主持人主持节目时一定要清醒地认识到与话题无关的话不要说。最后，在节目接近尾声时，要准确地综合全过程的讨论做一个好的总结，将结尾设计好。

第二，把握话题，加强与受众的交流。首先主持人要通过和热线听众交流进一步深化话题的主题。有一些热线听众参与话题与主持人交流，所提出的问题可能游离话题，主持人在和热线听众交流时，要注意把握。如果离开话题和热线听众进行交流，那么就会对话题进行误导，一些刚打开收音机的听众听到交谈的内容后，就会打电话继续问这个问题，那么谈来谈去，话题就走样了，最后，连总结都无法做出。其次要不抢热线听众的话。热线听众打来热线电话参与，要让热线听众把话说完，不要半截抢话。热线听众有时请嘉宾回答问题或者要和嘉宾进行交流，主持人千万不要接过话来抢着回答和交流，这样做，往往影响了热线听众的情绪，也给嘉宾造成不良的影响。另外，还要注意不要接一个热线听众打来的电话就表一次态。

第三，在节目工作人员之间加强话题交流。如果一档节目有两位主持人，那么首先双方要熟悉话题，要共同采访，共同分析材料，整理出主持提纲，安排好两人交流的层次。其次是主持人双方不要抢话，既不要抢热线听众的话，也不要两个人互抢，如果两个人同时抢着说，听众就听不出头绪，打乱了整个话题的结构安排。最后是不要唱“独角戏”。两个主持人主持一个话题节目时，要搞好话题结构、层次的分工，不要一个人抢着说，让另一位主持人插不上嘴，变成一个人主持节目的“独角戏”。

综上所述，驾驭好主持人直播节目并不是一件简单的事情，我们要掌握好其作为艺术的规律，善于利用一些技巧来组织引导节目，推出更多的品牌节目。

第七章 综艺节目的驾驭艺术

第一节 综艺节目主持人素质要求

综艺节目是各种类型电视节目中最大的“杂家”，它具有很强的包容能力和极大的综合性，往往体现为内容丰富、雅俗共赏，形式自如、灵活多样，同时能够带给受众较强的参与感。由于这些特性，对综艺节目的主持人要求就相对严格。综艺节目的主持人不仅要具备过硬的理论素质、良好的思想素质、优良的专业素质、丰富的知识积累，还必须要拥有较高的语言天赋和极好的心理承受能力。

一、综艺节目主持人必须具备过硬的理论素质和思想素质

综艺节目主持人要保持清醒的政治头脑，具备一定的新闻敏感性。广播电视文艺节目必须以文艺工作的“二为”方针（为人民服务，为社会主义服务）为指导。就目前而言，大多数综艺节目中都穿插一些典型的新闻人物和事件，或据此创作的文艺节目，因为这类节目表达了人民群众歌颂高尚的价值观和崇尚真善美的情操，具有强烈的时代感和真实性，从而深受观众的喜爱。这就要求综艺节目主持人在透彻了解导演意图的同时，还要有新闻采访的能力，并能把新闻性与艺术性巧妙地融合在一起。

如主持人董卿主持《中央电视台青年歌手大赛》时，她现场对第一次参加青歌赛的云南富民小井村苗族农民合唱团这样一支很有特点的合唱队，进行了如下的采访：

从大家的掌声和笑声中可以看出来大家特别喜欢这支合唱队，他们刚才唱的这首歌曲叫《茨冈》，是舒曼作曲的一首曲目，我突然想到舒曼曾经说过一句

话，他说："音乐是灵魂的完美表现。"我想，他们（合唱队）正是用音乐，用歌声让我们感受到了他们美好的心灵，那么淳朴，那么善良，不管到什么时候，我们都不会忘记有这样一支合唱队穿着自己编的草鞋，穿着自己织的衣裳来到了我们的舞台上，用他们的歌声向我们展示了人间的美好。

综艺节目主持人要有良好的职业道德和敬业精神，同时要具备群体意识、团队精神。综艺节目内容之丰富、形式之多样、环节之复杂、工种之繁多，决定了台前幕后成百上千的人夜以继日为之奔忙，然而，由于主持人在这种"集团军作战"中的抛头露面，给观众留下深刻印象的往往是主持人，再加上各个媒体的炒作，综艺节目主持人的知名度很高。在鲜花和掌声中，综艺节目主持人能否正确认识自己在节目"集团军"的位置和作用，能否尊重各工种的合作者，保持平和心态，不以明星自居，就显得格外重要了。有个别综艺节目主持人自我膨胀，忘乎所以，极尽"贪天之功"之能事，要别人为自己服务；动不动要脾气，这样的主持人迟早是会被淘汰的。

综艺节目前期的策划、创作、排练是非常复杂的工作，主持人一般应尽早地参与到前期的准备环节中来，以主创人员的主人翁精神主动、专注地投入工作。综艺节目主持人面对的不光是白纸黑字的串联台本，而是台本后面凝聚的思想感情、火热的社会生活及各种深邃而鲜活的东西，因此主持人必须积极与编导、撰稿、演员等主创人员打交道，深入了解晚会的宗旨、主题、艺术风格，熟悉节目的总体安排和起承转合，掌握晚会的高潮、层次、节奏乃至清楚每一个节目的创作背景、表演特点及幕后的故事，这样，主持人才有可能真正成为节目播出过程中"出面的现场导演"。敬一丹在谈到自己深度参与《感动中国》晚会时，曾说道："作为主持人，最重要的是遇见一个好的创作班子。我在《感动中国》里遇到了朱波，他是一个非常有才干的制片人，他让我和白岩松两个主持人一开始就以策划人的身份参与到节目创作中来，让我觉得这是自己的事，而不是等节目创作完成之后把我们作为标签一样贴上去。主持人对着别人写好的稿子硬生生地念出来和自己饱满地、有情感注入地说出来，效果是完全不同的。这就是我所说的'深度参与'。"综艺节目越是贴近生活，贴近群众，就越需要主持人深入生活，深入群众的行动。

二、综艺节目主持人必须具备优良的专业素质和丰富的知识

综艺节目主持人的专业素质要求应包括电视艺术规律、电视手段、表现手法

等知识的掌握，同时，还应有较深厚的文化修养和一定的文艺知识积累，熟悉各类艺术形式，有较强的艺术理解力、感悟力和鉴赏力。如果主持人在节目演出过程中，能对表演的特色或精湛之处即席加以介绍、解释或恰到好处的评点，往往有助于观众的欣赏和介入，激励演员的情绪和状态，能有机地烘托节目气氛，更好地沟通表演者和观众的情感交流，起到画龙点睛的作用；同时，主持人内行的解说，与综艺节目的高度契合，必然会进一步增添其自身的魅力，因为丰富的知识和深厚的修养是主持人形成优雅端庄、潇洒倜傥的风度气质的内在原因。

作为一名综艺节目主持人必须具备一定的舞台经验，这样不仅可以驾驭节目现场气氛，而且可以激发受众的参与热情。

如《天天向上》的节目主持人欧弟，不仅幽默活泼主持有一套，而且还能歌善舞、多才多艺。歌手出道的他唱功扎实，模仿力也是一流的。他模仿各类明星的特点信手拈来，或模仿歌声，或模仿语言，或模仿神情动作，配合夸张的表演，惟妙惟肖，让人忍俊不禁。除了模仿还有口技，欧弟经常根据现场需求做口技伴奏，马上让气氛动感十足。欧弟的舞蹈功底也相当不错。某期节目中一段他跳的《青花瓷》的舞蹈在年轻观众中甚有口碑，掀起一阵学跳舞的热潮。《星光大道》主持人在节目中有时也会喊两嗓子，很能调动气氛。他有时还会伴演个角色，演个短片，憨厚搞笑的表演让人忍俊不禁。此外，中央电视台的主持人周涛、董卿等，在每年的央视春晚都会客串个小品角色，演的是有模有样，让观众观看春晚的热情更高了……这样的例子还可以举出很多，从观众的接受心理看，文艺方面的一技之长和表演才能可以说是观众对综艺节目主持人的一种职业期待。

三、综艺节目主持人必须具备较高的语言天赋和素养

参与综艺节目的受众相对于其他节目是较多的，因此节目现场往往比较宏大，主持人的语言不仅要简练而且还要符合现场的氛围。主持人语言节奏要明快，更要富有穿透力。主持人的语言既要具有很强的感染力，又要善于把握分寸；既要能调动观众情绪，又不会有“煽情”之嫌；主持人的语言既能依既定方针控制场面，又能视现场情况随机应变。主持人应熟练掌握语言交流指向的变化与和谐，无论面对现场观众“一对众”的交流，还是现场采访“一对一”的交流，抑或是“面对”并不在现场的观众，亦即对摄像镜头的“类交流”，语言样态都要有相应的调节变化，且转换自如……总之，对综艺节目主持人的语言功

力有较高的要求：包括主持人对书面语言的理解力、感受力、记忆力；包括运用有声语言的表现力、控制力；包括即兴口语的生成能力和表达力。总之，涉及语言心理层面的生成与理解、思想感情与文化修养，涉及语言生理层面的用气发声、吐字归音，还涉及语言物理层面对自身音高、音量、音色及音长的驾驭和控制。

主持人语言内容要言之有物、言之有理、言之有趣，准确、鲜明、生动且风趣、幽默；声音形式富于抑扬顿挫而又情动于衷。那种内容空洞的华丽辞藻，观众不喜欢；粗陋贫乏的大白话，有损节目品位；声音洪亮而感情虚假，观众不买账；虽有感情但声音表现力单一，高不成低不就，又会给整台节目掣肘。主持人的语言功力做到十全十美是很难的，但是主持人应该了解综艺节目的要求，在具备一定条件的基础上，只要勤学苦练，取长补短，就能全面提高自己的语言能力，提高自己的主持境界。

此外，鉴于综艺节目本身所具有的审美特性，及观众对综艺节目特定的观赏心理，主持人也是观众的审美对象之一，因此，对于综艺节目主持人外部形象的要求就要高于其他类型的节目。一般认为，综艺节目主持人应具有赏心悦目的外部特征，如较为靓丽英俊的形象、匀称健康的体型、优雅大方的举止、彬彬有礼而又热情洒脱的风度。这里既有先天的条件基础，更有后天的熏陶和养成。

受众对主持人的性格要求主要是主持人要开朗质朴、灵动自如、思维敏捷、理性善良、幽默自然；综艺节目的主持工作要求主持人有优秀的记忆能力和观察能力，对串联词记忆迅速、准确，现场观察细致、敏锐。在应激状态下需要较强的意志力和理智，遇到意想不到的情况发生，能镇定自若、沉着冷静，不乱方寸，快速做出决断和灵活妥善的处置。相反，生性腼腆、怯懦、内向、被动、缺乏自信或者易于紧张、遇事慌乱、虽有激情但不善自制的人，尽管其他条件合格，若不经过性格和心理方面的调整、刻苦的磨炼及某些关键因素的自我突破，是不适合做综艺节目主持人的。

四、综艺节目主持人要具备优良的心理承受力

综艺节目的参与者较多，细节庞杂，因此主持人只有拥有优良的心理素质，才能自如地应对节目中来自各方面的压力。综艺节目一般有很广的观众面，主持人要面对农村、城市各个文化层次、不同审美情趣的男女老幼，面临众多的要求。主持工作要做到老少皆宜、雅俗共赏，有相当的难度。不过，总有一些基本

的共性的要求，如主持人的亲和力、观众意识等，其中有的源于性格，有的源于能力。心理学的研究告诉我们，性格是不断地受到社会环境的影响、教育的熏陶和自身的实践、长期塑造而成的，它在各种活动中，在语言上、外貌上，在对现实的态度、意志力、情绪特征、理智特征上都有表现。

第二节 综艺节目的总体驾驭

从综艺节目主持人的基本功来看，要想主持好综艺节目，还必须从主持节目的细节入手，掌握一系列驾驭节目的技巧。

一、把握整体结构

综艺节目一般都由不同样式，不同内容的节目板块组成，因此综艺节目整体结构比较复杂，主持人要把节目主持成功就必须从宏观上去把握节目的整体结构，将每个不同的节目自然而巧妙地组合起来，没有丝毫的割裂感，达到“形散而神不散”，将其统一协调在整台或整档节目的主题之中。要做到这一点，主持人要掌握以下细节。

（一）主持人必须首尾呼应，把握过程

主持人必须在整台或整档节目的首尾上多下工夫，争取既做到首尾呼应，又做到把握过程。头要提得起，尾要收得住。无论是节目的开始，还是节目的终结，不管两头相距多远，节目主持人所说的话，要如出一辙，紧紧地围绕着演出的宗旨。

为开个好头，节目一开场，可以用几句经典恰当的话语为整台或整档节目定准基调，这仿佛一根无形的红线，串起下面的小节目或板块。

例如，中央电视台《相约夕阳红》有一期“老夫老妻”节目的开场白就是这方面的典范：

主持人：观众朋友，大家好！欢迎大家参加我们这一期的《相约夕阳红》。前不久我在街上偶尔听到了这么一首歌，有两句歌词我印象特别深，大概是这么唱的，就是：“我能想到的最浪漫的事，就是和你一起慢慢变老，直到我们老得哪儿也去不了，你还依然把我当做手心里的宝。”后来回来我跟我们办公室的一个年轻的同事说了。他说：“哎哟，你不知道哇，这首歌在现在的小青年当中火

得一塌糊涂，大家特别喜欢。”我想在座的很多老年朋友听到这首歌词唱的这种感觉、这种意境，恐怕会有自己切身的感受和体会。今天我向大家介绍两位新朋友，这是一对老夫妻，我们一起请他们坐在这张不能摇的椅子上，慢慢聊聊他们一起变老的生活故事。

在节目一开始，节目主持人就借助当时流行歌曲的歌词为节目奠定了浪漫的基调。接着谈起自己年轻同事对这首歌的印象和评价，然后引导现场观众思考对这首歌歌词的感受和体会，最后引出与这首歌词内容有关系的嘉宾。这样有趣的开头，从一开始就抓住了观众的心，并一步步地引导着观众走入这期节目的主题，产生对这期嘉宾的浓厚兴趣，保证这期节目顺利进行。

不仅要开得了头，还要收得住尾。想收尾收得好，就必须紧扣整台或整档节目的主题，在节目演出完毕之后，用几句紧凑而有力的话语，为整台或整档节目作出总结，让一个个小节目或板块都能成为这幅画中的精美图案。

（二）主持人要思路开阔，把握前后联系

节目里节目板块之间的联系有疏有密，主持人在节目主持过程中要保持敏捷的思维，把握节目的前后联系，紧紧抓住节目的主题，选好恰当的衔接语巧妙地带出下一个节目或板块来，使节目源源不断，顺流而下。

以 2007 年中央电视台春节联欢晚会上的一段串联词为例：

李　咏：和谐一直是中国人所追求的境界。那么，过春节了，家要团聚、人要团圆，所以回家过年一直是我们没有改变的传统习俗。

董　卿：是啊，所有的中国心都在这一天期盼着回家，过年回家的脚步也将浓浓的中国年味儿弥漫开来。

李　咏：那在回家的路上一定会发生一些有趣的故事。请欣赏……

2007 年的央视春晚主题是“欢乐和谐中国年”，主持人话里话外都不离这几个字，顺着这个主题，巧妙地把下面要上演的节目给引了出来。

（三）加强板块衔接

加强衔接指主持人要善于将一台或一档综艺节目的小节目或板块之间连接起来，既能简明扼要概括小结或评点上一个小节目或板块的内容，又能自然而然地介绍或引出下一个小节目或板块来，使之浑然一体，两者兼顾，让观众直接感觉到上下两个小节目或板块的内在联系。

比如，中央电视台 2009 年春节联欢晚会主持人在两个小节目间有这样一段

衔接语：

周　涛：哎呀，一首老歌让我们感觉这样的亲切，真的一路走来我们总是有歌声相伴，在歌声当中渡过了多少美好的岁月，又留下了多少难忘的记忆。

白岩松：是啊，过去的一年已经开始慢慢地远去，但是正是这一年把我们所有人的心拉得更近了，就像刚才听完这几个精品的中年老男人唱的这些老歌之后，一下子就把我们带回到了原来的时光，你看，好歌就是生命当中最好的生命坐标，提醒我们拥有一起走过的日子。

周　涛：好，接下来再来让我们听一组老歌，请欣赏《金色回响》。

周涛先讲了自己听了老歌的感受，然后用自己的联想引起了白岩松的一段话语。这段话语中，既抒发了自己对老歌的感想，也评价了节目的价值，同时引出了下一个节目。

二、强化艺术效果

综艺节目本身的特征就是具有强烈的综合性和艺术性，前面我们讲述如何处理整体结构的综合性问题，下面我们将从综艺节目的艺术性入手，谈谈主持人应当如何处理这一问题。综艺节目是一种变相的艺术表演，它会引起观众不同情感的活动，或观众某种强烈感觉的精神表现或景象。节目主持人义不容辞地要使观众的这种“情感活动”更激烈，使观众的这种“精神表现或景象”的“感觉”更强烈，有必要采取一切手段，积极强化每一个小节目或板块演出的艺术效果。

（一）主持人必须掌握多种表达手法，注重在受众中引发共鸣

语言是节目主持人主持节目的首要武器。众所周知，不同的表达形式可以表达不同的思想情感，通过语体、语调等表达形式本身的力量和变化来传递某种思想情感，直接引导观众，使之感同身受，是积极强化艺术效果的重要手段。“言之不足故诵之，诵之不足故演之”，总之，根据节目的需要，该说则说，该诵则诵。比如上面所举的例子，有说有诵，而且说得有趣，诵得有情，以此来影响观众的思想情感，让节目的艺术感染力得到充分的发挥。

（二）主持人要加强节目的互动交流

任何一台或一档综艺节目都是一种三维结构，由演者、节目观赏者（群体）、节目表演观赏空间三方面所组成。节目表演者的演出状态，节目观赏者的现场反应，直接关系到表演观赏空间即节目现场的气氛，这一气氛的热烈程度乃是衡量节目艺术效果的重要尺度。综艺节目的主持人责无旁贷地要用语言在节目

表演者和节目观赏者之间搭起一座桥梁，让这些话语的各种信息源在节目表演者和节目观赏者之间，在节目观赏者之间彼此刺激而产生互动效应，使演出现场的气氛更加浓郁，以强化节目的艺术效果。

（三）追求独特风格

国外媒体曾有过这样的论断：如果把节目比作一盘好菜的话，主持人魅力好比调料，节目内容则是主料。主持人与节目犹如“作料”与“主料”的关系，密不可分。同样道理，主持人的风格不能与节目风格相悖离，综艺节目风格的多样化，必然带来主持人风格的多样化，两者是互相依存、互为影响的。同是综艺节目主持人，有的幽默风趣，有的轻松愉快，有的笑口常开，有的善于调侃、插科打诨，有的机灵敏捷。

我国电视综艺节目在短短的诞生时间内，已经随着各类综艺节目的出现与发展，形成了与之相适应的不同的主持风格，并为受众认同。如李咏的幽默、热烈，毕福剑的诙谐、自然，杨澜的成熟、聪慧，董卿的大方、亲切……都深得大众喜爱。

明星化的综艺节目主持人利用明星的效应可以获得更好的传播效果，搭起节目与受众之间的“桥”。这座“桥”搭得好，可以使受众与演播者的情感拉近，并使双方情感得到交流。

以电视综艺节目为例，“桥”的任务有以下几点：

1. 建立观众对自己的好感和信任，使观众愉快。

2. 通过自己的介绍建立演员与观众的感情，使观众对表演有信心。

3. 结束上一场的表演，引导下一场的进行；衔接两个节目，转换观众的情绪，而不使其间发生冷场现象。

4. 站在欣赏者的立场，与观众打成一片，制造气氛与高潮。

5. 要了解自己的位置，是为观众与表演者服务。

6. 注意用动作来争取愉快情境（如为表演鼓掌），而要少用文言词，做到越简单越好。

出色完成上述任务，自己的个性也可得到充分展示。

主持风格的形成是一个长期的过程，需要多年的实践，主持风格是一个主持人日趋成熟的标志，是主持人的经历、素质和气质的综合体现。

深受观众喜爱的中央电视台节目主持人李咏就是一个代表。从《幸运52》

到《非常6+1》，再到春晚、《咏乐汇》，李咏的幽默无处不在。有人说，李咏属于“一不小心”就会让人喜欢上的一类，他最大的本事就是能把综艺节目主持得人情味十足。他似乎浑身都是幽默细胞，不管他自己笑不笑，总能把别人逗笑。无论是在自己的节目，还是在大型文艺演出或颁奖礼，他总是能用他的幽默调动现场气氛，带给观众不一样的感受。幽默是他的法宝，他用幽默引领着嘉宾和受众，驾驭着节目的一切行程。

第三节　综艺节目主持人的语言驾驭

一、综艺节目主持人语言特色和功能

（一）综艺节目主持人语言特色

综艺节目的性质与特点，决定了主持人的语言特色是通俗活泼，节奏明快，大局感强，感染力强。综艺节目主持人语言功能的核心是控场能力，它集中表现在主持人串联的情感把握、即兴发挥和临场应变三个方面。在2009年春晚首次彩排中，青年美声歌手王莉在上场的时候不慎摔倒，单膝跪地。虽然由于她的舞台经验丰富，没有影响到声音的效果，现场气氛未免显得尴尬。面对王莉的摔倒，董卿临时发挥说了这样一段话：“刚才歌手王莉不小心摔倒，好在没影响到她的演出。其实春晚就是这样一个舞台，能站在这里的都是最优秀的演员，大家都是摔倒了又爬起来才走到这里的!”就是通过幽默话语巧妙化解了尴尬气氛。由此可以窥见主持人语言活动在节目中的重要作用。

电视综艺节目中一个重要组成部分即为主持人的串联词。主持人作为传播过程中联结节目与观众的中介，其语言有以下几个特点：

第一，语言转换能力强。指主持人基于撰稿人的文字语言所进行的“有声语言转换的再创作”，是适于灵活多变的“即兴发挥”。主持人挑气氛、掀高潮的灵活多变的“即兴发挥”，是主持人补台、救场的机智幽默的“临场应变”。

第二，主持人语言风格迥异。综艺节目主持人语言不仅具有文学性，有文采，有韵味，而且符合口语化的特点，有亲切的生活气息且朗朗上口，悦耳动听。而文采和口语熔于一炉的串联词，体现了观众雅俗共赏的审美需求，同时也符合人们对电视综艺节目“贴近亲和”的观赏心理。比如2009年的央视春晚上

有这么一段串联词，就很能体现集文采和口语于一体的语言风格。

白岩松：周涛啊，看见没有这么精彩的森林舞会，最后马上的主角“牛”，就露了那么一小脸。

周　涛：你知道为什么吗？因为牛都帮咱干活去了，要不怎么说“吃的是草，挤的是奶”呢。

白岩松：这精神咱得好好学。

周　涛：牛年马上就要到了，其实关于牛的吉祥话儿特别多，像什么“牛气冲天”、“金牛报春”、“金牛写瑞”，等等。

白岩松：顺着你的话啊，在这马上要到来的牛年还真得祝愿所有的年轻人“初生牛犊不怕虎”，咱们的建设者勤勤恳恳老黄牛，公务员俯首甘为孺子牛，咱们每个人改革创新拓荒牛。

周　涛：总而言之吧，祝大家财源广进，（合）牛年大吉！

第三，主持人语言内容充实、指向性强。主持人语言不仅联系着所有的节目，能以生动形象、丰富感人的语言烘托气氛、串联节目，而且联系着现场及不在现场的电视机前的数不清的观众。因此，主持人话语必须具有很强的针对性和目的性。直接为节目服务，为节目的传播宗旨服务。

第四，综艺节目必须张扬主持人的个性。观众往往把栏目的标志相对固定于综艺节目主持人。因此，主持人的个性在一定程度上代表了栏目的风格。主持人的个性主要是经由语言表现出来的，如果语言华而不实，缺乏鲜活个性，即便是再讲究的字句，再洪亮的声音也难以为当今时代人们所接受。

（二）综艺节目主持人语言功能

综艺节目不只是庆典式、仪式化的盛大晚会，一些引进游戏的节目也属综艺节目。这些节目的主持人串联词不是由专人撰稿，语言风格不需要诗化，更没有必要的排练，节目的环节不需要预先策划安排，主持人不再唱独角戏，而是与台下跃跃欲试的观众即兴完成节目。总之，太多的不确定因素，使主持人在节目中的语言担负的功能要更为复杂，即集司仪、调度、导演、裁判数职于一身。主持人是节目创意的现场体现者，主持人的现场调度和发挥，在相当大的程度上决定节目主创人员前期付出的心力能否实现。

主持人的语言是一台节目的脉络，是渲染气氛的兴奋剂，是控制节奏的润滑剂，因此格外重要。游戏娱乐类节目的主持词多为即兴口语，既要脱口而出又要机智得体，既通俗易懂又能够出奇出新，既幽默诙谐又不失品位，它是主持人综合素质的表现和经验的结晶。主持人如若失之于语言的迟滞、木讷，或词不达意，或简单乏味，或张口结舌，或唐突无礼，都会破坏节目应该有的气氛。

主持人的声音应是传情达意、控制场面的基础，应有一定的幅度和较强的感染力，更何况游戏节目中众人的投入会使现场热闹非凡，分贝大增，要控制场面、吸引观众的注意力，一个持久耐用、响亮集中、收纵自如、游刃有余的好嗓子，是游戏类节目主持人的“法宝”。

主持人还要精于表达，要善于驾驭自己的声音，不要单凭热情一路高调再加上快节奏，要有抑扬顿挫、轻重缓急的区别，一张一弛、疏密有致的节奏变化，这样，观众才不会烦心。

二、综艺节目主持人语言情感因素的把握

主持人语言情感因素的把握研究很具有代表性，我们作简要概括如下：

（一）从整体上把握特定情感

语言是综艺节目主持人主持节目的首要武器，而其精髓正是情感。“感人心者莫先乎情”，尤其在艺术活动中，情感的感染作用大大加强了艺术效果，综艺节目的认知功能、娱乐功能、审美功能无不通过感情起作用。对于主持人语言来说，一台晚会的主题氛围、节目的情感色彩应在主持人语言中贯穿流淌；观众的情绪、舞台上下、屏幕内外的沟通，都需要通过主持人饱含感情的语言组织调动。

不同的综艺节目有不同的主题和色彩，不同台的同一综艺节目也各有自己特定的主题和色彩，同是春节联欢晚会，以欢庆民族传统为总格局，各有特色，比如从2005年至2010春节联欢晚会的主题思想分别是：

2005年　盛世联欢

2006年　天地人和万事兴

2007年　欢乐和谐中国年

2008年　盛世中国，和谐社会

2009年　中华大联欢

2010年　虎跃龙腾报春来

由受众心理来看，观赏综艺节目的观众一般对综艺节目如春节联欢晚会都有特定的期待，而非被动地接受奇丽的舞台设计、欢快的乐曲、演员的笑脸、华美

的服装。在帷幕拉开时，现场气氛会唤起观众的共鸣，调动起观众的热烈情绪，形成深层的心理参与，此时，主持人的语言必须与晚会气氛及观众情绪达成一致，否则不仅影响已经营造出的现场氛围，而且会使观众单纯的愉悦观赏心理转为审视挑剔。

（二）从社会生活中感受、体验、积淀情感

把握情感常要认知和体验生活，积淀调动情感使之得以升华。综艺节目主持人在节目中总是经过层层包装，在台上“聚光灯”效应中，与生活中相比在形象上产生明显的差距。在这种情况下主持人要深入生活、深入实际、深入群众，真切地感受和体验种种高尚的情感，升华自己的思想境界。火热的社会生活是主持人在摄像机前调动情感的源泉，日常的感情积淀是摄像机前感情激发的根本。仅凭技巧表演激情，用尽浑身解数硬挤感情，不仅有矫揉造作之势，而且会引起观众的反感。

（三）掌握适当的情感分寸

人的情感有内容和形式两个方面，内容即主观体验，形式即外部表现。主持人语言情感的内容和依据，包括综艺节目的总体氛围、各个节目具体的情感倾向、主持人热诚为观众服务的态度；主持人情感在语言上的表现形式，包括主持人话语声音形式中的音调起伏和强弱、语气的色彩和分量、节奏的抑扬和疾徐。观众对主持人的语言总有判断和评价，他们需要主持人的激情的同时，赞赏主持人“不瘟不火”很有分寸感的控制。富于感染力又自然流露的情感表达方式才能唤起人们的共鸣，才具有审美价值。

“激情”与“控制”，是综艺节目主持人必须处理好的一对矛盾，是主持人的基本功，也是主持人语言艺术中的重点和难点。激情与控制，前者关系到情感是否真实，后者关系到情感分寸尺度的把握程度。主持人如果激情缺乏，其表达就不能满足观众的审美要求，因“寡情”或“偏情”而与晚会观众心理不协调。

简单地说，以理智控制的激情最具有感人的力量，它是内心充满激情却在外部声音形式上加以控制以表达情感。目的是把所经历的事情和深切的感受告诉大家，那声音形式不以激烈的外部形式出现，却依然透射出内心深处情感的巨大涌流，这就给受众一个理解、感受直至感动的心理参与过程，于是传受双方达到了感情的共鸣。有控制的激情转化的外部表现形式的精髓在于传播者通过激发接受者的心理参与，产生强大的艺术感染力共同完成创作，是符合接受美学的观点

的。激情与控制的辩证关系既是一种艺术观念，又是一种表达技巧，把握适当分寸的表达是传播中一个重要的原则。

三、豁达幽默的追求

综艺节目的现场录制很多见，因此常会有一些意外情况发生，因此主持人可以用幽默的语言过渡这些尴尬场面，实际上主持人在综艺节目的主持中应当始终保持豁达幽默的语言特点和人格特色。幽默作为一种精神现象，必然受审美主体即人的心理、意识的制约。法国哲学家伯格森就说过："我们请读者注意的第一点是：在真正属于人的范围以外无所谓滑稽。景色可以美丽、优雅、庄严、平凡或者丑恶，但绝不会可笑。我们可能笑一个动物，但那是因为在这个动物身上，我们看到一种人的态度或表情。我们可能笑一顶帽子，但我们所笑的并不是这片毡或者这些草帽辫，而是人们给帽子制成的形式，是人在设计这顶帽子的式样时的古怪念头。"不同心境情绪（暂时性的）、心理素质和性格脾气（稳定性的）及智能勇气的人，他（她）创造和表现可感受和体会幽默的程度也不一样。在人类社会生活中，到处都埋藏着幽默的种子，它全凭我们节目主持人的智慧和心灵去浇灌，才能发芽、开花、结果。幽默既然能体现在表达的效果和交际的氛围上，那么它的表达必然有一定的方式方法。

幽默要达到其真正的效果必须注重幽默本身的形式。经常有这样的情况，逗乐的形式表达的却是严肃的立意。那么如何才能让受众乐得起来呢？我们认为幽默的形式首先是表现在事理的新奇性上，即往往说话人所表达的话语"违背常规"，让人常常感到意外，趣味而幽默的外壳和严肃的内核，二者缺一不可。

在这方面，李咏无疑是个高手。他在主持第十二届金鸡百花奖颁奖晚会时，因《英雄》而获得最佳导演奖的张艺谋没有到现场领奖。在解释张艺谋为什么没有到场时，李咏慢条斯理地说："张艺谋作为一个大导演，经常不出现在颁奖现场。我不（把这种行为）理解为他很忙，我认为，他不来是因为他（怕）不好意思，如果他不获奖的话他不好意思，如果他不得奖的话他怎么交代呢？此刻，他只好在乌克兰种花。"此席话一出，全场笑得不得了。

语言学理论表明，语言的搭配虽然受到语言系统的限制，但是幽默者往往能突破这一限制，从而将语言的幽默特征显示出来。当听的一方所接受的新信息与经验感受和理性观念发生矛盾时，在交际的具体语境中，人们往往会从更深的层次上去理解这一与解码规则相违拗的话语，从中感知和发觉到一种幽默。

节目主持人语言的幽默风格不只表现在此一方面。语义给人以意外享受会产生幽默，语言给受众以技巧的出奇感觉也可能产生幽默。总之，偶尔的语言幽默并不难，但要使之形成幽默型的内在风格却绝非易事。

第四节　综艺节目主持人现场驾驭艺术

一、现场应变技巧

综艺节目整体环节复杂，现场情况千变万化，加上参与者较多，经常有意想不到的情况发生，应变语的质量高低关系到节目能否顺利进展，成功的应变语会给节目增添趣味和光彩。应变语一要快速，二要得体。

所谓快速即反应要快，要能够根据实际发生的情况当机立断，用语言去弥补已经出现的问题，填补时间上本来要造成的空隙。中央电视台主持人董卿在《欢悦中国行——2007 元旦晚会》上，曾凭借其高超的即兴组织语言和运用语言机智的能力，现场临时组织主持词，十分巧妙地填补了零点敲钟前三分钟的“时间空白”。

所谓得体即说出的话要合乎情理和逻辑，不要信口开河，胡言乱语。

有位节目主持人在嘉宾临时提出夫妻“如何和睦相处”这一问题时回答说：“任何人都有弱点，何况自己的爱人呢?”莫名其妙的一句话，让人摸不着头脑，很不得体。常见的应变语有以下几种：

（一）顺水推舟式

综艺节目大多采用录播加直播的形式，以获得逼真、热烈的艺术效果，然而，直播中迸发出鲜活、高明的即兴创作的同时，也存在着技术方面的故障、忘词的窘迫、节目时间的长短等意想不到的风险。这就需要主持人临场随机应变，力挽狂澜，使节目得以顺畅进行。随机应变虽然同属于即兴发挥，不过它专指“不测”情况下的即兴创作。上文所谈的常态下的即兴发挥，有它，则锦上添花，无它，亦无伤大雅；而非常态下的随机应变，无它，定会陷入窘境，有它，则雪中送炭，绝处逢生。

中央电视台《绝对挑战》的主持人李佳明，就是位非常机敏聪慧的主持人。在一期《绝对挑战》的录制现场，当他宣布完最后的比赛结果，获胜的女孩高兴地蹦了起来，随之竟然抱住另两位失利的选手，失声痛哭。面对这样的场景，李佳明没有慌乱，而是机敏地劝道："不要哭了，等你以后当了总经理，把她们再招回来不就行了？"这样一句看似顺水推舟的话，简简单单，却不仅让流泪的选手破涕为笑，也让节目可以顺利地进行。

（二）自我解嘲式

自我解嘲即节目主持人在主持节目过程中不小心出了洋相或发生意外情况时采用幽默的语言，也是化窘迫为轻松的应变语。

2006 年中央电视台春节联欢晚会第四次带观众彩排时，在 35 个地方电视台主持人上台和央视 4 个主持人参加《盛世大联欢》节目时，发生了一件意外的事情：当时，有个来自山西电视台的主持人在台上不小心摔倒了，但是导演并没有叫这个节目停止。在后来的送春联中，这个主持人说道："我一上来就摔了一个大红包，恭祝大家过年好！"这句一语双关的拜年词，这种自嘲式幽默，既为自己刚才的难堪解了围，又为晚会增添了喜庆的气氛。

（三）烘托主题式

烘托主题首先要把握主题，细致观察现场，以主持人的职业灵敏捕捉现场契机。

以 2008 年《向祖国报告——迎"七一"暨抗震救灾晚会》为例。董卿在晚会现场采访了绵竹市广济镇仁贤社区党支部书记曹代成。之前的谈话交代了曹书记的现状：一个普通的基层党支部书记，地震发生时他四处奔跑呼喊，动员群众离开，却因此失去了老母亲、妻子和小孙子。但是曹书记并没有后悔，在晚会现场，他抚摸着自己的共产党员胸章，大声地喊出"为人民服务，值！"的豪言壮语，紧随其后，董卿说道："谢谢你，曹书记！（对观众）曹书记来自仁贤社区，我突然想到仁贤二字，在古代仁被解释为爱人，贤为才能。而在这次抗震救灾当中，我们成千上万的共产党员不正是用自己崇高的党性，又一次为这两个字做了最完美的诠释吗？这正是共产党为了老百姓，老百姓感谢共产党！"

董卿从曹书记来自仁贤社区的"仁贤"二字展开，紧紧围绕晚会的主题——"迎七一"和"抗震救灾"，道出了共产党员在抗震救灾中对中华优秀传统文化——"仁贤"的继承和发扬，并且由开头对曹书记个人的"谢谢"升华递进为结尾时老百姓对共产党的"感谢"。曹书记的事迹具体感人，董卿的语言升华感人，所以当董卿话音一落，全场就响起了热烈的掌声。可见，董卿用美好的语言感染了观众，用真挚的情感打动了观众。

（四）锦上添花式

前面我们说过，主持人是联结观众与演员的纽带。因此，晚会预先设定的“动情点”或高潮常常需要主持人语言的提示、烘托和催化，从而控制着节奏达到预期的目的。例如，2010 年《情系玉树，大爱无疆——抗震救灾大型募捐活动特别节目》的晚会现场，观众沉浸在一片悲伤与感动的氛围之中。悲伤，是为了玉树人民遭受如此大的灾难而悲伤；感动，是为了抗震救灾的解放军战士和全国各地的志愿者的英勇行为而感动。就在这时，主持人周涛拿着一封家书上台，那是遇难香港义工阿福家人写给他的“永远也无法寄出的信”。“会不会是弄错了，不可能是真的。我知道就算再给你一次选择的机会，你还是会走这条路，阿福，放心去吧，不要惦记妈妈，我们会帮你照顾好妈妈，我们会替你把帮助内地贫困孩子的工作继续下去……”周涛用略微颤抖和充满感情的声音读完了这封家书，现场爆发了雷鸣般的掌声，很多人是一边擦泪一边鼓掌的，周涛也忍不住现场落泪。周涛读的这封家书，对整台晚会来说是锦上添花。

（五）乘兴演绎式

有时晚会安排的一些小节目动作性强，如果主持人能即兴加上一些旁白，既能帮助观众看出门道，又能促成小节目的生动表演，从而实现节目构思所预想的效果。比如，在一些晚会上有武术表演，主持人在武术表演的同时，配一些带有武侠气息的旁白，节目的效果自然会很棒。像体育赛事的解说，很多都是乘兴演绎的。

（六）开诚布公式

开诚布公式即节目主持人勇敢地承认在主持节目时出的差错，以自己的坦诚去改变自己在受众心目中本会留下的不良影响。例如，袁鸣在上海东方卫视担任主持人期间，有一次在海南主持一场庆祝某京剧剧团成立的文艺晚会。她在介绍嘉宾时误把一位名叫“南海燕”的先生说成了“南小姐”。当这位南海燕先生走上舞台时，袁鸣马上意识到自己说错话了，于是急中生智：“哎呀，非常抱歉，我望文生义了。”然后接着说道：“不过你的名字让我想起了一句诗——旧时王谢堂前燕，飞入寻常百姓家。这可真是一幅充满诗意的美妙图画啊！同样，国粹京剧作为宫廷艺术，一直盛演于北方，如今随着狮子楼京剧团的成立，古老的京剧艺术也首次飞过了琼州海峡，到海南落户，这不也是一幅美妙的图画吗？”嘉宾性别搞错本是主持之大忌，不过袁鸣及时地坦承错误，并用自己的机智巧辩和出众文采弥补了这一切，打消了嘉宾的不满，也让观众淡忘了先前的错误，只记得她的诚恳、机智与文采出众。

二、现场驾驭的要求

主持人要驾驭好节目现场就必须具备一定的条件。主持人精彩得体的随机应变确实能够不露痕迹地避开险情，扭转局势，这是综艺节目主持人语言艺术中不可或缺的重要内容。主持人怎样才能具备驾驭现场的能力呢？我们从以下几方面来探讨一下。

第一，主持人必须具备一定的大局观，还要能够从小处着手，细心处理节目中每一个细节。

一方面，综艺节目主持人必须充分把握晚会主题，对有关的细节，背景资料了如指掌。只有紧扣宗旨，应变的话语才能有品位、有格调，准确、到位而有力；着眼于节目主题，切合时代脉搏的应变，才是上品。另一方面，在保证应变的思想性的同时还要巧妙，才称得上是“智语”，也就是说，应变的切入点要从现场的时空情境和人物心情入手，具体、自然，入情入理，而非牵强附会、生搬硬造。

第二，主持人必须具备丰厚的文化底蕴。

主持人在平日的勤学苦练，是瞬间产生灵活思维、丰富联想以及快速组织语言的能力源。资深的综艺节目主持人赵忠祥、倪萍、周涛、董卿的勤奋，在节目主持中表露无遗，在他们的专著中更能觅得踪迹。超越他们的综艺节目主持人必定是会有的，他们走过的道路肯定是成功者的必由之路。他们在深入生活、看书学习、练笔练口等方面确实是动脑、动心、动笔、动口，下过工夫的，他们才有比较深厚的民族文化的底蕴和对于生活的深刻理解。还有一点是不容忽视的，即在无数次的主持实践中，他们都积极主动地参与创作，决不简单机械地依赖现成的串联台本，因此积累了丰富的主持经验和应变策略。

第三，主持人要有良好的心理素质和灵活的思维能力。

主持人的主持状态与节目成败息息相关，好的主持状态应是感情充沛，理智清醒，积极、自信、兴奋、从容。如果说“积极”来自职业热情，“自信”来自充分的准备，那么从心理角度看，“兴奋”意味着保持一定的紧张度，主持人的思维、情感都处在一种积极的竞技状态；“从容”意味着松弛，只有适度的松弛，思维和感受才能灵敏，观察才会细致，注意力的分配才能恰当，因而能够“眼观六路，耳听八方”，一旦出现意想不到的情况，应急机制迅速激活，平时的储备、晚会的主旨、具体的情况旋即“接通”，才能“有话可说，有点子可想”，于是才能随机应变，应对自如。

第八章
热线直播节目的驾驭艺术

第一节 热线直播节目话题的选择艺术

热线直播节目随着通讯业的不断进步逐渐流行起来，热线直播节目的收听率直线上升，加之热线直播节目的现场感很强，因此对主持人的驾驭能力有较高的要求。

然而，随着时间的推移，观众对热线直播节目的熟知，那些仅仅停留在表面热热闹闹，信息量少、缺乏深度和广度的热线节目渐渐失去了往日的魅力。

热线直播节目要能够满足人们的信息需求，就要求主持人必须有较强的现场的驾驭能力，只有这样热线直播节目才能有持久的魅力。热线电话直播节目都是由主持人在现场主持播出，由主持人与电话听众相互交流来完成的。因此，节目的整体结构、编排设置、交流内容走向、语言的把握，都同节目主持人的水平、能力有关。主持人对节目成功的驾驭，可以扬长避短，最大限度地发挥热线节目优势。反之，则会使节目松散、拖沓、空泛无味。

一、选题要热点性、敏感性兼顾

选择公众关心的热点话题，善于发现已热或趋热的社会话题，在“热”字上做文章，透过热点话题的现象做大量的透视与升华，揭示其本质、进而引起人们的关注、警醒，给人们提供诸多启迪。

中央电视台一向很重视选题，以《共同关注》为例。该节目将关注点定位为中国社会大转型时期大量出现的弱势群体身上，以百姓生活中真善美的动人故事为内容，从而呼唤社会真情，展现互助关爱。这样一来，节目在发挥央视作为国家媒体的社会功能同时，也更好地诠释了“构建和谐社会”的理念。如曾播出的《四川绵竹暴雨造成十公里堰塞湖四千人被困》、《西安三岁女童校车内窒息死亡事件》、《19 名留守儿童的亲情之旅》等节目，既是聚焦了社会热点，又对事件进行了深度的挖掘。

地方电视台的热线直播节目做得也很出彩，比如江苏城市频道的《南京零距离》。这档独具匠心的新闻直播栏目，以"光头读报"吸引了无数人的眼球，但也以关注民生、第一现场、第一时间而著称。节目的宗旨是："报道南京、服务南京、宣传南京"，因此节目的选题是南京人最关心、最关注、最关切的问题，有很多是发生在老百姓身边的"小事"，贴近民众生活，受到了广大南京人的喜爱，被誉为"南京人的电视晚报"。

与新闻选题相同，热线直播选题的确定，应该在广泛涉猎热点信息的基础上，捕捉兼具社会性、思考性的信息进行开掘。如一些敏感的情感问题：婚外恋、家庭暴力等，这些选题的确立，无不经过从主持人到受众，从受众到主持人的换位筛选过程。

二、选题要有较强的参与性

争议性话题可以激发参与者的讨论热情。因为人们的价值观念和意识形态有不同的层次，因此对某些有争议的话题往往有不尽相同的看法，选择这些话题有助于丰富节目的内容。如中央电视台《新闻 1 + 1》是中央电视台新闻频道唯一一档"时事新闻评论直播节目"，在话题的选择上，每期节目从时事政策、公共话题、突发事件等大型选题中选取当天最新、最热、最快的新闻话题展开评论分析，从而吸引观众的观看并激发他们参与的热情。

三、话题的拓展

话题的选择固然重要，但是有一个好话题得不到有效的拓展，就等于浪费了话题，这样在某些可拓展的话题上，就可能越走越窄，影响节目的影响力。所以拓展话题是主持人话题节目的内容由单一到丰富的根本出路。话题拓展不是件容易的事，真正想把话题拓展开来必须做到以下三点：

首先，主持人必须具备较高的思想理论水平。许多主持人一见新闻性强的话题就发憷，他们认为这样的话题是引导舆论导向的话题，怕主持不好，走火，犯错误。产生这种心态的主要原因是，平时对党的路线、方针、政策学习得不够，理论基础不扎实，怕主持时讲错观点，说出错话。所以，认真学习党的路线、方针、政策是主持人的必修课，只有具备一定的理论功底，才能主持好新闻性强的节目，才能用正确的舆论引导观众。如果有的主持人缺少这方面的基本功，就要下大力气，补上这一课。

第二，主持人必须具备过硬的专业素质。一些话题节目，必须请权威性的客座主持人才能办好。如《今日说法》、《海峡两岸》等，都属于这样的话题节目。《今日说法》对法律知识的要求特别高，就需要请相关的法律专家来共同主持，才会提升节目的可信度，树立节目权威性。而《海峡两岸》就需要海峡对岸的中国台湾主持人共同主持，这样才能让观众真正体会到两岸对话，而且中国台湾的名主持对台湾的了解自然更多一些，这样节目的信息更可信。再比如奥运直播节目，都会请往届相关项目的奥运冠军或体育名将来当客座主持人，因为他们对那些体育项目更了解，他们说的话更具有专业性和权威性。

第三，主持人必须具备一定的文化修养。社会的发展和科技的进步产生了一些新的领域和新的知识，要在服务性的话题节目中向听众反映这方面的情况，介绍这方面的知识，主持人就要拓宽知识面。如股票、期货等都是在改革开放和市场经济大潮中涌现出来的新知识，观众不明白，许多主持人也不明白。接触这样的话题时，主持人就应该认真学习有关期货、股票等方面的知识，这样主持这方面的节目，才能心中有数，不至于说外行话。

第二节　主持人在热线直播节目中的作用与要求

一、主持人的作用

（一）控制节目的内容

节目内容是热线直播节目的核心，而主持人则是核心中的核心。热线节目实现了中国大众传播“以传者为中心”向“以受众为中心”的发展，实现了传播学中所谓的“互动”行为。受众变被动接受为主动提供和反馈信息，不仅仅是接受者，而且成为节目内容的构成者，甚至成为节目主角。由于热线直播节目是由受众和主持人共同创作完成的，现场创作的成分占较大比例，因此参与者往往会极大地影响节目结构和内容，要达到录播节目的缜密精致显然会有一定的差距，这就要求主持人在节目行进过程中进行正确的引导和驾驭，尽量地缩小这种差距，使热线传播达到最佳效果。

主持人要做到正确引导和驾驭，首先要精心选题，做好策划、准备的案头工作，这是提高热线节目信息量必不可少的环节。

主持人要处理好热线传送的过程。由于电话语言在节目内容中比例较大，主持人要和电话编辑密切合作。电话编辑要把握好电话内容，对参与者进行详细的交代，帮助其明了节目的主要意图、主要内容、进展情况，了解其表述能力、大致观点，甚至包括其口音及电话本身的质量，然后有选择地切入直播室，不能来者不拒。也可以事先预约听众电话，把预约电话和自然电话结合起来，起到抛砖引玉和深化主题、确保导向正确的作用。另外，由于节目内容驾驭的难度，每位听众的水平参差不齐，会呈现出热线电话内容的纷繁多样。面对这种情况，主持人必须对电话参与内容进行不同程度的控制、引导、拓展和小结，这样，既能使节目内容始终围绕主题进行，及时指出不良的内容并进行纠正，又能拓宽节目范围，增加节目内涵和深度。

（二）驾驭节目的互动性

互动性是热线直播节目的最显著特点，主持人只有将这一环节驾驭好才能将热线直播节目主持得有声有色。如何提高听众电话的质量和交流效果，短时间内表达出有价值的意见、观念，构成节目的主体部分，这在很大程度上取决于主持人对听众电话的驾驭。主持人引导正确且单刀直入，让问题直接走入受众内心，方能引起心灵共鸣，使听众产生参与的强烈欲望并始终关注讨论进展及结论，使节目具有亲和力。不过也不是听众电话越多，讨论就越精彩。比如情感服务类广播热线这一类节目，主持人在疏导听众的灰色情感，释放听众郁闷情结，缓解听众心理压力等方面发挥着重要作用。在这种介乎“心理咨询”和开放式谈话之间的节目中，主持人通过语言对听众的引导直接关系到节目本身的社会效应。而要引导好听众，主持人必须学会恰如其分地掌握和控制自己的语言，且其语言应富含信息量。丰富的信息量往往源自节目主持人广泛的积累和节目之外充分的准备。有的节目主持人在听众打进热线希望得到真诚帮助时，说的仅是简单的抚慰或者貌似高深实则没有任何意义的套话。如果说前者是在浪费广播资源的话，那么后者不仅浪费了广播资源，还以近似于无效的信息“糊弄”听众，使听众原本郁结的心绪得不到有效的疏导，也违背了开办这类节目的初衷。对此，节目主持人必须引以为戒，于节目之外做足功课，以充满启迪性且富含信息量的语言去引导听众。

（三）深入分析受众话语

在热线直播节目中，受众和参与者的话语是节目的重要内容，主持人不仅要认真倾听受众话语，而且要对他们的话语作及时地分析、归纳和恰当的总结，这样才能加深节目深入人心的程度。因为听众是流动性的，不可能次次从头听到尾，一段讨论之后小结一下，既能让听众知晓节目内容和进展情况，又能对观众的讨论进行同步引导。另外电话讨论往往是混沌状态，其中正误、主次往往混杂在一起，且多有重复，就需要主持人加以分析，清晰条理，理出主要论点，以达到深化节目主题、增加节目内涵的作用，使节目更紧凑。有时，亦可留下疑问或列举多种说法让听众自己思考、判断和选择。如果在热线节目中主持人仅仅充当接线员或司仪的串联角色，对听众电话既不引导也不控制，对听众发表的意见既不分析，也不归纳，任其重复或跑题，其结果只会让人不知所云，信息量也就减少了，就不能真正体现广播这一特殊媒体在“广”和“深”上的优势。

我们知道大众文化易犯的通病是低层次的标准化，“以受众为中心”不应视为一切围着受众转，文化应当超越现实，但不应放弃崇高的理想和引导的天职，实际上受众潜意识中都有追求高雅文化的愿望。因此，对热线节目，不但要引导，而且还要适当主动地将节目丰实的内涵给予听众，增加听众的收听兴趣。节目信息含量愈大，知识性、趣味性、赏析性愈强，愈容易引起听众兴趣，愈能使听众有所收获，愈能实现主持人的意图。

二、热线直播节目对主持人的要求

热线直播节目的特征说明了其本身带有较鲜明的对话性质，因此热线直播节目的主持必须掌握对话节目的一些要求与规则。

（一）真诚待人，心态平和

真诚的品性是指主持人言谈举止中让观众真切感受到的善良、正直的品格；平和的心态是指平等意识下良好修养显现的一种自然心理状态。

一个人要想进入人际沟通，不需要肯定对方的每个想法，但必须把对方作为一个独特自我或一个重要的个人加以对待，尊重对这种互动来说是最基本的。谈话节目主持人要知道怎样真诚待人，就是要明白自己就是普通人，懂得尊重他人，既不仰望、也不俯视，要放平心态。它是一种内在修养的具体体现，是平日长期锻炼的结果，不是想做就能做出来的。如果把真诚品性看成一棵自然生长的树木，那么平和心态的修炼就是树上枝枝杈杈的修剪。

重在沟通交流的谈话节目主持人，其真诚品性与平和心态的统一是一种健全人格的体现，是主持热线直播节目不可或缺的本质构成。现在“平常心”一词很流行，但不少主持人实际做起来却很难把握自己（包括某些名主持人）：见到百姓不知不觉流露出居高临下的优越感；见到“高人”又不自觉地表现出居低望高的奉迎色；或反之，靠膨胀临时的“主持权力”来掩饰心虚以求得“平视”效果等。这些表现都露出了不够真诚、缺乏平和心的实质一面。如此怎能求得轻松自然的现场氛围？又怎能进行真正的互动交流呢？

原《东方之子》主持人胡健对作家张贤亮充满互动氛围的访谈，使节目编辑张洁生发出这样的感慨：“当我们忘记自己的记者或主持人身份去和你欣赏的人进行亲切的谈话时，这种谈话会让观众产生兴趣。自然和谐的交流永远让人春光明媚。”这里的“忘记身份”是潜意识的，“欣赏”则是有意识的，是主持人面对名家既不仰望又不俯视的平和心态造就的。

（二）谈话姿态对等

热线直播的主持人何以与参与者相互激励得精彩纷呈呢？热线节目的参与者一般是普通人而不是谈话节目中的嘉宾，因此主持人要做到与对方谈话的姿态对等，才能将交流顺利进行下去。

从参与者来看，他们至少希望与主持人能谈得来，希望对方能听明白自己的意思；再深一点的，则希望主持人是自己的知音，能懂得自己，理解自己，能把其观点、感受准确地概括并传达给听众。这种要求的被满足，在一些情感类节目中显得更为必要。因为只有对方感到有倾诉欲时才会更愿意跟你交谈，而不会被动应付。反之就可能提不起兴趣，应付式地谈一谈，使本来可能会妙趣横生或颇有深度的谈话流于平淡无味。

同样，对一些专家、学者、领导等权威人士的访谈也需要平等的互动交流。央视《新闻1+1》采用“1+1”即一位主持人和一位新闻观察员的双人谈话模式，由白岩松和董倩联袂搭档主持，深入解析新闻幕后错综复杂的背景脉络，还原新闻全貌、解读事件真相。主持人在与专家进行话题探讨的过程中，特别注重平等互动的交流，由此凸显专家的意见。谈话节目涉及的领域太广、人物太多，想做得很专业是很难的，但不是一点不能弥补。重视每一场访谈前“现炒现卖”式的知识突击也很重要，可以在一定程度上弥补对话资格的不足。这就是围绕将要面对的话题或人物，有针对性地了解情况，阅读相关书籍。了解相关的信息，这个准备越充分，现场“现卖”的效果越好。当然，从根本上讲，这种做法只有在主持人有较高文化素养和对人生、社会有较深的观察思考的基础上才能真正见效。

总之，自然、真实、和谐的交流互动是节目追求的最佳效果。如果说主持人的真诚品性、平和心态是双向交流的前提保证，那么他拥有的对等心智是有效“互动”的必备条件。谈话节目主持人应当具备的核心素质是有真诚的品性，平和的心态，对等的心智。

第三节 热线直播节目驾驭艺术

一、注重传播的导向性

正确把握艺术导向，严格把握好广播宣传的“度”，对听众进行正确的政策和法律方面的引导，对情感交流主持人来讲显得尤为重要，具有特殊意义。

由于社会价值取向的多样化，生活节奏的加快，人们心理上有挫折、失落、迷惘、紧张，从而产生了强烈的表现欲、倾吐欲，情感渴望得到宣泄，渴望与别人进行思想交流，渴望得到心灵的慰藉。情感交流节目给他们提供了场所，满足了他们的需求。这类节目的主持人应具有鲜明的导向意识和把关意识，对听众的不良情绪进行及时的疏导，然后加以正确引导，把住世界观、人生观、道德观、价值观几个关口。具体地说，主持人要做好以下几点：

首先，主持人要能够把握正确的政治方向，有较高的政策理论水平。情感问题中，经常出现情与理、情与法、情与道德等矛盾冲突。不熟悉党的方针政策，违反了党的方针政策，不学法、不懂法，情感交流热线的导向就会出现偏差。如果导向问题出现了严重的错误，必然置节目于死地。因此，情感交流热线的主持人，必须把提高政治水平放在首位，学理论、讲政治、懂政策法规。

比如与恋爱、婚姻密切关联的有些民族的通婚问题，主持人需要熟悉我国《宪法》和《婚姻法》。既要以婚姻自由为原则，又要遵循我国民族宗教政策，做到既处理好个人问题，又体现维护国家安定和民族团结的政治大局。

其次，主持人要掌握交流的分寸，这样才能将交流行为做到恰到好处。主持人面对浓浓的情感绝不能感情冲动，要热中有冷，始终保持头脑的冷静，以理智的思考、规劝和耐心的说理加以引导。

第三，主持人不能把自身姿态摆得过高，对交流对象要采取引导的方式展开交流。作为听众的朋友的主持人，要平等待人，而不能居高临下，对待听众不仅要亲切、热情还要谦虚，做到引导而不训导。对于涉及法律和政策的问题，主持人要态度明确，强势引导，毫不含糊。对于那些对政策和法律模糊不清的言行，主持人要进行软势引导，以理服人。主持人或正面引导不回避矛盾，或旁敲侧击、循循善诱如春风化雨，防止矛盾激化。

第四，主持人要有基本的是非观，在交流过程中观点要鲜明，不能含糊。一些深夜的情感类节目，经常会接到一些“奇怪情感问题”的电话。比如说，有搞婚外情的，有当第三者的，甚至甘心做二奶的，当主持人接到这样的听众电话时，要当机立断地表明自己的态度，告诉他们，他们的行为是错的，想法是错的，应该及时更正。例如山东广播电台经济频道的《叶文有话说》的主持人叶文，就是这么做的。在与听众的交流中，她睿智辛辣，快言快语，无情地批判那些在婚姻和爱情中出现的不道德的人与事，坚决地表达了“用家庭的和谐构建社会的和谐，女性要用自尊、自爱、自强的态度面对婚姻和家庭中出现的问题”的主张，树立了正确的导向。

此外，如果节目有嘉宾和观众的参与，也会有效地增加导向的力度与深度。为做阐述，这里再引用一个例子：《非常6+1》还设置了一个“call out”环节，为了让更多的人在这个环节中参观参与进来，李咏将会选出6个幸运者现场拨打他们的电话，让每个人挑一位现场观众，然后打破一个“金蛋”或“银蛋”。如果选对了，《非常6+1》就会实现他的一个梦想。这一环节的设立，增强场外观众参与节目的积极性，进一步扩大节目的互动空间。主持人与现场内外观众之间的直接即时的交流互动，其实就是一种人际传播的回归与复兴。这种人际间的交流互动，非常有利于加强节目的平民化风格。

二、注重论证思维的艺术性

热线直播节目中主持人会经常讲一些道理，而且这些说理都要求主持人在现场比较短的时间内组织语言，因此主持人要注重论证思维的艺术性，这样才能以心灵的真感情去感染受众，征服受众。

热线直播节目中，主持人要讲道理就要懂得运用思维的艺术，并能结合典型事例把道理讲清楚、讲透彻，使受众从中能得到较多的收益。在陕西农村广播《今夜心语》的一期节目中，一位听众刚打入电话时情绪就已失控，痛哭之声极尽惨烈，说“自己不想活了，要自杀”，可见其万念俱灰。对此特殊情况，主持人卫东采取的步骤基本上是：问询——建立沟通关系；倾听——增强信任感；议论——剥开是非与矛盾；点评——找出主要矛盾；激将——认识自我、激励信念。在长达一个多小时的对话中，由于问询和倾听阶段铺垫得好，基本上控制着对方的情绪，使这位听众的言语尽管重复，但事件的叙述和思想的表达基本清晰，节目得以顺畅进行。在做到熟知情况后，主持人才递进到后面的步骤，言语中“软硬兼施”，引导与激励并用，既有批评之处，更多鼓励之辞，使这位听众在情绪慢慢控制住的情况下，也多少开始去调整自己的心情。同时，这样的步骤也有利于收音机前的其他听众听清来龙去脉，参与节目，与主持人共同引导自杀者摆脱困境。

这种以生动的典型事例为依托，寓理于事、寓理于情、事理结合的说理手法，较之一味讲空洞的大道理，其传播的效果要好得多，更具有震撼心灵之魅力。面对这许许多多活生生的感人的人和事，人们在主持人的引导下，从感动中受到启迪、教育，在思考中得到顿悟，升华了美德，净化了心灵。听众的这些收益就是主持人成功运用思维艺术的结果。

三、注重整体把握的主导艺术

热线直播节目中参与者的谈话内容是节目主体，但是作为媒体代言人的主持人必须把握媒体的主导权。既控制节目流程，又体现节目主题；要防止因热线的随意性、不确定性造成节目的可控性降低而出现的各种险情，积极地变被动为主动，始终牢牢掌握节目的主导权。

交流节目主持人的主导艺术，集中体现在主持节目过程中反映出来的整体把握与综合能力上。具体地说，主要表现在以下两个方面：

首先，主持人把握好话题讨论。听众热线电话涉及的话题多样，内容广泛。主持人要把握好话题的取舍，要清楚地了解哪些适合谈，哪些不适合谈；哪些要重点谈，哪些一般地谈，分清主次，关键是要考虑到话题的普遍意义和典型性，做到回答一人，面向众人；还要善于选择谈话的最佳角度，要考虑到从哪个角度切入更有新意和深度，要做到内容新、角度新、内涵深、不落俗套，不断激发听众的兴奋点，吸引听众注意。

其次，主持人要在节目中树立媒体的主导权。要围绕节目主题组织听众讨论，重点问题深入讨论，详细分析；次要问题或与主题无多大关系的问题可以轻轻带过，或巧妙回避，尽量少占宝贵时间；涉及游离于主题之外的话题，要及时扭转，及时引导到主题上来。在组织和引导中，主持人既要放得开又要收得拢，既要从整体上把握住节目，又要灵活反应，善于指挥调度。总之，讨论到什么程度，达到什么目的，主持人要心中有数。主持人对来自各方参与人士的不同意见、看法要热情耐心地倾听、解释与引导，不要流露出不耐烦、甚至不满的情绪。但是对有悖于党的方针政策和国家法律的言行，主持人要旗帜鲜明，坚决抵制，要做好正面引导工作，及时排除消极影响，不能态度暧昧，含糊其辞；对一些不健康的情绪和不良的思想，主持人要多做工作，积极引导，切忌随声附和。

总之，主持人要始终保持高度的政治警觉，不盲从、不迎合、不附和，真正做到主导节目，引导受众。

四、注重节目的人文思想内涵

对这方面问题的讨论，前人有精辟的论述，特此引述如下：社会生活的纷繁多变，人生体味的酸甜苦辣，使得以“谈心”为主的访谈呈现各种各样的甚至“怪异”的观点和看法。主持人面对这些，是从教化的、约定俗成的标准去看，还是以个人的经验、概念和原则去对待？抑或以明达、宽容、理性注入理解，加以引导和概括？这不属于技巧，而是属于如何看待世界的问题，它贯穿于主持人访谈现场的内外，决定着访谈的平面走向和纵向深度。因此就有必要谈到“还自身和对方以真实状态”这一节目理念所蕴含的另一层内涵。

谈话节目主持人要直接面对人，面对人的种种思想和情感。所要做的，就是把那些真实而又各异的东西有效地展示或挖掘出来，以促进人们彼此真正的认识、理解、沟通和关怀。可以想象，如果主持人看人待事从个人的观念、好恶和经验出发，那么面对现场各种思想、看法的交流、交锋，就很难不带偏见而又把握有度，自然也达不到人们相互间正确的认识、理解、关怀的目的。其中有性格修养、知识水平的问题，但主要是思维方法的问题，是对人、对社会如何理解的问题。

积极的人文思想信念使主持人明达、宽容、理性地认识同类和我们生存的世界。基于此，面对谈话现场多样的、矛盾的、对立的、怪异的观点和故事（真实的），他可能不会认同，但完全可以理解（当然危害社会的除外）。因为这正是人的个性和社会多元性的呈现。所以，他从心底不带偏见，而是怀着欣喜，以对每个人的尊重、理解和自己的睿智予以对应交流，主动而积极地把握着谈话走向，使谈话内容或丰富而有兴味，或深刻而有哲理，给人以多方面的视角或启示。

张越是位主持人，也是位作家。她用自己真诚、理解、优厚的文化底蕴和女性的独到智慧，撑起了《半边天》，开创了《张越访谈》。从锋芒毕露到安静倾听，虽然风格有变，但她的机智和真诚依然。《张越访谈》访谈的都是一些“小人物”、普通人，张越总是真诚地看着对方的眼睛，认真地倾听着他们的故事，对他们的经历透露着关心，对他们的行为表示着理解。最近有一期《张越访谈》（2010 年 6 月 10 日播出）谈的主题是“如何去爱”，请的嘉宾是一位有过三次失败恋爱经历的女士，张越对她每次恋爱的心情、恋爱的追求、恋爱的目的都表示理解，并积极地分析了她当时之所以会有这样的想法的原因，让节目融洽和谐，还时不时会有一些笑声。当积极的人文主义思想融入主持人的人格和立场时，一切有价值的真实都将得以展示或揭示，应该说这也是主持人多向思维的体现。它是无形的，却始终支撑着谈话节目的质量。

五、注重对受众的驾驭

主持是节目中的主导，而受众是节目的核心，主持人不能把谈话重心放在自己身上，他们必须在热线直播节目中驾驭受众，以受众为核心，这样才能把节目主持成功。现代媒介传播人已认识到，现代的受传者再不是像从前那样被节目牵着鼻子走，或者是随风倒的芸芸众生，而是非常自信、非常主动并带有一些挑剔和主见的群体。中国广播由于大规模采用热线电话参与，加速从“以传者为中心”到“以受者为中心”的过渡。电话采访、热线点歌、咨询、谈心使节目从单向灌输变为平等交流、双向传播。

有学者认为，传播之所以成功便是由于传受、信息之同构，即著名的“同构论”。他们认为，人与人之间所以能传、受，是因为传者与受者的内在同构。热线节目中，受众介入直播成为“传者”，然而参与对象往往是不确定的，职业、年龄、受教育程度等的差异较大，让主持人无法捉摸、无法预知他可能说些什么。因此，对受众的了解和认识是形成同构的先导，主持人对受众的驾驭是必需的，主持人必须处于主导地位，“内在同构”才能较快、较好地形成，这样才有可能实现自我宣泄、娱乐共享与情感教育多功能的统一。要驾驭观众必须做到以下几点：

首先，要让受众有回家的感觉。一个主持人在话筒前要有一种与朋友交谈的心态，而不是居高临下，尤其是电话参与者大多具有新鲜感和紧张感，好多人开口第一句便是：“我很紧张”、“我挺激动”，这时主持人就要从心理上先接纳他，让他感觉你是他的“老熟人”、“朋友”，以听众最易接受的口吻来接纳他，缓解他的紧张，逐渐引导他进入角色，引发他的共鸣，再以想象中的听众反映来调动自己的情感，使主持人与听众交流达到与实际生活的最大相似性，这样听众就会把主持人当成自己的朋友，不再拘谨，语言才能流畅，思路才可能清晰，才可能坦然地进入实质性的交流。

其次，倾听受众并征服受众。“欲将取之，必先与之”，主持人要征服受众就必须先倾听受众的声音，这是征服受众的第一步。真正意义上的节目主持人应当是那些在复杂的信息场中能够顺畅信息通道，沟通受众心灵的人。这就要求主持人首先能敏感地理解听众，在短时间内明了听众在说些什么，想表达什么，排除传递中的非关键性信息，吸纳并总结出关键信息。

主持人不仅要善于与受众进行递进式的交谈，还要善于提问、引导，善于抓住时机展示自己的观点和见解。在对听众有了预测和反应的同时，主持人要明确自己的定位，即明确自己在谈话进程中应起到的驾驭、引导、穿针引线的作用。主持人应有自己的观点，但不宜过早亮出自己的观点；要调动听众参与的积极性，发掘深刻见解，在其中归纳概括、衔接转换，最后画龙点睛。因此主持人还必须有快速反应能力，要善于思辨，一旦听众出现不礼貌用语或偏激的言辞，应即时予以打断、否定、劝服或反驳。

热线直播节目是一个系统的整体工程，因此主持人在实现驾驭节目时，还需要把握好对节目总体结构的认识和控制。诸如歌曲、音乐如何选择才能达到节目内容与气氛的和谐统一；单元之间如何过渡，使单元之间不是简单的相加，而形成有机的艺术整体；另外话题、歌曲、听众电话、资料等如何穿插过渡，相互衬托，做到既流畅自如，又游刃有余，看似随意，实则具有精雕细刻之美。对这些看似微小的细节的总体把握与处理会对节目的成功起到重要的作用。

主持人在节目主持过程中要了解受众的需求。人们的欣赏兴趣具有双重性，既追求娱乐性，又追求思想性，既想得到快感又想得到教益；这是人类心理需求的多方面性、多层次性的外在体现。主持人应在驾驭热线节目时把两者有机地结合，在通俗表达的过程中，蕴含高雅的内涵，使观众在通俗的形式中感受到高雅的内容，寓“高雅”于“通俗”之中。只有这样，才能适应并促进整个民族文化程度和审美标准的提高，也才能顺应世界大众传播文化发展趋势，才能使热线节目保持长久的魅力，在电台传者与听众受者之间真正架起沟通交流的桥梁。

第四节　热线直播节目中的语言驾驭

直播热线电话使广播中出现双方交流成为现实和可能，它虽然在空间上隔离，却在时间上可以得到及时反馈，从而使大众传播达到人际双向同步交流的效应。这当中语言起到了举足轻重的作用，热线节目使大众传播更具有浓厚的人际传播色彩。由于电话直接切入节目整体之中，主持人与听众的关系，近似生活中两个人面对面交谈，电话参与者在广播传播过程中不只是单纯的接受者，而且是重要的参与者。这时电话参与者这一特定受众更希望听到的是亲切化、口语化的语言交流，反映在广播语体上就是语气和语调亲切、温和，表达富有家庭式、朋友式的谈话风味，有一般人际交往的平等、友好的人情味。而有些主持人往往曲解了这种“人情味”，错误地总结出诸如“调子降下来，声音减弱，语言半准不准”，语句中间加“嗯”、“啊”，再加点错，等等。这实际上只是在追求表面效果，忽视了语言内质的培养和要求。有的人以为这样能更贴近听众，实际上听众收听的时间一长，主持人语言便出现“过于通俗”、“磕磕巴巴”、“语不达意”等毛病，显得随意有余、严谨不足，严重影响节目质量。热线电话节目虽不太可能完全像录播节目一样语言句句精雕细琢，但这并不表明口语化就可以不讲究规范化、艺术性和严谨性。主持人必须认识到个人传播的语言交流和大众传播的语言交流是有区别的，主持人的播和说，不是低层次的播和说，它应该在高层次，但却在通俗化的基础上富有美学意义上的情趣，具有欣赏价值，是口语化和规范化、偶然与特意加工的和谐统一。

语言是交流的必要手段，是思想的外壳，也是情感交流热线节目获得成功的生命。主持人应通过多种方式提高自己的语言艺术水平。

首先，主持人要在情感上取得受众的认可。主持人要切记不可出言伤人，要尽量小心地呵护听众的自尊心，这是沟通主持人与受众心灵的制胜法宝。“拣好听的话说”，是一个能广为人们接受的说话的策略。它深刻地体现了谈话人的美学追求，表现了将语言符号变为审美对象的努力探索。受众参与节目主持人交谈，无论出于什么心态，都不是想听主持人的奚落与斥责的，只是以此为途径宣泄自己的情绪而已。即使倾诉者本人也意识到自己的无能、懦弱，但他也绝不希望通过主持人的口来批评他。因此主持人无论在哪种情况下都应该“拣好听的话说”，让人听起来顺耳舒服，营造良好的谈话交流氛围，这样才能取得对方的认同。

第二，主持人要懂得倾听，摆正心态。要充分理解受众，讲究说话和说理的方式。凡与主持人通话的受众，其内心总有许多烦恼和苦闷要找主持人倾诉，但又总是担心主持人不愿倾听他们的苦恼，以致常会含蓄不露、欲言又止。

主持人要与无数听众进行多点对话，面对一个接一个轰炸式的诉说、发问，主持人既要饱含同情、耐心细致地倾听，还要满腔热情地诱导他们畅所欲言，进而说出自己的看法，提出一些给人启发思考的意见，供其参考。当主持人的意见与听众的意见有出入时，切忌情绪化或过于生硬；对节目主持中自己出现的一些差错要保持冷静镇定的心态，要及时调整自我情绪，切忌急躁慌乱，以免错上加错。

主持人要摆正自己的角色位置，不要以教育者的身份出现，而应以听众平等的身份，主动热情地和受众一同探讨他们的问题，营造一个和谐轻松的谈话氛围。在这里，平等是交流的前提，耐心是交谈中应有的态度。任何成功的交流与对话，都是以双方的平等为前提的。主持人不能采取居高临下、发号施令、简单武断的责难态度，要把听众的困惑、焦虑看成是自己的。主持人要在思想感情深处站在与受众平等的立场上，只有这样才能提出适合听众个体又有利于问题解决的意见。例如辽宁电台主持人沈霞主持《轻风夜话》节目时，经常把自己摆到听众中去，和他们同愁同喜，同歌同泣，心心相印。沈霞常说这样的话：“咱们共同商量一下，你看是不是这样？”有一次讲到夫妻之间如何融洽相处时，沈霞恰当引用了自己和丈夫的一段对话，说明幽默在调整家庭关系中的作用，听起来亲切自然且具有说服力。

第三，主持人使用平和自然的语言，而且要处理好语体风格。口语化的谈话体是亲切自然的前提，情感交流热线节目主持人切忌用文绉绉的书面语，书面语与情感交流的主题是格格不入的。要多用自然流畅、生活化的口语，多用贴近生活的富有人情味的口语，忌用说教味重的灌输式语言，因为听众寻找的是倾诉的机会与倾诉对象，并不需要有人替自己做决断。主持人要目中有人，心中有情，把听众当成自己最知心的朋友，以真诚待人的爱心交谈，使对方产生“有朋自远方来，不亦乐乎”的亲切感，声声入耳，听来有味。这是自然情感的集中化、典型化。

第四，主持人语言要丰富凝练。要善于用同义语，不要重复使用一个词。在热线点歌节目中最易出现重复用语的现象，比如“快乐”、“温馨”、“美好”、“幸福”、“开心”等词，重复率相当高，诸如“今天开心吗”、“祝你今后开心多一点”、“愿你有一个开心的夜晚”、“祝你生活开心”，等等。每日重复“开心”或整个节目都说“开心”一词，会让观众产生厌烦感与对主持人水平的不信任感。词汇的单一重复使用，语言的美感无从体现。

主持人用的口语应与受众的口语之间要有一定的距离感，既能听得懂，又可以引导听众向高层次迈进，有一定欣赏价值。简练中蕴涵艺术性是主持人用语追求的方向。另外，适当的快节奏是保持节目语言活力的基本条件。

第五，主持人语言要雅俗共赏。热线节目主持人的语言，应该保持家常口语的通俗易懂，但不能全照搬家常口语，过于通俗。诸如“盖了帽了”、“没治了”、“就那么回事儿”、“这家伙”等，这些口语在广播节目的表达中尽量少用，使用过度就显得“俗”了，看似接近受众，实则让受众感觉你特别没有文化内涵。热线电话这种俗的外壳，就是为了接近受众，使其乐于接受，若俗的外壳加上俗的内核，即成庸俗了。因此热线节目主持人不要为取悦听众而媚俗，这是对主持人语言的要求。

最后，主持人要准确把握语气词。在广播语体中，“呀、吧、哇、呢、啦、噢、唉”等语气词的适当运用，可以增强语言交流感和感染力，让听者如临其境，如见其人，起到活跃气氛的作用。而语气词不适当地随便增加，不仅达不到烘托和渲染气氛的作用，反而显得“官腔”。由于热线电话交流的语言原来就是口语化、生活化的，所以更需注意准确使用既能表达自己的思想情感，又能表现出自己的思想层次的语气词，去掉无目的的语气词，做到言而有物。

语言美还包含很多方面，用词的准确性，用词的音韵美，即讲话发音准确，要抑扬顿挫等等。热线节目的语言趋向随和、浅近、活泼、生动，而同时又要较为全面地体现播音语言的规范性、庄重性、鼓励性、时代性、分寸感、亲切感等特点，这也应是主持人在语言上的努力方向。随着大众文化的发展，未来的主持人应更加讲究语言艺术性，只有生活化又富有艺术魅力的语言风格才能在未来的日子里与时代同步。

节目主持人是现代文化和精神文明的传播者，对于情感交流热线主持人来说更是这样。目前，凡情感型节目，单纯的困惑与宣泄普遍存在。主持人面对受众提出的种种问题，往往不是停留在枯燥说教、同情和劝慰上，就是被参与者“俘虏”，达不到情感节目的目的，与其初衷相去甚远。如何使情感型节目走出宣泄与困惑的状态，如何变宣泄为导泄，提高节目的文化品位，关键是主持人要有强烈的社会责任感，要以人格魅力和文化精神去辐射现实生活，使人们从中得到精神升华；要站在一个更高的层面，对受众进行升华式的引导，让他自己真正想通并走出误区。如果只是就事论事，没有文化的穿透力和感染力，仅出于真诚的同情，提出种种好的主意，都无法使受众得到精神上的升华。

第九章 体育节目的驾驭艺术

第一节 体育节目的总体驾驭

一、体育节目的分类

体育节目的表现形式多种多样，但大体可归为体育新闻、体育专题、体育直播三大类：

（一）体育新闻类节目

电视体育新闻节目主要以国内外的重大体育资讯为主，涵盖体育赛事、大型赛事组织、体育公众人物和与其相关的内容。虽然体育节目自产生之始，就以体育新闻报道为主，但中国体育新闻真正的发展是随着 1989 年 1 月中央电视台《体育新闻》节目的开播而逐渐展开的。这档我国最早的专业新闻栏目，实现了体育新闻从量变到质变的飞跃，也使得体育新闻开始有了自己的阵地。从内容分类来看，国内的体育新闻分为体育竞技赛事新闻、各种运动会的组织新闻、各级运动组织机构相关新闻、群体体育新闻、体育公众人物新闻等。

（二）体育专题类节目

体育专题节目由于形式多样，内容丰富，几乎涵盖了体育的各个领域，再加上不受赛事资源的限制，因此体育专题节目在体育节目中播出规模最大。电视体育专题节目主要指有固定栏目、固定受众群、固定广告客户，能为电视带来长期而稳定的收益，构成各体育频道日常主要节目内容的节目类型。按照内容来分的话，体育专题节目主要分为集锦节目、录播节目、娱乐节目、教学节目、访谈节目等。中央电视台从 1980 年开始，陆续开办固定的体育栏目《体育之窗》、《世界体育》和《体坛纵横》，这些体育专题类节目的开设标志着电视体育传播逐渐成熟。中央电视台第一个体育直播谈话类节目《体育沙龙》，为我国电视体育直播谈话类节目起到了示范作用；1996 年 4 月 4 日，中央电视台体育频道推出的《足球之夜》栏目是中国电视史上播出时间最长的现场直播固定性电视杂志栏目；2000 年 11 月 27 日，中央电视台体育频道创办了《天下足球》，一个以报道国际足坛最新赛事和新闻为主的栏目，为广大观众呈现“最纯粹的足球”，让大家体会到“最高级的享受”。

（三）体育赛事直播

1958 年6 月，中央电视台就转播了八一男女篮球队对北京男女篮球队的表演赛，这是中国第一次电视体育实况转播。1978 年，中央电视台和中央人民广播电台联合转播了第 11 届世界杯足球赛，这是我国首次通过通讯卫星转播体育比赛。1978 年 12 月，中国首次组织报道团前往泰国曼谷采访，对第 8 届亚运会作现场报道，这也是我国首次从国外现场直播体育比赛。1984 年 7 月第 23 届洛杉矶奥运会，中央电视台先后通过卫星现场直播了开幕式、闭幕式和女排取得“三连冠”等十多场比赛的实况，至此，中国电视界开始进入了大型体育赛事全面转播的阶段。2008 年中央电视台成功完成了北京奥运会的全程报道。2010 年世界杯足球赛，中央电视台作为中国内地电视广播独家转播机构，也为广大球迷呈上一场精彩的世界杯盛宴。体育赛事直播节目是极受受众欢迎的节目形式，体育赛事节目有国内与国际之分，根据赛事类别还可以分为足球赛事、篮球赛事、排球赛事、网球赛事等诸多类型。近年来，体育赛事节目播出规模占体育电视节目的比重越来越大。

二、体育节目的受众特点及需求

体育节目有其特定的受众群体，与访谈、娱乐、新闻节目相比，它的受众群体特点更加突出，它的受众人群特质更加集中。因此有必要在此特别强调一下。

（一）体育节目的受众特点

体育节目受众的特点主要表现为注意力程度高和集中度高。体育比赛是典型的“悬念+过程”的一种活动，这正是它的吸引力所在。广播、电视与体育的结合，则使这种悬念破解过程完美地展现在观众面前，赛事的转播过程成为吸引受众注意力的“磁铁”。实力媒体策略研究副总裁谭泽薇曾在《中国体育行销分析：体育传播作为品牌沟通的商机与挑战》中对受众的收视状态进行分析，她认为电视观众收看体育节目的状态与平日大相径庭。收看体育节目时，人们表现出的是一种个人的、主动的收视行为，这种主动性体现出他们与体育节目之间存在着极高的“关系品质”。她还认为，人们看电视体育节目的方式与看其他节目的方式是不同的，不同之处主要体现在看电视体育节目的时候注意力更集中、精神更专注。集中度高是指体育节目的受众主要集中在城市，集中在男性，集中在文化程度较高的人群中。

（二）体育节目的受众需求

受众需求是确定传播内容、选择和取舍材料的重要依据。概括起来，电视体育节目的受众需求主要有以下几方面：

1. 了解信息，获取知识

这是受众收看所有节目的基本需求。“大致来说，从体育传播中受众主要可以获得有关体育项目的知识、历史地理知识、各国民族文化知识及医疗保健知识等”。

2. 娱乐

可以说，人们消费电视体育节目或参与体育运动最直接的目的就是获得身心的愉悦。体育说到底，就是一种娱乐。看或听体育节目，更多的是为了放松心情，消遣一下。

3. 体育体验，释放压力

电视体育节目可以最大限度地满足观众内心深处潜藏的种种无意识欲望，为大众提供一种既实现本能欲望又被社会认同的“白日梦”。体育节目给了观众梦幻般的快乐。

4. 明星偶像

不少受众关注体育仅仅是因为某个运动员的个人魅力。很多人因为崇拜姚明而喜欢看篮球比赛，因为喜欢伏明霞、郭晶晶而喜欢上了跳水节目，体育和明星总是连在一起的。正如新华社记者徐济成所言：“如果奥运会没有体育明星的话，观众看起来就像吃饭没味一样。”所以健康、充满活力的体育明星拥有相当大的受众群，观看体育节目的人群中有许多人就是冲着体育明星才看的。因喜欢体育明星而喜欢上了体育运动、因喜欢明星而了解到了明星所从事的运动项目的特点和规则的大有人在。

（三）如何满足受众的需求

获得认知，觉得有用是人的理性的需要，身心愉悦是人的感性需要，满足就是根植于人的理性与感性的结合体，任一极端发展都会让人不舒服。体育节目要让观众感到有用，又要让观众感到愉快，这二者的混合物就是让观众在视听阅读中获取需要的信息，获得某种情感上的宣泄、寄托或是体验，以消解快节奏的现代社会生活带来的冰冷的压抑，从鲜活的、连贯性的动作图像和现场声音中获取兴奋点，实现个人对体育知识、体育明星、体育运动等方面的感悟和需求，体味和领略体育运动带给人的特殊感受。具体如何达到满足受众需求这一目标呢?

1. 拓宽报道面，满足和引导不同体育项目爱好者的收视需求

体育，尤其是竞技类体育项目，比赛本身的特点是以视觉形象出现的，动感性很强，受众的兴奋点在于运动员冲刺的一瞬间，如射门的一刹那，扣篮、抽球的定格，而电视视听兼备、声画合一的鲜活的现场感、动态感、过程感让观众真切感受到了这一切。所以不论是在比赛现场或是电视屏幕前，竞技类体育节目总是拥有相当数量的拥趸。媒体在安排节目时也充分考虑到了观众这样的喜爱。但从另一方面讲，观众在某一类项目上吃饱、吃足并不一定意味着营养全面，所以，要满足和引导不同项目爱好者的收视需求，拓宽报道面，考虑均衡协调，在突出足球、篮球、乒乓球、羽毛球等运动项目的基础上，对一些中国观众不熟悉的项目也要多多关注，在青睐竞技类体育项目的基础上，对大众体育也应重视。

2. “眼中有人”，让受众更深地体会体育的真谛

中央电视台主持人白岩松曾经说：“对我而言，体育就是人，就是情感，就是人对自我极限的挑战。像体操男团小伙子们‘打死他们’的壮语；像占旭刚在奥运会上创造个人最好成绩、完成对自我的超越；像张军、高凌在胜利后喜极而泣、紧紧相拥的场面，无一不让人心潮澎湃、热血沸腾，我热衷于关注和报道这类‘人’的题材。反之，如果体育比赛变成了生硬数字的比较，变成了单纯姿势的量化考评，变成了受到各种繁杂规则束缚的高深游戏，相信不会得到大多数观众的认同，这样的体育报道就是失败的。”理解了体育竞赛的几个关系，即天赋和努力、成绩与成功、个人和集体、竞技和道德、普通和特殊。在他客串主持的体育节目中显示出了少有的深刻，闪现着人性的光芒。电视体育节目的制作人员要充分意识到人才是电视体育节目的表现主体，体现在节目中，就是要表达对人的关心和尊重，着眼于生命的关怀，着眼于人性、精神、情感、道德上的关怀，把人的生存、人的作为、人的发展作为体育报道的一个重要的价值取向，唤起人类对人自身的不断体认。反之，电视离开对人的关注，也就不会再被人们关

注。白岩松还说过，“一个好的记者如果不够敏感就不能走进被报道者和收看或收听你的报道的人的内心，你不能去了解人性，你的眼中没有人，你的新闻就会没有味道，味道是让好记者跟不好的记者区别开来的一个重要的因素。”体育传播不仅仅是转播赛事，不仅仅是运动场上的拼搏精神的宣扬，还有运动场外、运动员之外的体育精神的延续和体现。

3. 以情感人，使受众的身心得到愉悦

体育不仅是奋起的拼搏，还是从容的应对；体育不仅有残酷的胜负之争，还有尊重对手、尊重失败的和谐；体育不仅仅是比赛，还是将体育内化于心的一种生活方式。比赛场上总有那么多感动、感叹、感慨，有时是夺取冠军的狂喜，有时是运动员们之间真挚的感情，有时是英雄迟暮的无奈，抑或是长久的期盼让你喜极而泣。陈新民和张华在《“遥控器”、“广角镜”和传播场——对央视奥运专题节目〈一起看奥运〉的分析》中指出：“体育运动中的情感元素与运动元素相生相伴。我们欣赏人的运动，欣赏运动中的人，同时体验人在运动的情感。如果说运动之美是体育传播的‘形’，那么凸显情感之美则可以称得上体育传播的‘神’。”电视的声情并茂和灿烂斑驳使得表现对象——体育分外饱满和光彩夺目。它以色彩、光线、音乐、煽情的语言、真实的镜头等诸多诱惑人的方式，将那些让人感动、感叹、感慨的东西生动地、逼真地呈现在观众面前。做体育节目就要赋予它能够愉悦受众身心的一种思想、一种精神、一种感情，让受众感受到热烈的体育竞技背后那些触及情感、触及心灵的东西。

4. 带领受众“体验节日”和“庆祝节日”

受众接触媒介是由于他们预期媒介可以帮助他们满足某种需要。而媒介也总是千方百计了解受众在特定条件下的特定需要，以便在传播活动中设计或传播符合其需要的新闻信息，从而达到良好的传播效果。媒体在给受众提供服务、满足受众需求的同时，也应培养和引导受众，甚至创造受众的需求，影响受众的审美趣味和鉴赏能力。

所谓创造需求，就是以受众为中心，着眼于受众潜在的、模糊的、内在的欲望及满足欲望以形成受众新的需求。创造需求是更高层次的适应。对于电视体育节目来说，创造受众的需求就是在媒介事件中扮演另一种角色——即“演出的导演”，带领受众“体验节日”和“庆祝节日”。例如，世界杯激情上演期间，以电视为主的大众媒介把“世界杯”足球赛塑造成了一个节日，此期间，看球、猜球、评球成为人们一段时间日常谈论的热门话题。即便只是“准球迷”或者“非球迷”，也在被电视“邀请”收看比赛。即使因此耽误休息影响白天工作，人们也视之为正常和值得，并为自己亲身见证和经历了比赛过程而骄傲。这个节日的演出由于有电视媒体这个导演的介入而更加丰富多彩。还有2008年北京奥运会，也是一个盛大的节日。虽然奥运会已经闭幕，但那激动人心的场面，还依然在世人的心中盘旋。当时，人们之所以那么关注奥运会，那么期待奥运会，这也是与当时有关北京奥运会的宣传报道离不开的。观众不断地被邀请和催促，“节日心理”和“节日期待”不断被强化，并最终在节日期间得到满足和释放。

三、体育节目的特点及其对主持人的要求

体育有其独特的性质，那就是真实和鲜活。真实是过程的真实，也是结果的真实，它也需要体育节目传播的信息真实。鲜活是人物的鲜活，也是赛事的鲜活，这就需要体育节目的基调鲜活，主持人的语言鲜活。

（一）真实是体育节目的生命

体育的特性是真实。其中包括体育成绩的真实，体育人情感的真实。我们看到的比赛几乎都是真实的。竞赛中，谁跑在最前面谁就是第一。体育人的情感真实在体育中显得尤为突出，胜利者和失败者的情感流露，是人类社会最最真实的。那么作为体育节目主持人，首先要在真实地报告比赛的同时，真实地表现自己。著名体育节目主持人宋世雄为什么深受观众喜爱？就因为他的情感是真实的流露。他把自己的情感和体育人的情感结合在了一起。完全不能想象当体育健儿在奥运会上夺了金牌，主持人一点不为所动，还在那儿四平八稳地报新闻，如此没有激情的主持人一定得不到受众的喜爱。

真实在体育节目中属于共性的范畴。主持人和播音员的个性可能更多体现在他的文化修养和人格魅力上。所谓文化修养，主要是能够很好地组织节目。这种组织能力在碰上特别不好合作的谈话对象，你说什么他都说“是”、“我同意你的观点”的时候，显得特别重要。你要用你的知识和智慧打开他的嘴，调动他对话题的积极性。对于主持人来说，没有不好合作的嘉宾，只有没有能力的主持人。还有就是体育知识运用的真实性问题。没有人是无所不能的全才，主持人也不例外，知识是永远不够用的。对付知识贫乏的最好方法就是现买现卖。在做节目之前做好准备，多看些有关的书和资料。体育项目无论是规则还是规定或是说明，都有其自身的规律和联系。主持人只要能掌握最新的体育知识，就能准确恰

当地体现体育的真实。再有就是体现真实的机智。我们经常看到主持人很尴尬地面对嘉宾和观众，为什么？就是不够机智，机智是文化的积累，文化知识和体育知识积累得越丰富，你的应变能力就越强，真实度也越高。

最后，我们一起来探讨一下主持人的个性如何能在真实的个人观点上表现出来。现在的主持人和过去有所变化，不再是单纯地主持，而是一边主持、一边评论。评论是需要观点的。观点也是需要积累和提炼的。观点越鲜明越有人缘，越能表现自己的个性，也就越能体现其观点的客观真实性。顺便还提醒一句，现在我们经常可以看到主持人用“据说”作为事件的起因，然后加以评论，这便犯了大忌，原因是离开了事件可信的真实性。须知，“据说”是不能成为评论的前提的，更不能以据说作为观点的论据，因为据说本身就有“真实”和“不真实”两种可能。

还强调一点，主持人表达观点的时候，也要注意真实，一方面要有感而发，另一方面要求主持人的观点是建立在客观真实基础上的。还有就是在体育客观真实面前也要摆正主持人自己的位置。如果你主持的是一档综合节目，你只是这档节目的串联人，就要注意不要把个人摆放得过高，而应该把你个人的观点融合到你随后播出的短片中。如果是和嘉宾一起做节目，你的观点其实就不重要了，重要的是引导嘉宾说出自己的观点，这个时候，聪明的主持人应该学会装傻，尽管你提出来的问题你自己能回答，甚至比嘉宾回答的还要好，但是你必须通过嘉宾的嘴说，因为他是专家，也就体现了原本事件的真实，同时还表达了节目内容的真实。如果你全说出来了，再问嘉宾是否同意你的观点，这样一是自己的位置摆错了，二是不尊重嘉宾，三是也显得不那么真实了。节目缺乏了真实，也就没有了生命力，观众当然对你也不满意了。“学会装傻”是谈话节目主持人的涵养和素质，你太聪明了，嘉宾就傻了。所以体育节目主持人要善于和学会体现真实，表达真实，还原真实。因为体育节目的“生命”就是真实！

（二）鲜活是体育节目的灵魂

体育的特性还有鲜活。其中包括体育动作的鲜活，体育氛围的鲜活。我们看到的比赛绝大多数是鲜活的，呆板无聊的比赛有但毕竟是少数，不会改变体育整体鲜活的一面。竞赛当中，跑动、跳跃、腾空、游动，一切的动作都是那么的鲜活。体育比赛当中，观众的激情、拉拉队的活跃，带来的都是赛场氛围的鲜活。

那么作为体育节目主持人，首先要鲜活地报道比赛，同时还要鲜活地表现自己。用鲜活的语言来表现赛场上鲜活的动作，用鲜活的情感表达赛场上的激情。不过，鲜活也要尊重真实，也要表现客观。不能一味地追求鲜活，而曲解了比赛或伤害了参赛者的感情。例如，2010 年南非世界杯英国对德国的比赛结束后，直播主持人贺炜说了这样一段话：“德国队以三球的优势战胜了英格兰队，胜负既分，结局已定，历史的篇章这一段已经写完，但英德在世界杯历史上永恒的对抗将延续下去……我们想想吧，此时此刻，在柏林、在慕尼黑、在纽伦堡、在科隆大教堂，肯定有无数的德国球迷为之欢欣鼓舞；而在伦敦、在利物浦、在曼彻斯特、在泰晤士河边的小酒馆，也有无数的英格兰球迷为之黯然神伤。不过，让我的内心感到无比欣慰的是，在生命中如此有意义的时间节点，在今天晚上，电视机前的亿万球迷我们能够一起来经历，共同分享。这是我的幸福，也是大家的幸福。我是贺炜，观众朋友们，再见!”这段充满感情的评论，正是体现了报道解说的鲜活和感情的鲜活。

第二，在体育专题节目中表现鲜活。这里的鲜活更多的是思维的鲜活和语言的鲜活。例如，中央电视台体育频道的《天下足球》栏目有一期特别节目，名为《杀手的空间》。在节目中，主持人用武侠小说中武林人士常用的几种兵器来比喻绿茵场上最著名的十位前锋。如用大开大阖的战斧比喻威猛的力量型前锋维埃里，用一击毙命的暗器比喻善于抓住机会的灵巧型前锋因扎吉等，使节目有很强的鲜活性。

第三，主持风格的鲜活。一个优秀的体育节目主持人其到位的解说中透露出来的人格魅力、学识修养，可以给体育赛事增光添彩，成为体育节目的标志，使许多观众因为喜欢这位主持人而更喜欢他主持的体育节目。如段暄主持的《天下足球》、刘建宏主持的《足球之夜》等，之所以受欢迎，不仅是因为赛事和节目的内容，还与主持人独特的个人魅力密切相关。所以有一个为观众接受认可并欢迎的节目形象，是体育节目主持人形象定位的另一种含义。体育节目主持人如果要成为节目的标志，就必须与体育节目的形象风格相统一。一个好的体育节目主持人，往往也是体育运动的爱好者，更可能自己也亲身尝试，积累了一些感性认识，在主持节目的时候会有一定的优势。即了解体育节目的宗旨、内容范围，形式风格特点，尤其要注意到这一节目与其他节目的区别；其次，要清楚体育节目的服务对象，了解体育迷们的心理和需求，然后进一步分析这个节目需要主持人具有哪些特点；最后在这个基础上，完整地理解自我，知道自己相对于这个节目有什么优势，有什么不足，再结合前面的认识，强化自己适合于体育节目的优势，避免不适合节目的一些东西。

第二节 体育节目主持人的能力及素质要求

不同的节目有自己的运作方式和节目卖点，不同类型的体育节目也要有不同类型的体育节目主持人与之相适应。对于体育新闻深度报道节目，主持人一定要具备客观公正的态度，力图突出自己做为的第三视角以冷静的态度执著地深入事件内部，剖析事件本身。而体育综艺节目则要求主持人能够掌控现场的欢快气氛并把节目娱乐化特点具象化。直播类体育主持人面对的是瞬息万变的赛场和随时可能发生的突发事件，压力是非专业人士难以想象的，对于这类节目主持人来说，观众要求最高，工作的挑战性最大。因此作为一名合格的体育节目主持人必须要具备以下能力和素养：

一、内容的表达

一名优秀的体育节目主持人，对于赛场上发生的事情必须表达到位。从观众的需要来看，收看体育节目的大多数观众还只是业余的体育爱好者，专业体育人士相对较少，需要有人给予正确积极的指引和导向。体育节目主持人的作用之一就在于此。体育节目主持人在精通一两项体育项目的基础上，尽可能掌握更多的体育专业知识，在主持节目时就可以通过准确的术语、独到的见解提高体育节目的正确性和权威性。否则，不仅贻笑大方，也会把观众引入歧途，使自身以及体育节目的可信度和亲和力大大降低。他们希望主持人能为他们当好“导游”，引导他们观看比赛、看懂比赛。同时，观众也希望主持人能当好他们的“眼睛”，叙述、介绍他们没有看到、没看清的比赛情况，也就是帮助观众看清比赛、看全比赛。

直播体育节目主持人要叙评结合，评中有述，述中有评。评论的时候要有所为有所不为，解说的时候要源于画面而又高于画面。要做到这些就必须做到：

1. 有敏锐的观察力，及时点评比赛中精彩的场面

比赛中精彩的画面，得分的高潮，主持人都要及时进行解说和恰当地点评。如足球的射门得分、篮球的快攻扣篮、乒乓球的连续扣杀、排球的连续防范等。

赛场气氛炽热，连观众、听众也激动叫好。尽管这时电视观众已经看清，主持人也要热情地跟球叙述，介绍是谁传给谁，是谁怎么得的分。由于听众无法看到画面，广播主持人就更得跟球叙述，随时解说。此时如果主持人轻描淡写、冷言寡语，会影响观众、听众的热情，失去了主持人与受众的交流感，同时让受众对主持人的热情和专业提出质疑，从而破坏节目及主持人的形象。相反，如果主持人在此时进行精彩的解说和点评，会在受众中产生一种共鸣，一种互动，让受众对节目的激情更加高涨，注意力更加集中，对主持人也产生好感。

2. 有专业的体育知识，适时解释比赛中的盲点与重点

比赛中的盲点，是指没看（听）到、没看（听）清、没看（听）全的地方。疑点，是指不明白或感觉不公正的地方。难点，是指不懂的地方。比赛中的盲点、疑点、难点及场上的纠纷，是主持人需要重点解说的地方。比如足球中的越位、篮球的 3 秒、排球的过线、乒乓球的发球、网球的出界等，受众往往看不到裁判的手势，看不清运动员的动作，看不全运动员的位置，不清楚现场是怎么回事，这时主持人要想受众之所想，解受众之所疑，成为受众的“耳目”，及时进行解说和评论。例如，在 2007 年的大阪田径世锦赛男子 110 米栏的决赛中，刘翔被赛事组委会安排在了第九道上。对于这个事件，不是特别熟悉田径比赛规则的观众肯定会充满疑惑。主持人杨健就此问题向观众解释了第九道在短跑项目上的劣势，如容易受到场边的干扰，而且容易形成一个人在跑的局面，无法了解道次中间实力最强劲的对手的情况等。这就使得观众在关注选手本身表现的同时，也注意到了其他因素对选手的影响。有了主持人的铺垫，观众们对刘翔的比赛难度有所掌握，对他的最终夺冠也充满了特殊的喜悦。

3. 做好充足的前期准备，适时提供背景材料

例如在解说网球比赛之前，主持人需对网球的场地、比赛规则、球员的技术和战术乃至性格特点有全面的了解，大到赛程赛制，小到球员所用球拍和服装的赞助商，解说员都应该了然于胸。这样才能从专业的角度进行解说，让观众通过解说了解其想要了解的信息。例如，在篮球 NBA 的解说中，主持人既要分析本场比赛中两支队伍的关键球员，还要就关键球员的对抗历程简要陈述一番。几年前，中国球员姚明在 NBA 的比赛中最乐于被大家提及的就是“姚鲨对抗”。姚明与大鲨鱼奥尼尔由于位置的特点，往往在比赛中成为大家关注的焦点，从第一次“姚鲨对决”起，在两人每次的对抗中，主持人往往都会带领大家一起回忆两人

每次对抗的经典瞬间。另外，在中国球员易建联加盟密尔沃基雄鹿之后，中国德比又成为关注的焦点。北京时间2008年2月2日，两人第二次在NBA的赛场上碰面，世界的焦点都集中在了这场比赛上，在展望新赛事的时候，央视五套的主持人自然不肯放弃回顾第一场德比战的良机。这个背景资料的呈现更好地使赛事画面丰满。

4. 对比赛项目有透彻了解，结合比赛介绍战术特点

体育节目的主持人要对体育比赛的项目都要有一些了解，当然谁都不可能是全才，但是对于经常主持的项目要深入地探讨，对于偶尔会遇到的项目也要及时地跟进材料，做到心中有数。对于足球、篮球、排球等常见的大众喜爱的体育项目，主持人要对其“知根知底”。不仅能知其然，还要能说出个所以然来。对比赛的基本规则要了解，对一般的战略战术或各个国家队所特有的战略战术都要有所了解。在讲解和评论的时候，能够对参赛队的战术进行讲解和点评，赛事就会更立体和生动。比如2010年世界杯，朝鲜队对巴西队比赛的讲解，主持人对朝鲜队“铁桶阵”的解读和点评，就让观众更加清楚，也学到了一些相关的知识。

二、把握激情

一场丰盛的体育比赛现场直播总是离不开优秀的电视体育解说。体育节目像新闻节目一样，不仅需要激情，更是需要理性。我们来看看一些欧洲的著名足球解说员在2006年德国世界杯上的表现，德国电视二台最大牌的体育解说员贝·雷茨在球迷观战的现场进行解说，他不偏不倚的态度让双方球迷都很舒服，嘉宾马特乌斯和里德尔无论说到哪个队他都是笑容满面。法国电视一台的头牌体育解说员蒂耶里属于激情澎湃型的解说员，但他的激情也只限于转播法国队比赛的时候。如果要选一个欧洲最好的足球解说员，又富有激情又充满幽默，那绝对是天空电视台的英国老头马丁·泰勒，他已经解说了八届世界杯，资历之老、对专业之精通无人能及，但他在转播非英国队的比赛时，却总是充满绅士风度地侃侃而谈，几乎一点倾向性都没有。这些解说员他们不仅追求专业还不乏激情，除了让球迷感受的足球比赛本身的魅力外，他们的解说也给世界杯现场直播带来额外光彩。

体育运动富有激情，体育比赛更是体育电视解说员的体力、智力的激情碰撞。因此，在解说过程中表现的更有激情是很多电视体育解说员的目标之一。但作为大众传媒的代表，作为拥有一定的话语权的媒介权威，主持人又起到了引导

舆论的作用。这就要求体育解说员必须学会控制个人情绪。无论自己倾向的球队或球员是输或是赢，体育电视解说员都应该以平常心对待，克制自己的情绪，对两支队伍或两位球员做出公正的言论或评价。虽然这样做有时是痛苦的，但是对于体育解说员来说却是必需的。

三、专业的知识素养

专业知识是指体育节目主持人在主持体育节目时，所表现出来的专业理论知识、业务知识和文化知识。它包括对体育政策、体育项目知识、裁判规则、专业术语的掌握，对新闻政策、规律和新闻采写编评要领的把握。形象的说，体育节目主持人是两栖人，一脚踩着体育，一脚踩着新闻，这两方面的知识一定要全面。从微观层面看，体育节目主持人首先必须遵守新闻工作的共性要求：坚持正确的舆论导向和正面报道为主的方针；客观公正，实事求是，誉人不增其美，毁人不增其恶；尊重事实；及时迅速；声情并茂，恰到好处。当然，主持人还要了解体育发展的特点和规律，了解运动项目的背景、规则和要求，了解体育事业目前的发展状况和水平。特别在知识经济时代，受众对节目的含金量提出了更高的要求，节目蕴含的信息资讯的价值、创新思想以及节目的广度、深度和客观公正对受众来说更具吸引力，体育节目的核心竞争力就在于此。从宏观层面看，社会在发展，时代在进步，体育界和新闻界不可避免要进行变革，受众需要了解的体育信息和传媒信息日益增多，体育节目的主持人就有责任和义务为受众提供信息服务。如体育界提出“终身体育”、“知识体育”、“体育消费”、“健康第一”、“体育产业化”等新理念，主持人就应该通过节目进行宣传、传播，使之深入人心。

对体育知识的掌握要广而专，这是体育节目主持人生存的基础，立足的基点。体育主持人要掌握广泛的体育专业知识，达到一般教练员和裁判员的水准，做到一专多能或几专多能。只有在了解了体育的方方面面之后，才能做到心中有数，充满自信。体育节目主持人既是记者，也是播音员，也是解说评论员，还是节目制作的代言人，这就要求他们首先要对体育热爱，有意识地深入体育生活，熟悉项目规则和发展现状，了解运动员和教练员的情况。主持人最理想的角色是既爱好体育，又是体育的实践者。如中央电视台主持人沙桐，主持赛车节目的他本身就是一位赛车迷，业余时间经常玩车、研究车，对各种汽车赛事更是了如指掌。他经常和车迷们打交道，一方面使他学到了很多专业知识，另一方面也让他对喜爱赛车的人们的心理和需求有了更多的了解。他对每位车手、各种型号的赛车、各个国家的赛道特点等专业知识都有所掌握，从而在解说 F1 比赛时能够用快速精辟的语言帮助电视机前的观众更好地观赏这种风驰电掣、紧张刺激的比赛。而如今观众们说到 F1，自然就会想到沙桐。还有中央电视台体育节目主持人刘建宏，他主持的《足球之夜》深受观众喜爱，这除了足球本身的魅力之外，主要原因就在于刘建宏本人对足球运动的热爱、熟悉和精通，对足球有切身的体会和独到的理解，主持的时候给人以权威感和亲切感。

通常，虽然体育比赛项目繁多，但主持人应熟悉二十多个奥运比赛项目，重点可放在足球、篮球、排球、乒乓球类、羽毛球 5 项球赛和田径、游泳（包括跳水）、体操、举重、拳击等影响大、观众多的比赛项目上。作为体育节目主持人，应该在采访时常向教练、队员和裁判请教，以求透彻地掌握各项目的专业知识。如足球比赛中手球判罚有利与无利的掌握、乒乓球为什么要改用黄色球、男团为什么要改变赛制、男女短跑与中跑长跑有什么不同的技术特点等，同时还要掌握修改规则带来的一系列新变化、新情况、新问题。如果主持人不“内行”，如把羽毛球比赛中的点杀、劈杀、扣杀等一概说成“扣杀”，不仅贻笑大方，也会把观众引入认识误区。如果主持人看不懂或不理解裁判手势，就可能把足球中判罚间接任意球说成直接任意球，闹出笑话。

四、公正的原则

体育节目主持人的专业意识主要包括：强烈的社会责任感和积极向上的敬业精神；宽容大度的胸怀，识大体，顾大局；摆正自己的位置，绝不能停留在“球迷”的水平上；在主持节目时要保持客观冷静的态度，不偏不倚，不能想怎么说就怎么说，想怎么发泄就怎么发泄，想怎么指责就怎么指责。其中，公正的原则对于一个体育主持人来说是最难把握的。

体育节目主持人作为媒体的代表，作为意见领袖，如果不能正确把握解说尺度，而带有严重的个人情绪的倾向，掺杂了过多个人感情，或明显有失偏颇甚或恶语中伤，都会造成不良的后果，甚至是严重的“解说事故”，不仅使媒体名誉受损，也会给解说当事人带来很多麻烦。所以，作为一位新闻工作者，体育节目主持人坐在话筒前时，他所代表的已经不是他个人了，而是一个必须坚持公正原则的公众形象。

五、要有鲜明的个人风格

体育节目正在朝着多元化的方向发展，体育主持的风格也应该多元化。主持人要有自己的个性、主持特色和人格魅力。我国著名国画大师齐白石讲过：“学我者生，似我者死。”每个人的主客观条件不同，主持风格也可不同。无论是王泰兴一张一弛、娓娓道来的节奏处理，还是孙正平极富动感、准确到位的体育韵味，都是他们潜心研究受众心理需要和时代特征，结合本人特长加以重点突破而形成的。新一代的体育节目主持人富有新的个性和时代特征，主持风格也与众不同、独具一格。例如，上海东方电视台体育节目主持人唐蒙，新闻摄影出身，精通英语，主持多档东视体育专栏和赛事解说工作，其辞藻丰富、旁征博引、评论犀利、富有激情的风格在国内可谓独树一帜，他的格言“足球就是生活”，道出了电视体育节目在现代生活中的重要性。

主持风格的形成，有着多方面的原因，既关系到主持人的自身条件，又关系到他所处的外界环境，由于主持人生活阅历、运动喜好及体育知识层次的不同，在理解和表达体育节目上也必然各不相同，再加上时代的需要，民族的习惯及活动的特点，必然对主持人产生直接的影响，也决定了主持人独具个性的主持风格。一个优秀的体育节目主持人，其到位的解说中透露出来的人格魅力、学识修养，可以给体育赛事增光添彩，成为体育节目的标志，使许多观众因为喜欢这位主持人而更喜欢他主持的体育节目。体育节目主持人如果要成为节目的标志，就必须与体育节目的形象风格相统一。一个好的体育节目主持人，往往也是体育运动的爱好者，更可能自己也亲身尝试，积累了一些感性认识，在主持节目的时候会有一定的优势。即了解体育节目的宗旨、内容范围、形式风格特点，尤其要注意到这一节目与其他节目的区别；其次要清楚体育节目的服务对象，了解体育迷们的心理和需求。然后，进一步分析这个节目需要主持人具有哪些特点。最后，在这个基础上，完整地理解自我，知道自己相对于这个节目有什么优势，有什么不足，再结合前面的认识，强化自己适合于体育节目的优势，避免不适合节目的一些东西。

六、处理现场突发事件的能力

体育解说员的随机应变能力在解说过程中意义重大。体育比赛与预期播放影视节目的最大不同就在于：比赛进程的曲折性和比赛结果的不确定性。体育比赛的剧情也遵循开端、发展、高潮和结局的模式，但其独特之处即是从开端到结局没有事先预备的剧本，其剧情是必然由比赛过程中多种偶然因素共同导演决定的。比如运动员的临场发挥，主教练根据场上形势所做出的排兵布阵及人员更换，以及现场球迷对场上形势的影响等，这些因素都在左右着比赛的结果。而电视体育解说是一门即兴发挥的艺术，如果照搬课本，就失去了解说的意义，成为体育播音。因而体育解说员就必须具备灵活应变的能力，全神贯注地注意场上的形势变化和电视转播画面镜头的切换，迅速即时地将场上信息传达给受众。特别是处理突发事件时，电视体育解说员的临场应变能力就成为主导解说工作的核心环节。解说员要学会如何处理，避免使问题扩大化，同时也要安抚电视观众的情绪，而不应该失语，无所适从。因此，在体育解说之前，解说员可以充分考虑多种可能的比赛结果，做好各种心理准备，有备无患以应对比赛的千变万化。而对突发事件的应对，则要依靠解说员本身的综合素质和经验来处理了。

第三节 体育节目主持人的语言驾驭

体育节目主持人的语言要口语化、通俗化，但不能随心所欲；语言要有文采，不能流于粗俗，要表现出深厚的文化底蕴，耐人寻味，达到专业水准；语言还要注意规范化，从平面化、感情化逐渐提升到深刻而有力度，富有穿透力且韵味深长。我国第一代体育节目主持人的代表人物——张之，在 1961 年解说第 26 届世界乒乓球锦标赛时，形容张燮林的削球像“海底捞月”一样，形容旋转的球像“柳叶一样飘来”……都给观众留下了终生难忘的印象。

一、直播赛事的语言驾驭

体育赛事直播现场，如果能由一名精通驾驭现场语言艺术且对该项运动有一定了解的主持人与资深的专业运动员顾问组合，前者由于了解并掌握该项体育运动的技术技能和最新动态，在与顾问交流时能有自己的见解，又有驾驭现场语言的功力，能够充分调动场上气氛，统领全局；顾问的评论应当精辟，言语精彩，对赛场内的局势走向有较准确的预测，并拥有较多的评论时间。两人的配合和谐，步调一致，就能使节目生辉，使观众能够欣赏到一档精彩的体育赛事。

这种方式在世界各国特别是在著名的体育节目以及体育现场直播中已经比较普及，比如美国的 NBA、NFL、职棒 MLB 等几大联盟的现场直播中，普遍采用这种搭档方式。我们很难想象特里·维纳布尔斯像南美的解说员那样把一个单词“goal”狂喊一分钟以上，也很难想象有主持人或者解说员能比路德·古利特和加里·莱因克尔对足球有更深刻的理解。其实，既拥有非凡战绩，又有舌灿莲花的主持人不是不可能存在。如北京电台的梁言，在体育广播节目和电视节目中都表现出了极高的语言艺术色彩和体育节目特色。从某种程度上讲，体育就是娱乐，观众观看体育节目的目的也是为了娱乐，当然也可以把体育提升到一个特别崇高的境界。但是体育的终极目的是为了愉悦身心，爱国主义、集体主义、意志品质的锻炼都是在这个前提下得以实现的，所以体育节目就是应该让人看着高兴，看着鼓劲，这也是主持体育节目的基调。观众收看或收听体育节目不是为了上一堂体育教学课，主持人应当能够在节目中寻找一个平衡点，把体育节目的娱乐性体现出来，只有使观众得到因体育而产生的快感，才能实现体育节目的价值。

体育主持人的解说是高难度的口头语言艺术，是在新闻发生的现场，边看、边想、边述、边评。虽然电视是声画并茂，而主持人却是主要通过声音，凭借声音形象同观众交流的。主持人应具备一定的嗓音条件，音质优良、音色甜美、音调较高、音速较快、吐字清脆，并讲一口标准的普通话。而增强口头表达能力的核心，是学会使用既不同于日常口头语言又不同于书面语言的谈话体语言。掌握优美、严密、形象、通俗的谈话体语言，是口才出众的基础。口语化的谈话体语言既吸收了书面语言的优点——讲究语法修辞、逻辑性强、语义准确鲜明，又吸收了日常生活口语的长处——自然朴实、通俗生动。总之，谈话体实况解说，要求说起来自然上口、简洁明快，听起来清脆悦耳、顺畅生动。下面举一例。书面语言：“骁将郝海东，带球突破，连闯三关，只见他虚晃一枪，横传禁区，飞马杀到的李金羽，不待皮球落地，凌空头撞，直挂网角。”日常口语：“郝海东可真快，左一晃右一绕硬是连过三个人，嘿！那沉底传中的落点有多好，李金羽的那个球绝了，没等球落地，叭的一个鱼跃冲顶，人都差点进了大门。”谈话体语言：“郝海东利用自己速度快、带球突破技术好的特长，连过了三名防守队员，突然急停，传中，李金羽及时赶到，一个鱼跃头球，守门员措手不及，眼看着球进了大门的左上角。”事实上，电视体育转播中主持人的谈话体语言，是一种与电视画面相配合的生活化语言，单拿出来可能是个四不像：句子短，节奏快，甚至惊人，有意思表达不完整的感觉。但如果与看电视画面结合起来听，它不仅是完整的，还是生动准确的。这就是谈话体语言的独特魅力。

直播赛事的语言驾驭还表现在其舆论导向上。如北京奥运会期间，中国女排和古巴女排之间的赛事直播夺得了中央电视台奥运报道的收视冠军。电视体育赛事的播出规模也越来越大，成了一些专业化体育频道抢占收视市场的重要手段。这类节目的舆论引导主要体现在主持人和解说嘉宾的现场解说和把控能力上。一般来说，体育赛事直播由主持人和现场嘉宾共同解说，他们通过对一些深层次的战术运用、微妙的场面局势以及影响比赛过程甚至结果的某些赛场外的因素进行点评，他们是实现这类体育专题节目舆论引导的重要人选。他们在评论赛事的时候，必须考虑电视的大众性和导向性。现在的电视体育评论不仅要对画面进行详尽地解说，而且要求对竞技过程加以科学合理的分析和评论，电视画面的可欣赏性和体育评论的科学性和合理性构成了体育直播可视性的两大要素。因此，对现场直播类节目的舆论引导，需要专家型的内行评论员来解释和点评，评论员现场主持要适度，千万不能被赛场的情绪感染而忘记了自己的身份。激情投入赛事直播是好事，但无法保持客观冷静，就过犹不及了。

二、体育专题节目的语言驾驭

体育专题节目的精心选题是指在诸多专题选题信息中，选择那些题材新颖，视角独特，具有较强视听冲击力，容易引起强势媒体关注，从而产生轰动效应的题材。专题节目根据不同节目的性质，采取不同的驾驭手法，此处从节目目的或效果入手来讨论节目的语言驾驭。

1. 体育教学类专题节目

这类节目的主要目的是普及体育知识，满足受众“解惑”的需求。体育教学类节目一般由不同类型的体育运动教练教学示范，可细分为竞技、健身等具体项目。现在体育知识性专题节目，静态的课堂形式已不多见，取而代之的是寓教于乐的方式。比如由篮球专家结合 NBA 最新的比赛节目，讲解篮球的技巧和战术问题，这样就会大大增强节目的知识性和趣味性。CCTV－5 在北京奥运会前推出的《奥运会 ABC》就是这样的普及奥运知识的体育教学类专题节目，通过具体的案例对一些奥运项目规则的介绍，普及奥运知识，激发民众的奥运热情。这种节目以传授知识为主，主持人的语言就要客观公正，不能加入民族、国家的色彩。因为每个国家和民族都有自己的优势项目，在选择和解说这些案例时，要超越竞技和民族意识，对叙述的主体进行一些竞技历史和规则阐释，进行“解惑”式引导。

2. 体育纪录片

体育纪录片是以讲述体育赛事、体育人物真实故事为主，真实记录为主的专题节目形式。2001 年 5 月，CCTV－5 创办的《体育人间》栏目，就是以讲述普通人的体育故事为主，坚持走百姓路线，规避明星名人报道，选题视野开阔、以事立人，是体育纪录片的代表，突出体育精神的普世意义是体育纪录片的价值所在。因此，这类节目的主持人就要遵循“以人为本，平等对待”的标准，在主持的过程当中，充满感情地介绍体育纪录片中的人物故事，但不能有歧视和过多的价值评判，用最真实的语言、最真实的感情来表现和表达纪录片的主题。不但有助于搭建与外界交流的平台，打破文化樊篱和语言障碍，也有助于体育报道摆脱极端或宏大叙事的习惯。以深邃的专业眼光演绎体育的人文精神，这样，才不至于压垮运动员的心理承载，也不会过分助长民众不现实的心理预期，才能有利于选手在宽松的舆论环境下发挥水平，实现超越。

3. 体育综艺娱乐节目

娱乐和宣泄成为当下很多媒体的基本功能，在体育节目中，这一点也表现得越来越明显。CCTV－5 的《城市之间》、湖南卫视的《勇往直前》等一批体育娱乐综艺节目成了抢占收视市场的法宝。体育综艺娱乐类节目以真实的情感接近受众、真实地记录普通民众的感情，使受众在电视面前可以像孩子般快乐纯真，任凭自己的喜怒哀乐尽情展示，让受众进入电视所创造的独特生活时空去取得宣泄和解脱，在感动中塑造整个社会的价值认同。体育综艺娱乐类节目，在愉悦受众心情、丰富大众精神生活、提高运动技能的同时，也必须承担舆论引导的功能。体育综艺娱乐节目的舆论引导效果虽不如新闻类节目明显，但它也要从审美取向、人文关怀、价值追求上去引导受众。但在这些平民化的体育综艺节目中，媒体不能一味地迎合平民趣味，而要通过节目传播先进的文化价值观念、现代的生活理念，在满足受众娱乐需求的同时，把民族性与现代性的文化精髓“润物细无声”地渗透到受众的心田。

体育综艺娱乐节目的性质决定了这类节目主持人的语言特点：幽默、生动、亲切、有水平。中国教育电视台的《体育评书》节目主持人梁宏达，人称“老梁”，说话诙谐幽默，生动亲切，骂也骂得让人捧腹大笑。例如 2010 年 6 月 9 日那期《体育评书》的开头语：“郭德纲有句话嘛，叫‘流氓会武术，谁也挡不住’，现在巴西队是武术家要流氓，谁也不好防。今天走进桑巴军团，领略足球王国的五星精神。看哪场比赛令举国上下难掩悲痛？群星璀璨，球王贝利如何领袖桑巴军团？今晚9点40大话世界杯——桑巴足球之魂。”这种开头语，怎能不吸引人？当然幽默也要有分寸，要注意舆论导向问题。

三、体育新闻评论的语言驾驭

体育新闻评论节目包括两部分内容：一是报道，二是评论。报道要求客观真实，评论需要合情合理。不过，现在的节目都是报道与评论相结合，交叉进行。体育新闻评论的语言不是一板一眼的书面语，而是动感十足、幽默诙谐的口语。主持人的语言、口语表达，是让评论节目得以深入人心的重要因素。在西方媒介培养自己的富有个人魅力的主持人，是关系到媒体生存和发展的大事。上海体育频道以名主持唐蒙为招牌的评论类节目《唐蒙视点》，个性化的评论既实现了评论话语的多元化，也为观众提供了多个视角、多种见解，有助于观众对新闻事件的主动参与和平等交流，增强媒体的生命活力。

体育本身就有娱乐的因素，而作为广播电视体育评论也同样具有娱乐性。就目前的广播电视体育评论来看，评论内容以现代的高水平竞技为主要对象。由于竞技运动天然的悬念性、新鲜性、趣味性和刺激性，现在的评论内容更着力于人类的体质及精神的较量，或提供休闲与感官的娱乐，淡化了强烈的政治意味。娱乐的体育经由广播电视的传播，对人们的感官进行刺激，达到了直接娱乐心情的作用。众多围绕竞技运动而进行的赛前、赛中、赛间和赛后的评论，主要是为了使受众对赛场内外的相关情况获得充分了解。评点是为了赛事，并且围绕赛事本身及其文化影响而展开。通常情况，广播电视评论员会根据赛事场内外或赛事过程中的有趣情况作诙谐幽默的评点，以达到和受众交流的目的。如CCTV在直播NBA时，看到姚明的盖帽就形象地说成姚明送了谁一个“大火锅”。

广播电视体育评论表现出了一定的论理性特征。但是，借助声音与画面要素，它还诉诸人们的听觉、视觉感官，利用多元的表情元素充分调动起人们的情感，打动人们的心灵，并且借助于情感因素，实现体育评论的最佳传播（《当代广播电视新闻评论》杨新敏）。广播电视体育评论往往是理性诉求与情感诉求相结合的产物，并且某些时候情感诉求高于理性诉求，尤其是在围绕竞技比赛的评论中。广播电视体育评论的情感性成为区别于其他评论的鲜明特征。如围绕赛事的评论，评论员的话语常常饱含情感，激情在一段时间里会占据压倒性的地位。

与一般的新闻评论相比，广播电视体育评论的语言表现得更为灵活、生动。这与体育运动的娱乐性本质相关，同时，也与其相对较弱的政治思想性和较强烈的情感诉求密不可分。广播电视评论中允许广泛使用文学语言，而且，正是由于文学语言的加入，体育评论才呈现出了不同于一般新闻评论的生动、活泼和煽情性。文学性语言的使用使广播电视体育评论具有了美感和战争味。战争味是广播电视体育评论中广泛使用文学性语言后的主要语言特征。如足球比赛中，中国队和德国队的比赛一般称为“中德之战”；比赛如果是中国队获胜就称为“中国斩落德国于武汉”。

作为展现体育赛事的一种重要形式，广播电视体育评论不能忽视体育比赛技术、战术规则的规定性，需要相应地采取准确合理的，符合体育比赛技术、战术规则规定的语言进行评说。

总之，在体育节目主持过程中，主持人要充满激情，又要注意分寸；要带动气氛，又要冷静评论；要做到激情四射、生动感人，又要把握好舆论导向，时刻注意受众情绪的引导，以防激情过度而导致不良结果。

第十章 少儿节目的驾驭艺术

第一节 少儿节目主持人的素质要求

节目主持人是节目的核心人物，即使编导的思路很有深度和创意，可出现在镜头前的毕竟是主持人。一个人的素质是由内在素质、外在素质、知识素质和人格素质构成的。没有较高的综合素质，举手投足间都会透露出无法掩饰的浅薄和庸俗。当代少儿节目主持人应当是“通才”，应当是通晓各类知识的高手，而不应仅仅是节目形式上的司仪。要从多方面、多角度、用多种手段，利用电视屏幕向孩子们传授知识，让观众感觉到看整个节目的过程，就是对逻辑力量严密和深厚的最好欣赏。对于正在和世界接轨的中国来说，电视节目本身也是展示国家整体素质的一个窗口。随着电视国际化的到来，许多节目本身就要求主持人素质要高，能力要强，思路要开阔，个性要张扬，求新意识要浓。否则观众不买账，国际同行不认可。

同时，由于目前卫星电视和网络在全球覆盖面的扩大，跨国界、跨地域知识的大融合，也要求主持人具备多语主持能力。现在许多成人类节目已实现了英语直播，少儿观众迫切要求多语主持节目的呼声也已到了刻不容缓的地步。所以，新生代智慧知识型的少儿节目主持人，一定要成为具有现代感的、开放的、具有全球视角的、高素质的多面手。

电视少儿节目的主持人，不同于电视成人节目的主持人，因为所面对的对象是少儿，是白纸一般的、充满对大千世界好奇感的特殊群体。所以，主持人的一言一行、一颦一笑甚至穿着打扮、面部表情都在影响着小观众。主持人所传递的知识和信息，小观众是深信不疑的，有的甚至还要效仿。所以，少儿节目主持人的作用和影响已大大超出了原有的工作范畴。面对特殊的受众群众就要有特殊的素质要求，作为少儿节目的主持人必须拥有以下几点素质要求：

一、了解儿童的认知方式

主持人文享艺在《做孩子们的好朋友——少儿节目主持人初探》中对“了解儿童的认知方式”进行了相应的阐述。他指出，少儿节目要坚持一切从儿童的角度出发，不仅指少儿节目反映对象主要是儿童世界，更重要的是以儿童的视角去表现儿童世界，即以儿童的耳朵去听，以儿童的眼睛去看，以儿童的心灵去体验，以儿童的语言去表达，以儿童的思维去把握并最终能被儿童观众理解和接受。

儿童心理学家的研究表明，学龄前儿童的各种心理过程带有明显的具体形象性和不随意性，而学龄初期的儿童虽然由形象思维逐步向抽象思维过渡，但占主导地位的仍然是形象思维。所以，儿童观众对于他所遇到的事物往往比较注重客观存在的外在方面——形象。正如乌申斯基所指出的那样：“儿童如果可以这样说的话，一般地他是按照形状、颜色、声音和形象来思维的。”对形象的注重主要表现在两个方面：一是儿童易于被形象的外观所吸引；二是儿童易于接受形象化的教育。

儿童的上述认知方式对少儿节目主持人和编导来说都是值得重视和应该加以利用的。一方面，在儿童节目中应做好形象的外观设计，要让孩子们一见到这个形象就会被其吸引。儿童一旦喜欢上了这个形象，他们就会关注这个形象的行动、想法等，就会随着这个形象进入节目。所以只有让孩子们爱看，主持人才能在节目中体现编导的意图。如若孩子们连看都不看，又遑论其他呢？形象外观的设计，包括节目中出现的人物形象的外貌设计、动物形象与卡通形象的造型从及各种形象的色彩、神态，当然也包括一些竞赛节目的道具、舞台设计等。这也是很多少儿节目在不断出现一些新的形象代表的同时仍然努力保留已有的经典形象的原因。如金龟子的独特造型已成了许多走出童年的成人心中永远不会忘记的形象，还有就是大家非常熟悉的唐老鸭和米老鼠可爱的外形、亮丽的色彩及种种滑稽可笑的动作。在福建少儿频道《大嘴巴喋报》节目中，主持人文享艺就是和“拉米”同时出现的。来自土星的“拉米”活泼、可爱、会说话、好动，既避免了主持人单独出现的单调，也因为她的出现吸引了许多低龄孩子的注意力。在节目中，拉米贪吃、爱睡觉、爱漂亮、不服输的性格，时而伤心、时而严肃、时而夸张的表现，给节目带来了良好的效果。另一方面，根据儿童主要接受形象化教育的特点，少儿节目中应塑造一些能被儿童所认同、所接受的艺术形象，以此影响儿童。

少儿节目主持人说话宜生动活泼，而不要“说教”性过强。人民教育家陶行知先生曾经说过：“儿童应该是快乐的，成人们应该负起责任来敲碎儿童的地狱，建立儿童的乐园。”颇受孩子们欢迎的幼儿节目《天线宝宝》的原作者、英国幼教专家安妮·伍德女士认为，最容易吸引幼儿注意的莫过于以他们的经验和视野能领会的事物和环境，而孩子们理解这一讯息的途径就是“玩乐”。所以要想吸引孩子收听和收看，少儿节目必须设计和创造出多姿多彩的节目样式，让孩子们在轻松快乐中增长见识，养成良好的生活习惯。

二、掌握少儿语言和习惯

少儿在进行语言表达的时候有独特的语言运行方式，喜欢用一些叠声词汇、拟人化的语言如“嗯”、“啊”等助词，所以，主持人在主持节目的时候要多掌握这类语言。例如，“小蝌蚪在水里面游啊游，它在干什么呢？原来啊，它在找妈妈。”形象生动的语言表达会调动少儿的积极性，让他们觉得主持人讲得很有趣，从而专注地听讲。但是也要避免过于嗲声嗲气，既要把握语言特色又要避免过于幼稚。同时，口头语言和肢体语言相结合，是少儿节目主持人不同于其他类型的主持人的一大特点。主持人所面对的是幼儿园小朋友和小学生，他们正处于一个知识积累的年龄段，对于一些语言的理解还不是特别到位，不能完全理解一些成人化的思想和书面化的语言。这就要求主持人在进行节目主持的时候，对语言表达方式进行改变，尽量用一些简单的词汇、一些单句和一些特别口头化的语言来表达意思。同时，主持人要充分利用表情和肢体语言，吸引小朋友们对节目内容的关注，增加他们的兴趣，也便于他们理解节目所要表达的内容。例如，为了表现“小马过河”的故事，主持人不仅要在语调、语气上表现小马过河时的心理变化，同时脸上的表情也要根据故事情节而变化。在表现小马胆怯和慌张的时候还可以用肢体语言来配合，这样更为形象生动，孩子们理解起来也就相对容易。但是肢体语言不能过多过于繁杂，否则适得其反。

例如，有的少儿节目主持人、嘉宾小朋友严肃有余，活泼不足，语言神态无不同成人一样成熟老练，失去了孩子应有的天真和童趣。有的现场采访，让孩子朗读或背诵成人为其撰写的“台词”，使人啼笑皆非。少儿节目应该以少儿视角去观察社会，理解生活。少儿视角是指以孩子的眼光、孩子的思维去认识社会、了解大自然、获得知识。在具体的操作中，它要求主创人员不能用大人的思维去思考问题，而应该葆有一颗童心，理解孩子，包容孩子，对身边的事物充满好奇心，对未来充满幻想。一般来说，孩子们比较喜欢感性、直观、形象的事物，而对那些理性、思辨、抽象的事物往往比较难把握和认识。因此，少儿节目主持人要掌握少儿的语言和习惯，用少儿喜欢的语言风格来主持节目，坚持少儿视角，让少儿节目真正成为少儿喜欢的节目。

三、要有耐心和爱心，做孩子们的朋友

少儿节目主持人不同于成人节目主持人，在沟通和交流方面要有足够的耐心和爱心。因为很多小朋友可能是第一次参加节目录制，多少会有些紧张，也不能长时间专注于节目的录制，在理解节目和把握表演尺度方面也不一定能很快就达到我们的要求，这就要求我们在调动他们积极性和表现欲方面要有足够的耐心，做好心理准备，不能急躁。在他们不专心或者表演不到位的时候，主持人要给他们时间，引导他们重新投入，在语言中要多加鼓励，激发他们的潜能。另外，为了能尽快消除少儿在录制节目中的紧张感，更好地在舞台上表现，主持人在节目录制前要尽量多跟他们进行接触，消除陌生感，让他们感觉到主持人并不是高高在上，而就是他们现实生活中的大哥哥、大姐姐，是能和他们一起玩、一起闹的伙伴。这样在节目录制过程中，主持人与小朋友的配合就会很默契。

孩子们生活的每一个角落都应充满爱、充满鼓励、充满关怀，因为如果一个孩子生活在爱之中，他就学会了关爱；如果一个孩子生活在鼓励之中，他就学会了自信。一个社会，需要懂得爱并充满自信的成员。少儿节目应鼓励孩子们做自己的主人，而演播室里的电视少儿节目绝大部分采用的是主持人面对儿童嘉宾谈话的方式，这样的方式与成人节目没有任何区别。另外，演播室的气氛如何更加自然、轻松、愉快，也是我们应该下大力气解决的问题。作为成年人，无论是家长还是教师，不是孩子的主人，更不是孩子的恩人。我们应该让孩子们以他们喜欢的方式参与节目制作，成为自己的主人，成为他们想成为的人。少儿节目主持人应更加富有耐心、爱心和同情心。他们应懂得如何爱孩子，应善良、平和、谦虚、宽厚、亲切而具有活力。在形象上应给孩子一种易于接近的亲和力，这种亲和力是从内心反映出来的，而不是装出来的。

作为少儿节目主持人，亲和力和耐心是最重要的。当然还要善于观察，这样

才能够适应小嘉宾并对他们的一言一行做出快速的反应。而且作为少儿节目主持人得学会控制自己的情绪。如济南少儿频道《BOBO 乐园》的主持人菠萝哥哥说道："说实话，有一次自己真的要爆发了，因为所有的工作人员都在等一个小朋友，不知为什么小朋友，突然翻脸了，爸爸也完全不能控制孩子。我当时想，要是我小时候这样子，估计爸爸早就打我了，早就老实了，但这时一定不能冲动，如果你冲着孩子喊，他马上就哭成泪人，更拍不了了，最后像朋友一样跟他聊天，鼓励他，一个小时后，孩子终于又进入状态了。"耐心真的对孩子来说挺重要的。

四、了解少儿习惯，培养童心童趣

"少儿节目成人化"是大部分少儿节目的通病之一。我们经常可以在一些电视节目中看到成人对孩子操控的痕迹，比如对成人语言、行为的模仿。其实，这对孩子的成长不利。成人的社会视角、成人的思维方式，不符合儿童的年龄特征。

少儿节目要吸引孩子们，就要把握他们的心理，营造他们喜闻乐见的欢乐环境，让他们感受到节目中的事情、语言、表情、动作都是和他们相仿的，也就是进入他们自己的天地。这是如今的少儿节目应该努力的方向。然而，少儿节目毕竟是成人制作的，为了节目的效果，相当数量的少儿节目需要成人来制作。这就对节目中的主持人和演员提出了挑战。虽然每个成人都是从儿童时期过来的，但是一旦是成人了，就往往失去了童心，很自然地以成人的心态来表现孩子，而这样是不能吸引孩子们的。成人还原童心，说起来谁都明白，但是要做到却不是那么容易。单凭成人对孩子的理性认识是不能完成的，必须把自己再"变成"孩子。能不能取下面纱，摘掉面罩，卸下心上的锁链，融进孩子们的心灵，是关键所在，也是这一挑战的最大难度。

刘纯燕在《我做少儿节目主持人》中讲道，接受挑战的条件就是要爱孩子，在爱孩子的基础上才能去熟悉孩子。爱孩子不能只停留在口头上，而是要真心去爱。这是一名少儿节目主持人的职业要求和职业责任，或者说是少儿节目主持人的基本条件，一颗真正的童心，不是装出来的，不是仅靠理性支配就能表现出来的，而是自然而然地流露。为此，要带着对孩子的强烈的爱，经常走到孩子们中间，和他们聊天、谈笑。只有真心爱孩子才能有浓厚的兴趣来认识孩子，才能花大量的时间精力站在孩子们中间，放下大人的架子，和孩子们打成一片，感受他们的每一处感情的细微特征和变化。爱孩子和熟悉孩子是一种互动的关系，在爱的基础上去熟悉，当熟悉了孩子们的心灵世界之后，会在孩子们身上唤起主持人自己身上的人类最美好的激情，这种审美激情会激发我们更加倍地爱孩子。把孩子真正装在了心里，记忆中存储了大量的孩子们的信息，进入节目的时候就有了充分的把握。工作起来心中十分有数。节目排练和演播之时，为了能够更好地营造少儿生活的气氛，主持人和演员应充分调动自己的内心，让自己进入孩子的心理状态。主持人们欢天喜地地嬉闹起来，大家说说笑笑，真的像几个大孩子在过家家一样。在一般人看来，这样简直是一群傻子，太不正常。人们常说，演戏的是“疯子”，看戏的是“呆子”。演成人戏演员进入角色时与他自己的真实内心还比较接近，而少儿节目主持人为了追求孩子们的氛围，必须让自己在更大程度上改变内心，彻底放开，不怕可笑，不怕冒傻气，更加近乎于“疯子”。这样一种精神是因为爱孩子而产生的。这样制作出来的节目效果，就是让孩子们认同。让他们感到是自己的伙伴在说、在笑、在耍、在闹，没有大人的感觉，只是他们中的一员。

少儿节目主持人，还要经常观察少儿的表现，了解他们的行为习惯和需要，以及他们在不同场合会表现出来的言行举止，这样才能在语言和行为上更接近儿童，更好地与他们进行沟通。在主持过程中，还要把自己的童心和童趣展现出来。虽然有些游戏在我们看来很简单，甚至有些幼稚，但是我们在与小朋友进行游戏的时候，要表现出我们对这个游戏的兴趣，并投入地和他们一起游戏，让他们更为轻松地投入节目的录制过程中。

另外，少儿节目主持人在着装、造型方面也要有自己的考虑，一方面要贴近节目主题，体现节目特色，另一方面在色彩的选择上要色彩艳丽，以明快的红、黄、蓝等颜色为主，再搭配一些流行时尚的配饰，女主持人在发型的设计上也尽量融入欢快的元素。例如，多扎一些漂亮的小卡子、发绳等，使整个主持人的精神面貌充满朝气，活泼漂亮。而在着装方面要尽量避免职业装。化妆时也尽量不要化浓妆，以清新淡雅为主。这方面，中央电视台的月亮姐姐、小鹿姐姐都做得非常好，总是能给人活泼开朗、阳光可爱的感觉。

五、应对突发情况的能力

有科学家曾对在校学生做过这样一个实验。两个老师在同样的教室里，用同样的方法，讲授同样内容的课程。一个穿着艳丽，漂亮动人；一个穿着普通，相貌平平。结果，在漂亮老师班级上课的孩子的成绩不如另一个班级孩子的成绩高。原来，这个班级的孩子看见老师漂亮，便不由自主地对她进行欣赏，总想着，她那么漂亮，我和她哪里不一样？她的唇膏是紫色的，配一件玫瑰红色的衣服真的很漂亮，如果是茶红色的唇膏是不是更漂亮呢？而另一个班级的学生的注意力全都集中在了听课上，因为老师讲授了以前从来不知道的有趣知识，吸引了学生全部的注意力。

其实，少儿节目主持人主持节目也多少与上述的教师课堂讲授相类似。这类主持人要考虑到节目的内容、画面、色彩、音响、背景等因素，但是绝不能容忍自己只是会傻笑，只会背台词，只是花枝招展或哗众取宠，毕竟电视有教育功能的。所以，一定要坚持“兼顾”原则，漂亮和智慧可以兼而有之，满足小观众的多重需求。

一档好的少儿节目应该创造更多的机会和途径让孩子们亲身参与节目的活动，发挥自己的主观能动性。儿童参与互动的形式也是多种多样的，如《小星星》节目在每天的节目当中基本都有参与互动的环节，通过不同的栏目给孩子们提供一个展示自己的舞台，游戏、答题、展示才艺、倾吐心事，让孩子与节目融为一体。当然，还可以让孩子们参与节目的制作，通过电话、网络与节目主创人员进行交流，发表自己的看法。在此过程中，大人要学会弱化自己，让孩子们尽可能多地发挥自己的想象力和创造力。

少儿的思维是跳跃的、不连贯的，他们的言行往往并不是按照节目的设置来进行，在他们的概念中没有一个完整的节目录制的样式，所以在节目录制中经常会突然迸发出来一些我们意想不到的语言和动作，这就要求我们在录制节目的过程中保持高度的注意力，掌控场上的局面，遇到突发事件要及时进行弥补，确保节目顺利进行。例如：有一次在进行一场儿童晚会的直播录制时，有一个环节是主持人和两个小朋友一起搭档串场，台词的大意是表达对人们的祝福。其中，一个小朋友在主持时把另一个小朋友的台词说了，轮到另一个小朋友主持时，他对主持人说：“我的话都被他说了，我说什么啊？”而且表情和语气都有一些不高兴，当时主持人迅速做出了反应，说：“看来你们两个小朋友想到一块儿去了，都想表达对我们对大家的祝福，那么现在就由你来告诉大家下一个节目的名字吧……”很好地应对了这个突然变故。

六、要有深厚文化底蕴

闫如林在《少儿节目记者应具备的素质》中阐述道：语言文学是人类文化

的重要组成部分，其丰富的人文内涵对主持人自身精神领域的影响是深广而重要的。一位有深度、有品位的少儿节目主持人，一定要有非常丰厚的人文底蕴。作为少儿节目主持人，每天面对的是许多天真的孩子，每一个词、每一个词组、每一个句子、每一个举动、每一个讲述等，都包含着知识输出的成分。同时，相当一部分小观众是怀着近乎崇敬的心境，期待着从传播中获取他想获取的知识的。因此，一名优秀的少儿节目主持人，对于小观众来讲，就是一本百看不厌、取之不尽的教科书，就是一个传播知识宝库经典的代言人。

当然，电视节目的内容是千差万别的，主持人面对的知识也是浩瀚无际的，即使再如饥似渴地学习，也不可能使其成为某些方面的专家。但是，我们至少要有一个广博的知识涉猎层面。比如：古今中外历史、文学、天文地理、自然科学等，力争做到懂得基本概念，了解层面内涵和外延。要做到这一点，就要克服工作中的种种困难，利用点滴时间不断“充电”。同时，还要亲自动手策划每一个节目，精心整理有关资料，随时储备个人的人文知识，以适应不断更新的节目需求。

少儿节目主持人除了应具备一般主持人的条件以外，还应有更高的要求。他们不仅是电视台的形象代言人，是节目的组织者和串联者，还应根据节目的教育性和娱乐性，具备传授不同年龄儿童的各种知识技能；传播健康、美好向上的精神情感，对孩子人格品质、言行举止能产生良好的影响，充当游戏或活动的组织者。主持人在主持节目过程中，应风趣、活泼、幽默，能根据不同年龄段孩子的特点采取不同的主持和对话方式，态度要诚恳，语气要自然亲切。正如一些专家所指出：少儿节目主持人最重要的素质不在于知识的多样化和专深程度，而在于具备一种能与儿童心灵沟通的本领。

第二节　少儿节目主持人的现场驾驭

一、注意与儿童受众的良好沟通

刘青晓在《主持少儿节目得失之思索》中说：与儿童进行无障碍沟通，是儿童节目主持人最重要的一个能力。一个主持人能够在节目中很好地表达与节目宗旨、风格相一致的童心、童趣、童意、童思，与儿童同心，与儿童贴近，才能受到孩子们的认同和欢迎。少儿节目主持人的形象一般都是青春、活泼、可爱的类型，甚至需要带有一些稚气，因此化妆应该采用活泼可爱的风格，服装可以是色彩鲜亮的休闲类服装，甚至以童话人物或动物等富有想象力的造型出现。如：月亮姐姐的公主造型、刘纯燕的金龟子形象等，都特别深入人心。

少儿的思维大多是形象具体的，少儿接受知识、培养能力是以记忆和模仿为主，可塑性较强。因此，少儿节目从内容到形式都应当平易近人，尤其是话语，要自然口语化，让少儿感受到亲切，体验到关爱，自然轻松地理解和接受。要有文字编辑和现场应变的语言组织能力，尽量用短话、白话、有趣的话，使孩子的大脑一直处于参与状态，不至于走神。此外，肢体语言也要夸张灵活，易于传情达意，既多变又不失自然。定位并形成自己的风格。根据自身特点进行定位，形成自己的风格，是快速走进孩子们内心世界的一个关键环节。少儿节目主持人多才多艺，才能满足孩子从艺术入手认识世界的兴趣。如：红果果的歌舞、绿泡泡的顽皮、金龟子的活泼、董浩叔叔的幽默、月亮姐姐的亲切等。有了风格，就如有了名片，想起哪个类型，这类主持人的形象就跃然入目了。

控制现场的节奏和情绪也是主持人组织和协调能力的一个体现。主持人的组织协调，就是在主持中通过语言、行为、思想、情感来影响和感染受众，控制节目或活动的进程和质量，展示主持才华，实现自身价值，从而得到受众的认可。比如一开始很轻松地进入现场，包括和孩子们交流的时候都是干脆利落地说话，但是在引导大家想象时，就应放慢语速，轻轻地说话，给孩子们充分的想象时间。思维敏捷，注意引导。为了全面展示小朋友可爱的性格，主持人要巧妙设置问题。譬如：你愿意和姐姐交朋友吗？（愿意!）如果和姐姐在一起忽然遇到大老虎怎么办?（我来保护你，用枪打老虎）边说边做动作。一个勇敢的小小男子汉的形象，就表现出来了。

二、提高现场调控能力

现在有许多少儿节目，不再是主持人一段口播加上一个专题板块，而是需要主持人同儿童一起玩，一起完成。如一些游戏节目、科普节目等。但我们知道，孩子们的理解能力有限，注意力集中的时间又很短。这就要求主持人了解孩子们的心理特征，掌握一些简单可行的方法。对此，汪峰在《做孩子们的好朋友——如何做好少儿节目主持人之我见》中，为我们做了非常好的指导。

（一）利用多种形象直观的手段加深印象

一次拍摄科普节目，讲的是有关飞翔的知识，宁波电视台少儿节目主持人江峰要给一群幼儿园大班的小朋友讲解，飞机为什么会飞，开始是光凭嘴说，主持人说了一大通，结果是小朋友呆呆地望着他，一脸似懂非懂的样子（因为老师在一旁，所以孩子们也不敢开小差），拍摄效果自然不行。第二次，主持人专门去小学借来了几架小飞机模型，让孩子们看，并让他们亲手触摸飞机机翼的形状，然后再告诉他们机翼的这种形状才能让飞机飞起来，最后主持人还让孩子们和他一起亲手做了一架纸飞机。不敢说孩子们真正全部懂得了飞机飞翔的原理，但节目的拍摄效果远远比第一次好多了，孩子们的注意力被牢牢吸引在主持人的周围，很顺利地完成了拍摄。

其实，这在儿童心理学上是培养儿童观察力的一种方法。在知觉和观察时，要尽可能有较多的感觉器官参加活动。有实验表明：让儿童感知 10 张画片上的不同物体时，一组只用听觉来感知，一组只用视觉来感知，另一组用视觉和听觉共同感知，再让儿童高声地说出这些物体。结果只用听觉的一组，能正确重现 60%，只用视觉的一组能正确重现 70%，而视觉、听觉和言语动觉同时并用的一组则正确重现了 86.3%。

（二）鼓励孩子，多给他们一些积极的评价

儿童心理学者认为：“学龄前期和学龄初期的儿童，自己的评价能力是比较差和比较简单的，成人对儿童的评价在儿童个性发展上有着重大的影响。因此，成人对儿童的评价必须适当，客观、公正，对儿童任何过高、过低或其他不恰当的评价都是有害的。节目中，主持人有时是游戏的裁判，有时是讲授知识的老师，往往需要对孩子们的失败、失误等做出正确的评价。我们不能说“你永远也学不会”“你真笨”“你怎么老是输”等，否则孩子就会认为自己真的没希望了，以致失去前进的信心和动力。作为主持人，我们应多说一些这样的话：“没关系，再来一次”“做得不错，加油”“你能行”等，来鼓励孩子，帮他们建立起自信心。我们不能忘记，孩子不是我们用来做节目的道具，他们才是少儿节目的真正主角。

三、节目现场驾驭的具体表现

（一）语言生动活泼，吸引受众的注意力

少儿节目和其他节目的一个重要区别就在于受众的独特性。由于少年儿童的年龄特点，他们的注意力能够集中的时间很短，因此主持人在节目中不能单调地用一种声音从头到尾地说，而是要注意语调的丰富变化，吸引受众的注意力。这可以通过语调的升降、停顿、轻重和快慢来表现。在广播少儿节目中，更加强调语调的变化，因为广播是一门听觉艺术。只能用声音来传送节目内容，用语调的变化最大限度地表达情感。很多广播少儿节目不但在节目编排上要把娱乐性、知识性、启发性、教育性融为一体，更要以变化丰富的语调来吸引小听众。如大家熟悉的讲故事类节目，主持人经常用不同的语调来表现不同的人物。以《猴子捞月亮》为例，为表现老猴子说话的声音特点，主持人需要降低语调、放慢语速，用沉稳的语气；为表现小猴子说话的声音特点，主持人可升高语调、加快语速，表现出小猴子声音的纤细、稚嫩。这些语调的变化都是为了突出和区分故事中的老猴子和小猴子形象，使小听众在听节目时，眼前仿佛出现栩栩如生的老猴子和小猴子。

（二）放平心态，与受众进行心灵互动

章凌云在《少儿节目主持人的心灵互动》中指出，儿童是一个具有独立人格的主体。这不仅体现在儿童是节目收视对象，还反映在儿童是节目表现对象，更重要的是儿童成了节目表现主体。少儿节目主持人应完全融入少儿的内心世界，与小朋友一起心灵互动。

小朋友们作为嘉宾共同参与节目制作，拉近了观众与节目的距离，同时扩大了节目的信息量，为节目增添了许多色彩。既然把嘉宾请来，就要让他们有淋漓尽致的表现，尽量发挥他们的作用和优势，只有这样才能达到节目预期的目的，不然请嘉宾的意义就不复存在了。主持人为了节目的整体气氛和效果，这时候应暂避第二位，充分认识自己的功能地位，处处为节目着想，为场上的嘉宾着想，切忌话太多，喧宾夺主，但并不是说主持人在现场话越少越好，而是说的话一定要到位，起到画龙点睛的作用。主持人在场上虽不是主讲者，但应该是节目导向的领路人，如是嘉宾话题跑偏了，主持人应把他领回来引入正题；如果嘉宾说错了话，主持人不能半开玩笑一通数落，而应及时纠正，积极暗示，循循善诱，使他发挥正常。

当前少儿节目中，邀请小朋友一起主持节目是再平常不过了。让孩子们直接参与到节目的选题、策划、编辑、采访、主持中来，孩子们真正反客为主，充分激发了他们的想象力。当然，少儿节目主持人在小主持人面前还应该是一位循循

善诱的老师，精明能干的管理者，不仅要在上节目前抽空教孩子们一些新闻基础知识，指导小主持人做好播前的采编工作，还要不断提醒小主持人首先要做一个文明礼貌孩子的代表，把受众作为最好的最真诚的同学、朋友，挖掘并培养小主持人自然、自信、活泼开朗、天真大方的主持风格，并告诫他们要做到不居高临下，不得意忘形，明白调皮不等于无聊的贫嘴等道理。对男小主持人，要特别强调多一些阳刚，多一些自信。

少儿节目的主持人，要用平等的心态，把自己当作儿童的朋友。当他们向你倾诉烦恼，或述说梦想时，一定要认真倾听，万万不可做出轻蔑、嘲笑的姿态，这会伤害了他们幼小的心灵。在主持节目过程中，如果有小朋友跑神了，或不积极配合，不能训斥更不能打骂，而应是积极地劝导，用幽默的语言或有趣的玩具来吸引其注意力，把他带回节目中。

（三）沉着冷静，积极应对突发事件

由于少儿节目的受众是少年儿童，他们的思维与成人的思维有着很多的不同，因此在节目的动作过程当中，会出现“掉链子”的事情也不足为奇。但作为少儿节目的主持人，要学会时刻观察现场参与节目的小朋友的一举一动，做到心中有数。如果看到哪个小朋友情绪不太高，要积极地进行疏导，以防孩子对节目留下不好的印象或影响节目的效果。在节目中，一般会有互动环节，童言本无忌，但是主持人要考虑到节目的舆论导向问题，时刻把握着节目的主旋律，引导孩子们的言论呈现积极阳光的一面。还有一些带有刺激性的游戏活动，比如中央电视台少儿频道的《英雄出少年》等节目，有一定的安全风险，主持人在主持节目的过程中，还要时刻注意着参赛者的安全问题，千万不能让孩子出现意外。

另外，少儿节目主持人，还要做到沉着冷静，积极面对一切突发事件。只有处乱不惊，主持人方能调度自如。但更重要的是对孩子的喜爱，只有喜爱孩子，你才能有耐心，有爱心，有同情心，去劝导那些孩子，去帮助那些孩子。

第三节　少儿节目主持人的角色定位

少儿节目主持人的角色定位，是指主持人在相关少儿节目中为适应节目需要而找准自己在节目中所处位置、所扮演的角色的过程。

一、少儿节目的分类

关于少儿节目的分类，陈舒平在《儿童电视学》中，根据节目的内容和表现形式将其分为以下几类：

1. 儿童新闻：以儿童为收视对象的新闻节目，主要侧重于与儿童有关的新闻以及知识类、信息类的新闻。

2. 儿童专题：以儿童作为拍摄对象、收视对象的专题节目，具有较强的纪实特色。如中央电视台的《大追踪》、《小记者》栏目中播出的节目。

3. 知识竞猜：针对儿童的特定的知识普及型的节目形式，节目内容一般分为初赛、复赛、决赛等，以现场竞答的方式进行。如中央电视台的《芝麻开门》节目。

4. 游戏节目：这是最具儿童特色的一个节目类型。有儿童之间做游戏，有儿童与父母成人之间做游戏，儿童与主持人之间做游戏等多种方式，游戏的内容更是丰富多彩，深受儿童喜爱。

5. 家教节目：是针对儿童与家长而拍摄的节目，目的在于沟通父母与子女之间的关系，更好地进行儿童的家庭教育和社会教育，促进儿童的健康成长。如中央电视台的《和爸爸妈妈一起看》节目。

6. 科普节目：儿童是最主要的科普对象，各电视台积极制作各种类型的科普节目，上至天文，下至地理，小制作、小创造等内容十分丰富。有的电视台还开办了专门的科普栏目，以满足儿童日益增长的需要。

7. 儿童音乐：以儿童歌曲为主要内容。目前较为普及的是儿童 MTV，每年举行的儿童歌曲卡拉 OK 大赛也深受儿童欢迎。

8. 动画片：是最受儿童欢迎和喜爱的电视节目。目前，国外动画还占领着国内动画片市场的较大份额，不过，近年来，国产动画片也发展迅速，制作出了很多精品动画片，深受儿童喜爱。

9. 短剧小品：指儿童电视剧以外的其他表演性的儿童电视戏剧节目。有木偶剧、人偶剧、电视小品等等。

10. 儿童电视剧：是经过艺术加工创造的儿童电视作品，具有较强的情节性，并有完整的人物形象塑造。

11. 少儿综艺：指儿童歌舞表演，儿童电视文艺晚会等。如《六一晚会》、《三优晚会》、《娃娃乐歌曲表演》等。

二、少儿节目主持人的角色定位

（一）少儿节目主持人角色定位的重要性

一档优秀的电视节目，需要一个符合节目定位、具有个性魅力和独到语言控制能力的主持人。儿童，特别是学龄前儿童，希望少儿电视节目主持人能成为他们在童话书中看到的人物，善良、美丽、聪明、可爱、勇敢，还拥有像花仙子、白雪公主、奥特曼和芭比娃娃式夸张的外形和可爱的举止动作。为此，主持人应具备良好的角色意识和较强的表现力。

陈舒平指出，少儿节目的观众年龄跨度较大，少儿受众的多层次决定了节目内容的多样性，不同的节目内容形式，必须由不同类型的主持人掌控。例如，以3~9岁学龄前儿童为主要受众的《棒棒乐乐园》的主持人是一位能歌善舞、会讲故事的YOYO姐姐形象；而以8~12岁小学生为主要收视群的《大嘴巴喋报》的主持人则是信息灵通、幽默风趣的一位邻家大哥哥的形象。可以说，每一位主持人都在根据各自的优势和特点，找好属于自己的“婆家”。有些主持人比较开朗灵动，很容易融入孩子的集体中，这样的人便很适合当“孩子王”；有些主持人比较稳重大方、眼界开阔、知识丰富，比较适合知识类、家教类节目；有些主持人在音乐或者体育方面有特殊专长，便可以在音乐、体育类节目一展身手。总的来说，栏目定位与主持人特性必须相得益彰。

个性化的要求决定了少儿节目主持人定位的多面性：姐姐型、同龄型、卡通型、朋友型、长辈型、老师型、英雄型等，都要求节目制片人和主持人瞄准不同年龄段的儿童受众需求，打造不同的主持角色。例如：7~10岁的儿童属于学龄初期，思维由具体形象性向抽象思维性过渡，同龄型、老师型、英雄型，可以满足少儿自我意识逐渐形成的需要；而11~15岁是少年初期，朋友型、老师型和英雄型让他们在思想上受到启发，感到平等和尊重。确定角色类型后，主持人就应该全力以赴融入自己所在的角色。江苏少儿频道以小学生为主要受众人群而开设的《好朋友》栏目，就把主持人林子姐姐的角色定位为“同龄型”。主持人造型为可爱、聪慧的姐姐，主持风格以少儿娱乐性节目为主，强调幽默和机智。而《动画天地》主持人月亮姐姐的角色则定位为甜美、亲和的“姐姐型”。还有，2008年1月5日刚刚推出的以年轻妈妈为主要受众的《家有宝贝》栏目，主持人真真姐姐则定位为“朋友型”，主持风格清新自然。

（二）少儿节目主持人的角色类型

绝大多数少儿节目主持人都以相对固定的角色形象展现在小观众面前，那种纯真、可爱、活泼、亲切的形象，一下子拉近了与孩子们的距离，而朗朗上口的称呼更易被他们所记住。在中央电视台少儿频道中，不少这样的角色形象活跃于荧屏，比如早期的“金龟子”、“毛毛虫”，近期的“红果果”、“绿泡泡”，湖南卫视金鹰卡通频道的“小燕子”、“E 哥”等，都是孩子们耳熟能详的。同成人类节目中“名正言顺”的主持人不同，他们正是通过这一少年儿童乐于接受的表象角色，将内在的媒介角色的功效表现得更为淋漓尽致。

近年来，我国少儿电视事业有较大发展，少儿节目的内容和形式日趋丰富多彩，相应地出现了多种多样的主持人角色。贾佳在《少儿节目主持人的角色定位》中指出，少儿节目主持人大体有以下几种比较具有代表性的角色形式：

1. 姐姐型

这是在内地最早出现、源于“鞠萍姐姐”的一种最为符合中国传统习惯的定位形式。由年轻姑娘主持少儿节目非常合理。她们一般较为亲切、活泼、多才多艺，也比较细心体贴，懂得照顾儿童的心情，容易与孩子们沟通交流。现在新版《七巧板》的节目主持人“月亮姐姐”王昊、金鹰卡通的“小燕子姐姐”就很好地继承了这一角色形式，与孩子们唱歌、跳舞、聊天，没有任何约束，是孩子心目中漂亮可亲的知心姐姐。“月亮姐姐”型节目主持人的特点之一，就是非常注重爱心的表达与传递。王昊被中国红十字基金会授予“爱心天使”称号，担任“爱心储蓄罐”活动的形象大使，她经常鼓励小朋友把积攒的零用钱捐给贫困地区生病的孩子们，让爱心活动发扬光大，孩子们亲切地称她为“爱心姐姐”。

2. 伙伴型

这里的“伙伴”一方面是指跟少年儿童年龄相近的“少儿主持人”，如在《大风车》“风车工作室”中，《新闻袋袋裤》里的几位十来岁的小主持人，由于与小观众是同龄人，言行举止更具有接近性。另一方面，也包括成年人以主持人本色出现，做孩子们的“伙伴”。例如《大风车》中的“金龟子”，《智慧树》中可爱的“红果果”、“绿泡泡”等，他们一般长着一副娃娃脸，主持起来仿佛“稚气未脱”，是孩子们的知心伙伴。而《成长在线》中的王晓清，《选择》中的樊登、范美等，以朋友的身份与小观众侃侃而谈，轻松交流学习、生活中的经验。这类主持人的特点是尽量用孩子的视角观察事物，用孩子的语气、方式表达观点。

3. 老师型

教育性是少儿节目中不可或缺的因素，在一些知识益智类的节目中，主持人担当起老师的角色，随时为同学们释疑解惑。作为此类主持人，首先要具备相当的素质涵养，见多识广，有敏捷的思维和自己独到的见解。有些节目需要邀请嘉宾主持，也是以老师型角色身份出现，如《东芝动物乐园》里的动物学博士。

4. 卡通型

小孩子对可爱憨厚的动物和新奇怪异的玩偶有着与生俱来的喜爱，在情感上存在着亲近性和依赖性，利用儿童的这种心理特点，在节目中设置的卡通形象主持人深受他们喜欢。这类主持人有的是由真人扮演的动物形象，如《智慧树》中的“小咕咚”，《动漫世界》中鞠萍姐姐旁边那只长着大眼睛长四肢的绿色奇异玩偶——“顽皮”，完全是以卡通动物的形象显示。而有的则是真正的虚拟动物形象配以人声，如《中国动画》中的“跳跳龙”，是一只新奇调皮的小龙，和“小鹿姐姐”配合得非常和谐。另外，还有以玩具布偶为主持人配以人声，如《七巧板》中的“西瓜猪”和“胖胖虎”，每次都以发生在他们身边的事情为由头，引出以下节目的内容。卡通型主持以新奇的形象、夸张的动作，滑稽的表演，很容易将少儿的注意力吸引过来，进而看得津津有味。

（三）少儿节目主持人的角色定位与适度表演

王杨在《浅谈少儿节目主持人运用表演因素的整体要求》中，详尽地阐述道：对于少儿节目主持人来说是需要表演的，这种表演是在“本我”的基础上对自我的设计和修饰。少儿节目主持人在生活状态中的“我”称为“本我”，他是以成人身份出现的，这种自然本色无法与良好的节目效果合二为一；少儿节目主持人在节目状态中的“我”称为“自我”，他是从“本我”中提炼出来的工作化了的“自我”，这才是主持人在节目中应有的本色。因此，少儿节目主持人必须按照节目的意图和少儿的需求恰当运用表演因素收缩生活状态中的“本我”，展现节目中的“自我”，以达到节目要求的“真实”。《动画城》的节目主持人小鹿姐姐在生活中是一个略微内向的人，甚至有些不爱说话，但她在主持节目时却能收缩一部分“本我”，热情洋溢地投入到与小朋友的交流中，充分展现出她的价值。这种在节目中的表现就带有表演的性质。

电视虽然是最接近生活真实的一种媒介，但它并不是现实生活本身。它是经过主持人对信息的选择、提炼等加工后“多重假定”的“真实”，要想让少儿获得真实性的感受，必须使主持人的表演符合节目的“假定情境”规律。在央视少儿节目《智慧树》中，有一期提前录制春节特辑节目，主持人的“假定情境”意识抓得就比较好，恰当运用表演因素把自己提前“代入”到节目中，将语调神情与假定的过节情境协调起来，将自己的心境调整到过节的气氛中，带动现场的小朋友真正投入到了过节的气氛中，达到小观众情感上的认同。看来主持人要突破和超越这种人为障碍，必须借助恰当的表演因素，而表演因素的运用又必须依据节目本身的“假定情境”规律。

少儿节目主持人的表演要运用好语言与非语言符号：

1．把握语言特色

与成人节目主持人的语言相比，少儿节目主持人的语言要更加口语化，要改变平时的说话习惯而选择孩子们熟悉的词汇，尽量少用繁琐和华丽的词语，成语的运用也要常见而不深奥。语句要变长句为短句，不能用太多的定语和状语，要突出主语。为了引起孩子们的兴趣，要多用问句的方式，吸引他们去想和回答。少儿节目主持人还要善于运用自己独特的声音魅力和语言打动孩子。

2．把握非语言符号

（1）真诚的眼神

眼神是情感传递最重要的工具，少儿节目主持人的眼神应该是目光炯炯有神，真诚而友好。当孩子们拘束时，目光传递的是鼓励，当孩子们表现不够出色时，目光带来的是包容。在和孩子们一起做节目时，眼神比语言更容易和孩子们沟通，经常一个眼神就能够“心有灵犀”，得到孩子们的依赖与亲近。

（2）丰富的表情

与成人节目主持人相比，少儿节目主持人会用到更丰富、更夸张的表情。这种略带夸张的表演，成人会感觉有些不自然，但孩子恰恰喜欢。比如：当一个幼儿园的小朋友回答对了一个有难度的问题，主持人如果睁大眼睛，张开嘴巴，做出一个充满惊喜甚至崇拜的夸张表情，说：“哇！你简直太棒了！真了不起！”孩子便会非常惊喜，充满了快乐和自信。这种丰富和夸张的表情有利于营造良好的氛围，增强孩子们的关注度，对贯彻节目意图能起到一定的效果。

（3）恰当的手势

为了加强有声语言的效果而在不同有声语言的运用中使用恰当的手势，便于孩子们更直观、形象地理解。比如：在倒计时五秒钟的时候，一边大声喊着数字，一边用手势比画着会增强现场的紧张感；在节目的开头和结尾设计固定的手势有助于孩子们记住该节目和主持人……总之，只要是具有儿童特性的手势，主持人都可以大胆地使用。

（4）合理的距离感

对于年龄小的儿童来说，他们需要得到成人的关爱，喜欢亲近成人，从而产生安全感。在与儿童交往的时候，少儿节目主持人就需要拉拉他们的手，适时地拥抱他们一下，帮他们掸掸身上的土、擤擤小鼻涕什么的，这些行为会拉近与幼儿的心理距离，所以主持人采用比较亲密的距离适合儿童。但对于小学以上的孩子来说就要保持一定的距离了。去拍拍他们的头、俯下身子凑近他们说话都会引起他们的反感，因为他们更渴望自己被当做大人对待。

有些少儿节目主持人，由于节目的需要，进行了多角色定位的尝试，也适时加入了很多表演的成分在里面，但一直遵循一个原则，就是自然。角色定位和表演都要以“本我”为基础，要有真实感，要找到适合自己的主观设计和表演技巧，绝不能像演员一样，今天塑造正面角色，明天塑造反面角色，要在“度”上有清晰地把握，从而形成鲜明个性、独具魅力的主持风格。

（四）少儿节目主持人在表演时需要注意的问题

1. 勿过——避免过分夸张

在少儿节目中，主持人的表演因素虽然借助一定的夸张技法，但绝对不能走入“过分夸张”的误区，因为主持人的表演一旦“过”了，就会使主持游离于节目定位之外，惹起小观众们的反感。在现如今的少儿节目中，过分夸张表演的主持人屡见不鲜，他们虽然在极力追求与少儿受众之间的“同体观”与“相似性”，但却因为行为动作过于突出自我而脱离了节目内涵与受众所需。

（1）“故意卖弄”型

这种类型的特点是不懂装懂、自作聪明、东拉西扯、不知所云。记得在一期节目中，某主持人问：“海马是马吗?”小朋友回答：“是。”主持人说：“因为生活在海里，所以这种马叫海马！那么马生活在河里，是不是叫‘河马’啊?”小朋友回答：“是。”不难看出，这位主持人的提问明显存在问题。一是“海马是马吗”这种问法本身就有很大的问题；二是“海马”名字的由来不是因为他们生活在海里，“河马”名字的由来也不是因为他们生活在河里。其实河马属于哺乳纲、河马科；海马属于鱼纲、海龙科；马属于哺乳纲、马科。因此，海马、河马和马三者截然不同、各有特点，这位主持人不懂装懂，言语表达太过夸张。

（2）“喧宾夺主”型

这种类型的特点是卖弄口才，哗众取宠。在少儿节目中，经常会请许多专家学者作为嘉宾进行访谈，采用这种对话方式达到启迪少儿心智的目的。但有些主持人的表演似乎太过，完全忽略嘉宾的存在，以“自我卖弄”为中心，自我展示过多，多有不合时宜的插话和不解其意的评论，让少儿受众啼笑皆非。

2. 勿稚——避免过于幼稚

近来经常会在少儿节目中看到许多主持人故意“装嫩”，尽管已经年龄不小，却故意模仿孩子的言谈举止及说话方式，处处表现出幼稚的倾向。

（1）“嗲声嗲气”型

这种类型的特点是故意装纯，声音造作。比如有的主持人憋足了本来已经没有童真的嗓子，假模假式地给小朋友们讲故事；又比如有的主持人故意模仿孩子说话，满嘴奶声奶气的“啊”、“呀”，傻气十足。到头来，孩子们都不知道主持人到底在表达什么，节目的品格内涵也就化为乌有了。

（2）“活泼有余”型

这种类型的特点是肢体语言过于丰富，神态表情过于夸张，童心童趣不足。曾看过这样一个少儿节目，主持人为了表现高兴的心情，在整期节目中都大喊大叫、乱蹦乱跳，引起了小观众们的听觉和视觉疲劳。其实这位主持人完全可以把这种心态收放自如，自始至终的夸张表现是背离少儿欣赏水准的。可见，少儿节目主持人这种夸张化、幼稚化的表演也许能制造出一种短暂的亲近感，但长此以往得不偿失，因为它存在两种弊端：一是对少儿节目内涵的降低，阻碍了节目在深度上的拓展；二是对少儿思想成长的阻碍，不利于为少儿提供较高层次的正面模仿对象。因此，主持人表演因素的分寸把握尤为重要，这种过于夸张与幼稚的表演是不可取的，主持人应该紧紧围绕节目内涵和受众所需展现自我，把握不好“度”的表演必遭唾弃。

第十一章 主持人节目驾驭能力的培养与提升

第一节　节目取得成功的条件

主持人节目驾驭必须具备一些综合技巧，这样才能处理好主持人与受众的关系、主持人与主持人的关系、主持人与节目的关系等。所谓“主持”，说到底就是主持人以一定的方式方法，活动或活跃于这种种“关系”之间，使之尽可能地和谐、统一、完美，成为一个独具魅力的整体。这些方式方法也就是主持的“艺术”了。

广播电视节目有各种类型，从内容范围的角度说有新闻性节目、文艺性节目、服务性节目、社教性节目、竞赛性节目等，如果根据传播媒体的性质特征或传播的手段的不同，还可分为广播节目、电视节目和直播节目、录播节目等。但是不论是什么类型的节目，如果想要获得成功都必须注意把握好以下方面：

一、节目的开始应先声夺人，引人入胜

下棋的“开盘布局”很重要，而主持节目也是如此，良好的开头为后面的成功奠定基础。所谓的“先声夺人”，它的意义在这里体现得很充分。作为节目的“引子”——主持人需要发挥各方面的优势来强化节目开头的效果。

节目的开头是主持人的第一次“亮相”，是节目风格基调的“定性”，是与听众观众情感兴趣的“接轨”。根据这样的客观规律，有经验的主持人特别舍得在节目开头花力气做文章，讲究情趣意味，力求听众和观众每一次与节目重逢都能有全新体验。对现场主持，要力求在开头博得笑声和掌声，使现场气氛活跃起来。

例如2005年中央电视台春节联欢晚会，开场节目一改往年的歌舞表演，而

是由主持人董卿、周涛、李咏和地方台选出的32位主持人一起，给全国人民拜大年。节目中，这些主持人以平时自己栏目中的形象亮相，并佩戴着各个地方台的台标，用地方方言给全国人民拜年。这一个节目取名叫《盛世大联欢》，它亲切热烈的气氛，别开生面地使晚会一开场的现场气氛就进入一个小高潮。

当然，我们不赞成以哗众取宠的手法去取悦受众，赚取廉价的笑声和掌声。

二、以情动人、把情感投入到节目主持中去

情感是人们交流的基础。要使你的节目更有感染力，有必要在主观上积极地寻觅动情点，渲染催化。例如，在报道汶川大地震相关新闻时，主持人赵普动情地落泪了。观众对此一片称赞，还说："赵普让新闻有了感情。"可见，在节目中适当地投入感情，更能打动受众的心。

这里也启发我们，在广播电视节目的主持当中，去努力发掘并发挥情感因素，并不失时机地把友善的种子播撒在听众观众的心灵空间，让它结出节目主持的成功之果。有经验的主持人往往就是这样的"播种"者和"收获"者。也有一些电视节目，它自身的性质就决定它必须要以情动人。河南电视台法制频道的《临刑会见》节目，是一档与死刑犯进行心灵沟通的访谈节目，它的节目性质就要求了它的主持人必须要懂得以情动人，不然是无法让"视死如归"的死刑犯开口讲话的。在一次节目中，主持人丁瑜（女）要采访一个对女人怀有很大仇恨的杀人犯，当丁瑜坐在其对面时，他便用"玩世不恭"的语气说："你最好离我远点，换一位男的来采访我，否则凭我的身手，不出一分钟就可以将你干掉。"而女主持人没有退却，而是真诚地对他说："我相信你不会伤害我，因为我要跟你谈的话题你会感兴趣，我敢担保没有人会像我一样认真诚恳地听你讲心里话。如果什么话都不留给你的母亲和女儿就上路，你不觉得遗憾吗？"丁瑜的这番至诚之语，打动了采访对象，他打开了自己的心扉，甚至流下了忏悔的泪水。还有中央广播电台的节目主持人向菲，也是用她的真情唤起了许多的逃犯，面对自己的过错，去自首接受改造。如果她没有情感投入到节目中，怎么可能有这种非凡的成就？

三、机智幽默、以欢乐感染受众

幽默是一个主持人的内在要求，只有当他们拥有的幽默感具有同情心时，才能表明他们开始懂得幽默。另外，主持人还要把握幽默的立意和品位，这样节目

本身才能具有内在有品位的欢愉情绪，才能真正感染受众。例如，某电台的一次直播节目中，听众故意要主持人介绍自己的“形象”，他便幽默了一下：

人们送给我们广播节目播音人员两句话：一句是“听了你的声，动了我的心”，一句是“见了你的人，吓掉我的魂”，我想在向您描述形象之前先打听一下您的胆量。

名副其实的“丑话说在前”，使这位听众忍俊不禁，同时主持人也不无谐趣地婉言搪塞了一道不宜作答的难题。

不必顾虑这种适当的“丑化”会给自己带来什么副作用。首先这份坦诚就会给人以真切；同时“丑”中寓谐，则是一种幽默的境界。主持人如果把自己当做一个“小丑”，拿自己开涮，会给节目营造轻松的气氛。即便是一些参与节目的观众或选手因为种种问题出现滑稽的场面，主持人也会没有架子地把自己变得更可笑，把滑稽化做欢笑。

同时，主持中的故意“露拙”也是一种极有效应的艺术手段。2007 年的模特大赛，有场比赛的主题是“迎奥运”，为充分体现年轻选手的青春和活力，特别邀请了奥运冠军罗薇、吉新鹏、高敏以及国家男篮队员杜锋到场助演。这些体育健儿们在演播室中显得局促不安。节目主持人李咏，为了搞活气氛，便让跳水冠军高敏教他一些跳水的动作，他那“认真”的模仿，把在场的嘉宾和观众都逗得前仰后合。如果没有李咏这段故意“露拙”的模仿，那节目现场就是另一片风光了，肯定不如“露拙”后有趣活跃。

总之，“露拙”“显丑”都可以制造谐趣，调节节目气氛，调动受众情绪，缩短情感距离。但必须掌握好一个“度”，要让听众观众“拙”中见巧，“丑”中见美，如果过了度，让人以为真拙和真丑，那才是真正的“弄巧成拙”了。

四、主持人要学会处理尴尬场面

主持人处理尴尬的能力就是驾驭现场的能力，如果主持人具备了这一能力，就可以化解节目中的尴尬。来自节目、合作者、参与对象、听众观众等方面的意外情况如果突然出现，给你一个意想不到的考验，在这种境况下怎么办？还是陈铎说得好：“主持人的头脑，也许就该是一部好的计算机，需要在极短的时间里超前快速运转、判断、决策、行动。”这种“计算机”效应体现出主持人一种良好的专业素质和高超的实践技能（这方面的内容我们下一节作具体的探讨）。当然，有时主持中突如其来的一瞬间，有时并不关涉主持人自己，“隔岸观火”也无妨。然而，从节目的全局来看，“城门失火”毕竟可能“殃及池鱼”，终究是个缺憾，这时就牵涉到一个责任心的问题。

这里不妨举个例子作借鉴。

白岩松在主持某年度“感动中国”颁奖礼时，为了表示对获奖者的尊重，白岩松在每一个获奖者下台时都主动陪同，然后再快步跑上台去迎接下一个“感动人物”。但当“亚洲飞人”刘翔上台领奖时，也不知什么原因，白岩松竟然迟了半分钟才从台下跑上来迎接刘翔。在这半分钟里，刘翔不得不先跟观众招手，再与另一位主持人握手，继而在台上摆出各种胜利的姿势拖延时间。等到白岩松跑上台去，他忽然灵机一动地说：“我故意上台晚些，让大家多欣赏一会儿我们奥运英雄做着各种各样动感、美感十足的动作的样子，大家说，看着是不是很过瘾呀?”

总之，一个真正合格的节目主持人不仅应在“顺境”中施展才华，更应在“风云突变”的情况下从容不迫，“危难之处显身手”，把“意料之外”的因素，化解为“情理之中”的结果，真正驾驭现场。

五、主持人要有强烈的配合意识

主持人在节目主持中不仅要与其他主持人及受众、嘉宾配合，还要与节目本身的一些特点、风格配合。要达到这样的默契，主持人不仅要做到语言风格和谐，而且还要做到与表达的内容彼此呼应。中央电视台《快乐主妇》的主持人朱铁和方琼，就是一对配合非常默契的主持人。朱铁冷静幽默、方琼热情大方，两人还都特别亲切纯朴、平民化，对选手、观众都采用朋友般的平等态度，无论选手表现得出色还是失误，他们都像两个热心而又快嘴的朋友一样，或是夸奖，或是埋怨，及时评价，所用语言往往诙谐幽默、真诚热情，不夸张溢美，也不尖酸刻薄，营造出轻松、愉快的竞赛环境。他们俩让老人感觉就像是自家的儿子、儿媳，让年轻人感觉就像是自己的哥哥、姐姐。他们主持的《快乐主妇》也是一档非常平民化的节目，他们的主持风格正好与之完美结合。《快乐主妇》两个主持人对节目的拿捏也是恰到好处，朱铁怎么看都像是个居家好男人，方琼像个能干的家庭主妇，两人互开玩笑，一唱一和，合作起来让观众怎么看怎么舒服。

主持人的合作主持，除了声音上的和谐互补外，更要讲究表达上的彼此呼应，电视和现场主持还要考虑到神情姿态的相互映衬。无论甲方还是乙方，都应该有一种“绿叶扶红花”的意识，积极主动地为对方“铺路搭桥”，近似相声的捧哏艺术，需要主持人之间互为“捧哏”。特别是当一方出现临时意外情况时，另一方应当及时地帮衬解围。

例如，浙江卫视《我爱记歌词》的主持人华少与朱丹，也是一对配合很默契的主持人组合。华少的书生气、冷幽默，正好与朱丹的活泼开朗、热情大方互补，一冷一热搭配后温度正好。朱丹在接受媒体的一次采访中也表达了这个观点：“我觉得华少是特别完满的搭档，我依赖他依赖得不得了。我忘了自己第一次跟他搭档状况怎么样，那时候自己也不成熟，完全讲不出感觉来，他也是……你会发觉我们是天生工作上的合作伙伴。他是理性的人，我又是很感性的，我有时候撒出去，他会把我当小孩一样呵护，把我揪回来。我有时候比较细腻，可以发现他忽略掉的东西。他又是掌控全局的，我们两个互补很好，他是很绅士的人，不会存在抢风头、抢台词或者是什么样，我们两个都尊重对方，把对方放在前面，华少太好，我为一直有这样一个搭档很庆幸。”

还有湖南卫视的《天天向上》，有五个节目主持人，他们各有特色，分工明确，配合默契。其中，汪涵年纪最大，其他主持人在节目中都尊称其为大哥。他就像一个组织后卫，大局意识最强，负责整个节目的运行，统揽全局。欧弟则最活泼、最幽默，他时常用自己夸张的表情、古怪的声音、巧妙的语言令观众捧腹大笑。相貌平平的田源与英俊帅气的钱枫，既是汪涵、欧弟调侃和捉弄的对象，又为汪涵、欧弟把握了开玩笑的度，保证了节目进行的顺畅。日本籍主持人矢野浩二相貌另类，极具喜剧天分，经常用自嘲的方式逗人发笑，并衬托了汪涵、钱枫的帅气形象。这是国内少有的一个全男主持团队，但由于性格各异，搭配得当，配合效果也相当不错。

第二节　节目驾驭需要高素质的主持人

“素质”这个词，现在几乎是我们在评论一个人时最常用的词了，每一项工作都有对从事这项工作的人所要求的基本素质，这些基本素质中有共性的地方，又有其个性特征。作为主持人来说，“素质”这个词有独特丰富的内涵。传播学者认为：“受传者的信任，无论对一个记者来说，或是对一张报纸来说都是巨大的财富。”这足以看出信任的重要性，而这种信任完全取决于主持人素质的高低优劣。那么，素质的概念是什么？作为一个节目主持人到底应该具备哪些素质？

素质从狭义上讲，指的是人的生理的、心理的先天条件。从广义上讲，指人在一定的先天条件下，经过多方面、多层次的分段学习以及在社会实践中逐渐培育和修炼所达到的各种能力的综合表现。我们所讲的主持人的素质是从广义的角度来谈的。也就是说主持人应在良好的天赋条件下，经过实践的磨合已具备了较好的综合素质，并且深蕴开发的潜力和很强的可塑性，只有这样，才能算具备了基本素质。主持人的基本素质内涵丰富，综合性很强，对从业者的整体水平要求极高，从思想道德、学识修养、语言文字水平，到心理素质、应变能力、形象气质、体能状态等都有一定要求。

一、加强道德修养和政治修养有利于节目驾驭

（一）主持人必须具有强烈的责任心

“出声露面”的工作特点，使播音员、主持人成为公众瞩目的人物。曾主持《正大综艺》节目的王雪纯说：“主持人为什么成为人们的宠儿？不过因为他们是传媒的终端。”北京广播学院张颂教授说：“这终端，既是岗位，也是特点，既是机遇，更是责任。这中间，只有全力投入的义务，而没有自我膨胀的权力。”主持人是媒体的代言人，他们的语言以及形象代表着媒体形象，因此主持人必须具有高度的责任心。

此外，要恪守职业道德，培养良好的工作作风，认真负责、满腔热情、周到仔细、高标准、高质量地完成每一次创作活动，多层次、多角度地满足受众的要求，使受众能从节目当中获得美感享受。

（二）主持人要正确认识自我，真诚对待他人

广播电视即兴口语创作具有很强的群体性、个性、社会性特征。群体性，表现在它的工作方式是合作式的，从发现信息到筛选信息直到形成、传播信息，每一道“工序”的运作，都离不开群体的努力，离不开群体科学而精密的配合；个性，表现在播音员、主持人是传媒的“终端”，他是前面诸多“工序”的完成者，群体的创意、智慧、劳动成果，要靠他经过理解、感受，最后以即兴的方式体现出来；社会性，表现在即兴口语创作不是一对一的人际交流，而是大众传播，它要面向社会，播音员、主持人要直接同广大听众、观众进行交流。端正自

我，尊重他人的劳动，才能营造一种和谐的创作氛围；真诚待人，善解人意，才能得到广大观众的欢迎。

（三）主持人必须具备高尚的敬业精神和媒介导向素质

强调指出敬业精神，主要是考虑到节目主持人的特殊地位、作用。主持人的一言一行不仅仅是个人的行为更是群体形象的缩影，因此强烈的事业心和高度的敬业精神对于主持人来说尤为重要。

首先，主持人的敬业精神是他们主持节目成功的基础条件之一。广播电视节目是为受众服务的，做受众的朋友、知音，全心全意地为他们服务，是节目主持人最基本也是最高的努力方向。要做到这点，势必要全身心地投入到工作中去，具有高度的敬业精神、奉献精神，甚至是献身精神才行。据说美国著名电视节目主持人丹·拉瑟一年之中只有七八个周末能与家人团聚。靳羽西为了主持好《世界各地》节目，每天要工作 14 个小时。他们付出呕心沥血的努力，甚至还要放弃正常的家庭生活，倘若没有强烈的事业心，是难以长期坚持下去的。

这种高度的敬业精神，在我国的新闻工作者中更不少见。2008 年汶川大地震，这一骇人的灾难并没有吓倒优秀的新闻工作者。5 月 13 日下午，刚刚完成奥运圣火登珠峰报道的央视主持人张泉灵从拉萨赶到成都，并立即赶往北川报道了当地的情形，而且在最危险的地方第一时间发回许多独家报道。在这次特大地震发生后的最初几天，余震不断、险情四伏的地震灾区始终活跃着她的身影。作为一位年轻的女性，她经历了多少代人都难于遇到的生理和心理的考验！央视新闻中心《新闻 1 + 1》栏目的主持人白岩松向央视领导提交的“请战书”获得批准，他带领着《新闻 1 + 1》节目组赴四川灾区，把直播间搬到灾区一线，并立即发回了关于东方汽轮机厂的专题报道。还有《海峡两岸》主持人任永蔚，专门从事台湾事务报道，也出现在四川地震灾区。他们这些主持人在灾区到处奔走，追踪最新情况，一身泥水，一头蓬发，忍着嘴角溃疡的疼痛，嘶哑着嗓子，一直坚持着在现场为观众报道。

其次，主持人必须把握媒体的导向性。新闻节目是广播电视发挥舆论引导作用的龙头、主体、骨干。把握好导向重点在于政治素养的培养和引导。一个人政治素养的高低，表现在有没有正确的政治方向、政治立场、政治观点，即是否了解和领会党在新时期的基本理论、路线、方针和政策，是否积极地宣传和配合党和政府的中心工作、中心任务，识大体、顾大局；是否深入实际、调查研究，和群众的思想感情结合在一起，及时有效、准确无误地反映人民群众普遍关心的重大问题，反映群众的要求和呼声。

新闻对真实性、时效性有极高的要求，新闻节目中的即兴口语表达，要在现想现说的过程中，用精确概括的词语进行客观报道，要迅捷而又有深度、有说服力地发表评述，并能以理服人，以情感人，不仅使节目可听、可看，还可信。这就要求播音员、主持人必须自觉地严格遵守新闻宣传纪律，遵守职业道德，具备相当深厚的政治修养和较为成熟的人格。

主持人应该也必须具备高尚的道德情操，良好的思想素质，这是我们选拔培养节目主持人的立足点。节目主持人具备了良好的思想素质，才会产生一大批高质量的广播电视节目，从而推进我国广播电视业的健康发展，这是不言而喻的。

二、加强知识修养和美学修养有利于节目驾驭

“知识就是力量，智慧就是财富。”主持人必须拥有丰厚的知识储备，这样才能满足不同受众群的要求，另外主持人还必须具备一定的美学修养，这样才能真正懂得美，才能真正创造美。

知识，包括基础知识、专业知识和交叉知识。播音员、主持人要能够在话筒前、镜头前“观古今于须臾，抚四海于一瞬”，就要做到季羡林先生提出的“三贯通”，使基础知识尽可能宽厚，使专业知识尽可能精深，使交叉知识具有复合性、具有尽可能大的跨度，方能旁征博引，见解独到。

在现在这个信息社会，即使“学富五车”，面对不断更新知识的局面，也会经常感到学识的贫乏。古人云：“读万卷书，行万里路。”也就是说，获取知识的来源一是靠广泛涉猎，博览群书；二是靠深于阅历，见多识广。有位作家说过：“你要给人家一杯水，自己最好有一桶水。千万不要把仅有的一杯水当做一桶水迎着太阳洒去，看上去金光闪烁，实际上水过地皮湿，很快就被蒸发掉了。”播音员、主持人只有始终保持强烈的求知欲，勤学、勤思，不安于现状，不因循守旧，锐意进取，开拓创新，持之以恒地积累知识，才能有渊博的学问和广泛的见识，才能不被时代所淘汰。

主持人必须具有丰富的知识修养和美学修养，这是因为：

（一）知识架构的丰富完整有利于对节目的驾驭

知识是力量的源泉，是无尽的财富。对于我们每一个人来说，都是多多益

善，对于主持人来说更是走上成功之路的基本保障。人们熟知的节目主持人，仿佛是无所不知的“百事通”，上知天文下晓地理。当然主持人不是神，不是《辞海》，不可能一通百通。但至少他应该是“杂家”，在学有所长的基础上，具备多维的知识构架，拥有丰富的人生阅历，这样才有可能在节目中游刃有余，侃侃而谈。

首先，主持人应尽可能做到一专多长，学识广博。

主持人在媒体与受众之间起着一个终端的作用或者说是一个服务器。主持人不像舞蹈演员通过形体传达情感，也不像音乐通过音符、节奏来展现情感，一切尽在不言中。主持人面对无数受众，全凭嘴一张——说！这里存在着“怎么说”和“说什么”的问题。怎么说，属于语言表达技巧问题，说什么，就是主持人的内涵修养问题了。腹中空空何以口若悬河，滔滔不绝？知识贫乏如何谈吐自如，旁征博引？也许有的主持人不用动笔写稿，不用现场访谈发挥，有编辑写好的现成稿子供他播讲。可以肯定的是，如果他没有扎实的知识积累做后盾，那么，在他主持的节目中绝不可能出现随机的连珠妙语，机警幽默的谈吐，不可能迸发出智慧的火花。美国著名节目主持人布罗考，不仅以顽强的采访作风闻名于美国新闻界，而且以读书勤奋、知识广博而出名。无论是政治、外交还是文学艺术，他都广泛涉猎。

知识如无边无际的大海，一叶轻舟该如何漂荡，拥有怎样的一片蔚蓝呢？作为节目主持人，现实的要求和未来的走向都已明确地表明，至少应该具有相当于大学本科的学历，这样在文史哲理各个学科中，才有了自己的一门专业特长。无论是什么专业，经过大学的系统培养后，都打下了一个比较扎实的理论基础，具备了一定的业务工作能力，这与接受中等教育不可同日而语。在此基础上，根据栏目特点、个人知识结构状况和兴趣爱好，再有计划、有目的、循序渐进地拓展自己的知识构架，从而一专多长，厚积薄发。

在当今的著名主持人中，有很多是科班出身，他们学有所长，学有所得，并且学以致用。然而更多的主持人却是从其他专业走过来的，就像大作家未必是中文系出来的一样，大记者、名主持也不一定都从新闻专业冒出来。如将《东方时空》、《焦点访谈》在短短的两年间办成响当当的名牌节目的总制片人、中央电视台原新闻评论部主任孙玉胜是学经济出身的，他手下的一班精兵强将，也并非都是新闻科班出身。水均益是学外语的，且有着多年的驻外记者经历；主持过

《东方之子》的王志是美学硕士。

显然，具备扎实的知识功底，具有严密的思辨能力、敏锐的观察力，善于提出问题、分析问题并解决问题，便拥有了做一名成功的主持人的优势。

其次，主持人应阅历丰富，兴趣广泛，使自己的眼界开阔。

书籍是人类进步的阶梯。人类的进步与书有紧密的联系，因此主持人不仅要懂得阅读，还要学会进步。缺乏生活阅历的人，尽管学富五车，在现实中也会四处碰壁。我们的主持人不仅需要运用书本知识，还要将自己的人生体验渗透其中。只有这样，无论在节目构思、选题、取材、撰稿中，还是在现场主持、热线节目里，你才不会偏离。

丰富的生活阅历是主持人的财富，是知识构成的一个重要部分，是主持人化解理论知识的溶剂，是增加主持人真实感、可信度的重要因素。

主持人的生活应该是丰富多彩的，主持人的爱好也应该是多种多样的。主持人的工作中有许多与艺术息息相通的地方。从某种意义上说，主持人的工作是颇具边缘性的。从其承担的大众传播角色来说，主持人是个新闻工作者；从其所需要掌握的语言艺术、镜头感觉、现场气氛调动等要素来看，主持人又应当是一个艺术家。因此，主持人又必须热爱艺术，对艺术有所了解，甚至精通一门或更多学科的知识。

（二）主持人的美学素养是衡量其整体品位高低的一个标准

加强美学修养，一是要树立崇高的审美理想，要遵循正确的创作理论，要有鲜明的创作倾向和追求；继承中华民族文化的传统、语言的传统，继承人民广播、人民电视与人民群众息息相关的创作传统，并在此基础上勇敢创新，不断发展。二是要有饱满、炽热的审美情感，要爱祖国、爱人民、爱生活、爱事业。三是要有健康的审美情趣，即兴口语表达既不要故弄玄虚、装腔作势，又不要太“水”，太“拉杂”，太“随意”，更不能媚俗，要讲究品位，讲究人文性和艺术性。

大千世界之美，美在其丰富性和多样性。艺术是生活的反映，艺术作品中领略的美也应该是丰富的、多样的。

即兴口语表达的实践，没有什么捷径可走，要靠踏踏实实的积累，扎扎实实地下苦功夫。只有加强内在修养，不断充实自己，不断提高自己，才能为社会奉献出“受听”、“受看”的精美作品。

第三节　学会表达自己是节目驾驭的关键

表达是一种倾诉，它是主持人传播信息的重要途径，只有掌握了较强的表达能力，才能使自己的真实情感、节目的真实信息传达给受众，因此，学会表达自己是节目驾驭的关键。每次电台、电视台招聘主持人，应聘者都蜂拥而至。然而即使是百里挑一的主持人，出台亮相后，也会让人们横挑鼻子竖挑眼，这不仅仅是主持人的职业特点决定的，也反映出对于主持人的高素质的要求，这是传播者与接收者共同的愿望。这种高素质是一个复合体，呈多维立体状态。主持人需要具备的表现力有多方面，外在的、内涵的、口头的、文字的，等等。对一个人的素质、能力的表现固然不可能做机械的切割，两者实际上是相互渗透、相互沟通的，只是为了方便认识，才分别进行论述。好的语言表达是主持人必备的才能。

一、主持人应具备很好的语言表现能力

无论是广播还是电视都离不开声音形象。然而，主持人不同于播音员，不仅要说得漂亮，还要说得充实，写得流畅。这就意味着主持人应具备较强的语言表现力，它包含两层意思：其一，良好的口头表达能力；其二，较强的文字表达能力。语言学家吕叔湘先生说："语言修养自然包括说话和写文章。拿这两件事来比较，说话尤其不容易，一则应时触发，没有从容润色的时间，二来呢，不但要照顾说话的内容，还要同时照顾说话的声音和姿态。把说话称为一种艺术，一点也不过分。"拥有较强的口头语言表达能力的人，一定能够将自我的智慧、才华淋漓尽致地表现出来。科学家经分析论证认为，人的天赋能力主要集中体现于六个方面，语言能力是其中之一。做主持人的人必须具备语言的天赋。他们应该对语言的感受特别敏感，接受力特别强，再经过后天的培养、雕琢即能成器。

表达清晰明了是一个主持人的基本素质。首先，要求语调正确，准确表达语言的逻辑重音，情感重音，节奏变化，抑扬顿挫，有起伏性。其次，应该掌握科学的发声方法，能够使自然声质得以良好的发挥，圆润、饱满、集中，音质优美、悦耳动听、富有感染力，且形象性强。第三，词汇丰富，逻辑性强，内容充实，用词准确、生动。善于说得巧妙。

表达是主持人进行大众传播活动的主要手段，也是构成主持人个性魅力的重

要因素。因而努力提高自身的语言功力，不断增强自己的语言魅力，显然是每个主持人永远的追求。对于广播节目主持人更是如此。在广播节目中，主持人之间相互区别的标志唯有语言。因此广播主持人特别要注意根据自己所主持的栏目的特点进行独立思考，并努力将自己的语言表达方式融合进去，用自己的语言习惯说话。保持自己的语言特色，才能使听众区别开来。盲目模仿，听众可能永远也记不住你。切忌盲目模仿，失去自我，甚至失去民族性。

主持人还应具备较强的文字表达能力。在主持人的选拔与培养中，以往我们往往有些只强调了“出口成章”，却忽视了“落笔成文”的要求。其实，无论对于采、编、播合一的主持人，还是合作参与型的主持人，写作能力同样是他们的基本功。集采、编、播于一身的著名主持人敬一丹，同时还是第一个兼任报刊专栏作家的电视节目主持人。她在结束了《一丹话题》后，又在《北方市场导报》上与读者见面了，文笔优美、犀利。

事实上，我们这里要强调的是，即使编写稿件不是你的常规工作职责，你也同样必须具备较强的写作能力。这是因为有了“落笔成章”的依托，定会有“妙口生花”之佳话，两者相辅相成。美国著名主持人布林克利便是极好的例证。人们一致公认他的突出才能主要表现在他的思辨与写作能力上。他的文风简洁，遣词造句决不拖泥带水。他一旦坐在打字机前，立刻能又快又好地打出稿子，几乎不用修改一字。这种简洁的文风与他的“说”一脉相承。他的谈话同样以“简单明了”著称，用词准确、精辟，拒绝做家常的、无聊的谈话。因此有一些鉴赏家专门收集他评论中的珠玑妙语，并褒奖其为“布林克利主义”。

现代语言学家对语言的认识，已从将语言看做是思维、交际的手段——工具论的层面，进入到语言是文化的载体——文化论的层面。广播电视节目的接收者，对于主持人的语言表现状况，也不再停留在对语言形成的品评上。语言仅仅讲得准确、字正腔圆，并不一定具备魅力。要让人愿意听，使人产生美感、愉悦是人们的共识。这就对主持人提出了高水准的要求，即语言的表现力要达到美学层面的艺术追求，只有这样才能将语言的功能发挥到极致。

二、主持人应具备敏捷机智的应变能力

应变能力说到底是一个人反应能力的外在表现。主持人的反应能力主要体现在多类节目的现场驾驭能力上。在有的职业中应变能力显得尤为重要。比如政治家、外交家、企业商界人士、公关人员等，面对风云变幻的政治、外交、商务、

社交场合，在谈判桌边、会议场上、宴会席前就必须要有非常机敏的应变力，方能稳操胜券。节目主持人虽然不像上列人员直接表现出如临战场，身系千斤重担之状，然而在话筒前，摄像机镜头前，亦无时无刻不在准备着承受现场瞬息万变的种种不测。面对尴尬的场面，意外的事件，要及时做出相应的对策，善于以巧妙的辞令圆场，遮掩纰漏。因此，对于主持人来说，应变力也是非常重要的基本素质。在我们进行节目主持人培训班招生选拔时，某电视台台长就直言说，具有敏捷的应变力的人，比只会讲普通话的人更重要。当然这只是一种观点，虽然有些偏颇，但也说明了应变力对于一个主持人的重要性。

节目主持人的应变能力突出表现在以下几个方面的节目主持中：

1. 新闻节目的驾驭过程中

（1）主持人对采访背景烂熟才可以随机应变

《新闻调查》主持人柴静，曾经做了一期题为《网瘾之戒》的节目。为了做到对戒除网瘾夏令营、特训营有更真实细致的了解，柴静曾亲历戒网瘾特训营，观察到在网瘾特训营中，父母与孩子的关系并不是真正意义上的融洽，而是一种服从的结果。正是观察到了这一点，柴静在对父母和孩子提问时，并不是一味地去苛责孩子的网瘾，而是针对父母与孩子之间平时生活中的疏远和缺少沟通理解进行发问。

（2）主持人对于采访中出现的疏漏要及时进行弥补

主持人、记者一般情况下进行采访是不会打无准备之仗的，但是谁都难以保证丝毫不出差错。有时一不留神可能会在提问和应答中出现不当，这时也需要及时应变，进行弥补。

某电台曾为配合城市春季卫生运动，去采访某卫生环境极差的私人豆腐作坊。现场采访报道中有这样几句对话：

女主持人问作坊主：这么多苍蝇你怕不怕？

作坊主答：怕什么！

（一句就顶了回去，主持人无言以对，静音几秒）

主持人再问：你们觉得脏不脏？

作坊主：脏什么！

年轻的女主持人轻声细气的问话与作坊主的气足声壮形成了反差，不知她真是被苍蝇吓着了，还是其他原因，反正始终处于被动地位，一败再败。两个提问句式一样，内涵上没有递进。本来一次被堵，应立即发现问得不好，其中主观情绪太重，应该马上调整弥补一下。而不应该采取相同的方式再问，加深提问的失败性。

（3）主持人应对突发事件做出及时反应

第一时间“发声”，先声夺人。这是新闻的时效性和传播内在要求决定的。突发事件来了，第一时间“发声”，才能先声夺人，在受众中形成对事件的“先入为主”、“第一印象”；慢半拍就失先机，再想引导就难上加难。然而，重大突发事件如得不到权威渠道公开披露，小道消息就会不胫而走，流言（甚或谣言）就会发作。处于信息饥渴的人容易“饥不择食”，这将加快虚假、错误信息的流传，造成混乱，危害极大。

2008 年 5 月 1 日《中华人民共和国政府信息公开条例》正式实施，这为媒体报道突发事件解开了束缚。在 11 天后发生的汶川地震中，中国媒体迅速出击，成功地引导了世界舆论，受到了世界各国的高度评价。BBC 评述：“面对大地震，中国政府给人一个迅速、及时、灵活及异常开放的印象。”

汶川地震发生后的几天内，各电视台又快速跟进，中央电视台新闻、综合频道和中文、英语等国际频道先后中断正常节目，推出持续近 20 天的直播特别节目，全程跟进报道抗震救灾。各频道推出的直播特别节目总时长近 1400 小时，创电视直播史纪录。各频道播发的新闻超过 2.4 万条次，信息之密集、更新频率之高、内容之全面，为近年来少有。汶川地震的新闻报道之所以受到高度评价，一个根本原因就在于最集中、最全面、最生动、最充分地报道了地震灾情，从而开启了当代中国突发事件报道的新纪元。

在分秒必争的新闻大战中，对于突发重大事件的反映、处理容不得半点迟疑、胆怯、慌乱。

湖南卫视《天天向上》节目主持人汪涵，以他独特的幽默、智慧、学识而为人称道。他在应对嘉宾的“突然袭击”这方面，也有自己的“独门绝招”。在某期节目中，汪涵问作为嘉宾的美国明尼苏达大学拉拉队队员，是否知道明尼苏达州因何得名。不料，队员们却反问汪涵：“那中国为什么叫中国呢?”汪涵马上答道：“因为很早之前，我们认为中国是世界的中心。”略停顿了一下，汪涵又接着说：“当然，随着时间的推移，我们也知道将来它必定会成为世界的中心！”台下瞬间爆发出热烈的掌声。汪涵不仅回答了嘉宾的突然提问，而且更用一句看似幽默实际很有深度的话语增强了节目的气氛，调动了观众的情绪。

如何应付采访对象猝不及防的应答，确实需要主持人机敏的应变力，既要把握住对方，更要稳守自己的阵脚。

2. 在综艺节目的驾驭过程中

综艺节目一般有较强的现场感，主持人在有多位嘉宾或众多受众参与的节目中必须具备较强的应变能力。不论前期工作准备得多充分，在与演员和现场观众交流中总会出现台本以外的情景。这时结合现场气氛即席发挥，随机应答就显得尤为重要。优秀的综艺节目主持人，无不是在适当的时候妙语连珠，奇趣横生，使现场气氛热烈，台上台下相互融合的。

综艺节目临场即兴发挥的机会特别多，要能做到潇洒自如，游刃有余，关键要有扎实的基本功、深厚的文化素养和相当的自信。“没有自信，就不能摆脱镜头前的紧张感，就不能获得主持的松弛感，主持起节目来，也就谈不上从容不迫、潇洒自如，更何来的即兴?”这是叶惠贤由衷的体会，因此他努力地多看、多听、多写、多问，“博闻强识，厚积薄发”，这也许正是他应变力特别强的秘密所在。

3. 在谈话节目驾驭的过程中

谈话节目，经常有嘉宾在场，因此与嘉宾交流时，要有较强的现场应变能力，因为嘉宾在某一行业或领域一般都比较专业，主持人一方面要启发嘉宾说出有内容、有价值又有趣的东西；另一方面，要与受众息息相通，对嘉宾没有表达清楚的或重要的内容及时进行补充或重复强调；对嘉宾在讲说过程中冒出的火花或生出的节外之枝，要及时处理，或生发强化，或及时控制调转话头。要努力把话题转换间的接缝处理得圆润、自然。

4. 在热线直播节目的驾驭过程中

热线直播节目要求主持人必须具备较强的现场即兴发挥的能力。你不可能预测到话筒拿起的瞬间，对方是男、是女，会说出些什么？问些什么问题？倾诉些什么？因此，热线节目主持人需要表现出很强的应变力。应变能力强的主持人，能够更好地展现自己的才华，把问题说到点上。也许同样回答一个问题，应变力强的主持人能够一语中的，并迅速展开话题，应变力差的则扯几分钟才能转到点上。

三、良好的心理素质有利于表现力的充分发挥

节目主持人是最终出场演播节目的人，几乎可以说代表了整个节目，在传播

活动中显得十分重要。心理状态如何直接影响着他的行为表现，也就是说影响着节目质量。我们知道，运动员如果没有良好的心理素质，即使技高一筹，在竞赛场上也只能败走麦城。难怪人们说，赛场即沙场，考场即战场，其实最后打的就是心理战。既然是心理战，就必然要以好的健康的心理素质来应战了。主持人又何尝不是如此。在演播现场，如果心理处于紧张状态，大脑思维必定是僵化的，很难积极地进入到节目中去，非但不能即兴发挥，可能还会表达不清楚已准备好的内容。因此，一定要有良好的心理素质和充分的信心。

节目主持人与播音员有诸多的差别，其中一个重要差别就是他们在节目中所处的状态不同。播音员不是以“我”的身份出现在媒体中，同时文稿所处的时态是过去时的，不变的。这样的情境，不会构成太大的精神压力，相当程度上已淡化了对播出者心理上可能造成的冲击。而节目主持人是以“我”的身份出现，尤其是一些现场直播节目，由于亲身处在事件的发生、发展过程中，完全处于一种现在进行时态，这是动态的、可变的，随时可能有意外、突发事件出现，这无疑给主持人心理蒙上了紧张情绪。若是现场直播，完全是“一次成像”，没有修改、弥补的余地，只能成功，不能失败，这也难免会使人神经紧张。所以，节目主持人的工作状态，要求其具备稳定健康的心理素质。有了良好的心理素质，才能在演播现场充满自信，遇事不慌，临场不乱。只有真正做到这样，才能把节目做好、做精。

参 考 书 目

［1］曹可凡、王群著：《节目主持人语言艺术》，上海人民出版社

［2］陆锡初等著：《节目主持艺术通论》，中国广播电视出版社

［3］许远理、李亦菲著：《情绪智力魔方》，北京广播学院出版社

［4］杨斌著：《把脉嘉宾——电视节目嘉宾现象透视》，中国国际广播出版社

［5］祁芃著：《播音主持心理学》，北京广播学院出版社

［6］俞虹著：《节目主持通论》，浙江大学出版社

［7］李德付主编：《节目语体主持》，中国广播电视出版社

［8］陈京生著：《电视播音与主持》，北京广播学院出版社

［9］周振林、王学杰著：《领导情绪及其调控》，中共中央党校出版社

［10］陆澄著：《节目主持人艺术》，上海教育出版社

［11］任远等著：《电视节目主持人学初论》，中国广播电视出版社

［12］吴郁著：《主持人的语言艺术》，北京广播学院出版社

［13］董悦秋、赵炳旭编著：《广播电视节目管理》，北京广播学院出版社

［14］主持人节目研究委员会编：《主持人—5》，中国广播电视出版社

［15］主持人节目研究委员会编：《主持人—6》，中国广播电视出版社

［16］主持人节目研究委员会编：《主持人—7》，中国广播电视出版社

［17］主持人节目研究委员会编：《主持人—8》，中国广播电视出版社

［18］主持人节目研究委员会编：《主持人—9》，中国国际广播出版社

［19］高贵武主编：《主持传播学概论》，中国传媒大学出版社

［20］陈虹著：《节目主持人传播》，复旦大学出版社

［21］张颂著：《播音主持艺术》，中国传媒大学出版社

[22] 任远编著:《当摄像机对准你——写给电视主持人、记者和嘉宾》，中国广播电视出版社
[23] 刘洋、林海著:《综艺娱乐节目主持概论》，中国传媒大学出版社
[24] 陈舒平著:《儿童电视学》，北京广播学院出版社
[25] 王群、曹可凡主编:《节目主持语言智略》，复旦大学出版社
[26] 王朝彦著:《主持人语言艺术》，华中科技大学出版社
[27] 吴洪林著:《主持艺术》，上海三联书店
[28] 李辉著:《中国体育的电视化生存》，上海学林出版社
[29] 吴郁主编:《谈话的魅力》，中国广播电视出版社